深圳市综研软科学基金会·资助出版

China's Financial Center Index 12 (CFCI 12)
Zooms in Suzhou

中国金融中心指数（CFCI）报告（第十二期）

走进苏州

刘国宏　主编

中国经济出版社
CHINA ECONOMIC PUBLISHING HOUSE
北京

图书在版编目（CIP）数据

中国金融中心指数（CFCI）报告．第十二期，走进苏州／刘国宏主编．—北京：中国经济出版社，2021.3
ISBN 978-7-5136-6434-9

Ⅰ．①中… Ⅱ．①刘… Ⅲ．①金融事业-研究报告-中国②地方金融事业-研究报告-苏州 Ⅳ．①F832

中国版本图书馆 CIP 数据核字（2021）第 043392 号

责任编辑　彭　欣
责任印制　巢新强
封面设计　久品轩

出版发行　中国经济出版社
印 刷 者　北京九州迅驰传媒文化有限公司
经 销 者　各地新华书店
开　　本　710mm×1000mm　1/16
印　　张　17.25
字　　数　244 千字
版　　次　2021 年 3 月第 1 版
印　　次　2021 年 3 月第 1 次
定　　价　98.00 元
广告经营许可证　京西工商广字第 8179 号

中国经济出版社 **网址** www.economyph.com **社址** 北京市东城区安定门外大街 58 号 **邮编** 100011
本版图书如存在印装质量问题，请与本社销售中心联系调换（联系电话：010-57512564）

深圳市综研软科学基金会·资助出版

中国金融中心信息网：http://www.cfci.org.cn

序 言

2020年，面对突如其来席卷全球的新冠肺炎疫情的冲击，中国多次调降法定存款准备金率、综合运用多种货币政策工具，确保金融市场流动性合理充裕，支持实体经济恢复发展；同时，坚持推进金融领域改革开放，实施取消QFII和RQFII投资额度限制、取消外资券商持股比例限制、取消境外机构投资者额度限制、创业板推行注册制、法定数字货币试点试验等一系列重大措施。中国的金融体系展现了强大的服务实体经济以及改革发展的韧性空间。

疫情期间，国内受金融政策投放的正向带动效应，各大金融中心城市的金融业几乎都有或多或少的亮眼表现。然而，需要引起重视的是，行政干预下的信贷扩张和投机环境中的资本活跃，也将带来金融的虚假繁荣和风险的急剧积累。此外，疫情冲击也使全球更加关注新金融、可持续金融的发展。虽然2020年国内各大金融中心城市的排名变动不是很大，但是新生金融力量和发展风向已在孕育今后金融中心格局的重大变化。

“上有天堂，下有苏杭”，本期金融中心指数的主题是“走进苏州”。苏州金融业发展背后有坚实的实体经济、多元的国际平台、高效的政府服务，未来要把握好后疫情时代金融变革趋势，坚持遵循市场规律，坚持金融法治化、国际化建设。“不怕慢，就怕站”，苏州金融中心建设必将迎来重大的弯道超越。

是为序。

2020年9月于深圳

本期摘要

CDI 中国金融中心指数(简称 CDI CFCI)构建了一套适应我国金融中心发展特点的竞争力评价体系①,旨在跟踪研究我国金融中心发展状况,为相关决策部门提供政策优化的参考依据,为社会各界提供我国金融中心建设的前沿观察窗口。首期 CDI CFCI 于 2009 年发布,其后每年更新一次。

第十二期 CDI CFCI 使用了 4 级架构共计 94 项指标,涵盖金融产业绩效、金融机构实力、金融市场规模和金融生态环境等 4 个方面,对我国 31 个具有代表性的金融中心城市的综合发展情况进行了全面、深入的竞争力评估。

以下是本期核心观点摘要:

中国金融中心综合竞争力排名 TOP 10 的依次是上海、北京、深圳、广州、杭州、成都、天津、重庆、南京和武汉(见表 1)。

本期 31 个金融中心中,综合竞争力排名上升的城市有 7 个,排名下降的城市有 7 个,其余 17 个城市排名维持不变。排名上升幅度最大的城市是长沙,较上一期提升 3 个名次,至榜单第 15 位。排名降幅最大的城市是沈阳,较上一期下跌了 3 个名次,至榜单第 22 位。

31 个金融中心中,有 26 个城市的综合得分实现了不同程度的增长,只有 5 个城市的综合得分出现小幅下降。本期得分增长最多的城市依然是三大全国性金融中心,得分下降最多的城市是西安,减少了 0.34 分。

上海、深圳和北京三大全国性金融中心的综合竞争力得分分别增长 22.03 分、14.52 分和 12.26 分。可以看到,深圳追赶北京的步伐加快了,

① 详见附录“第十二期 CDI CFCI 评价方法”。

同时可以发现与其他区域性金融中心相比,三大全国性金融中心继续扩大领先优势,进一步拉开了实力水平。

在 28 个区域金融中心中,广州、杭州、成都、天津、重庆、南京、武汉、郑州、西安和苏州为我国前十大区域性金融中心,较其他区域性金融中心有明显的竞争优势。

表 1 第十二期 CFCI 综合竞争力排名 TOP 10

城市	CFCI 12		CFCI 11		变化	
	得分	排名	得分	排名	得分	排名
上海	293.82	1	271.80	1	▲22.03	—
北京	245.43	2	233.17	2	▲12.26	—
深圳	152.70	3	138.18	3	▲14.52	—
广州	78.62	4	73.47	4	▲5.15	—
杭州	69.60	5	63.10	6	▲6.50	▲1
成都	63.12	6	62.62	5	▲0.50	▼1
天津	61.88	7	59.84	7	▲2.04	—
重庆	59.73	8	58.87	8	▲0.86	—
南京	58.04	9	54.46	9	▲3.58	—
武汉	52.81	10	52.54	10	▲0.27	—

金融产业绩效排名 TOP 10 依次是上海、北京、深圳、广州、杭州、成都、天津、南京、重庆和郑州(见表 2)。

在金融产业绩效排名方面,有 13 个城市排名出现上升,有 12 个城市排名出现下降,有 6 个城市排名维持不变。其中,排名提升幅度最大的城市是合肥,上升了 7 个名次,至榜单第 17 位;排名降幅最大的城市是福州,下滑了 7 个名次,至榜单第 29 位。

在金融产业绩效得分方面,整体上呈现大幅增长态势,31 个金融中心中有 26 个城市得分实现正增长,只有 5 个城市得分出现了负增长。其中,得分增长最大的城市是深圳,增长了 34.51 分;得分减少最多的城市是济南,减少了 5.27 分。

表 2　第十二期 CFCI 金融产业绩效排名 TOP 10

城市	CFCI 12		CFCI 11		变化	
	得分	排名	得分	排名	得分	排名
上海	281. 31	1	260. 56	1	▲20. 75	—
北京	278. 34	2	247. 98	2	▲30. 36	—
深圳	166. 03	3	131. 52	3	▲34. 51	—
广州	113. 94	4	101. 53	5	▲12. 41	▲1
杭州	109. 55	5	88. 36	9	▲21. 19	▲4
成都	108. 62	6	107. 93	4	▲0. 69	▼2
天津	105. 98	7	98. 73	6	▲7. 25	▼1
南京	98. 51	8	83. 88	10	▲14. 63	▲2
重庆	95. 21	9	91. 56	8	▲3. 65	▼1
郑州	92. 18	10	96. 31	7	▼4. 13	▼3

金融机构实力排名 TOP 10 依次是北京、上海、深圳、天津、重庆、杭州、广州、成都、南京和武汉(见表 3)。

在金融机构实力排名方面,有 10 个城市排名上升,有 8 个城市排名下降,其余 13 个城市的排名不变。其中,排名上升幅度最大的城市是郑州,上升了 4 个名次,至榜单第 17 位;排名降幅最大的城市是合肥,下降 5 个名次,至榜单第 19 位。

在金融机构实力得分方面,整体呈小幅增长态势,31 个金融中心中有 20 个城市得分保持了正增长,只有 11 个城市得分出现了小幅减少。其中,得分增长前三的城市是上海、深圳和北京,分别增长了 15. 74 分、14. 44 分和 13. 94 分。

表 3　第十二期 CFCI 金融机构实力排名 TOP 10

城市	CFCI 12		CFCI 11		变化	
	得分	排名	得分	排名	得分	排名
北京	422. 48	1	408. 54	1	▲13. 94	—
上海	274. 00	2	258. 27	2	▲15. 73	—

续表

城市	CFCI 12		CFCI 11		变化	
	得分	排名	得分	排名	得分	排名
深圳	213. 66	3	199. 22	3	▲14. 44	—
天津	57. 53	4	56. 53	6	▲1. 00	▲2
重庆	57. 10	5	56. 72	5	▲0. 38	—
杭州	56. 17	6	57. 95	4	▼1. 78	▼2
广州	52. 60	7	54. 76	7	▼2. 16	—
成都	39. 97	8	42. 73	8	▼2. 76	—
南京	36. 78	9	36. 10	10	▲0. 68	▲1
武汉	31. 97	10	36. 28	9	▼4. 31	▼1

金融市场规模排名 TOP 10 依次是上海、深圳、北京、广州、大连、郑州、杭州、南京、武汉和苏州(见表 4)。

在金融市场规模排名方面,排名上升的城市有 10 个,排名下降的城市有 12 个,排名维持不变的城市有 9 个。排名上升幅度最大的城市是天津,提升 8 个名次,至榜单第 12 位;排名下降幅度最大的城市是长沙,下降 6 个名次,至榜单第 17 位。

在金融市场规模得分方面,整体保持正向增长态势,31 个金融中心中有 25 个城市保持了正增长,只有 6 个城市的得分出现了小幅减少。其中,得分增长前三的城市是上海、广州和深圳,分别增长了 46. 86 分、10. 24 分和 6. 43 分。

我国金融市场资源高度集中,包括货币市场、股票市场、债券市场、黄金市场、外汇市场、衍生品市场等在内的几乎所有全国性金融市场都集中在上海,其金融市场规模超过了其他 30 个金融中心的规模总和。除上海之外,深圳、北京、大连和郑州在全国性金融市场中也拥有一定的市场份额。

表 4　第十二期 CFCI 金融市场规模排名 TOP 10

城市	CFCI 12		CFCI 11		变化	
	得分	排名	得分	排名	得分	排名
上海	431. 16	1	384. 30	1	▲46. 86	—
深圳	92. 14	2	85. 72	2	▲6. 42	—
北京	55. 42	3	55. 81	3	▼0. 39	—
广州	21. 55	4	11. 31	8	▲10. 24	▲4
大连	20. 93	5	17. 39	5	▲3. 54	—
郑州	19. 46	6	17. 80	4	▲1. 66	▼2
杭州	18. 79	7	15. 09	6	▲3. 70	▼1
南京	13. 55	8	13. 55	7	0	▼1
武汉	11. 14	9	11. 01	9	▲0. 13	—
苏州	11. 06	10	9. 25	10	▲1. 81	—

金融生态环境排名 TOP 10 依次是北京、上海、广州、深圳、成都、武汉、杭州、南京、青岛和苏州(见表 5)。

在金融生态环境排名方面,总体变化不明显,31 个金融中心中有 17 个城市排名维持不变,有 8 个城市排名上升,有 6 个城市排名下降。

在金融生态环境得分方面,受 2019 年国际贸易保护主义抬头和中美贸易摩擦等因素影响,与往期整体保持持续增长的态势不同,首次出现得分减少城市数量超过得分增长城市数量的情况,其中有 16 个城市的得分出现了负增长。31 个金融中心中,得分增长最多的城市是厦门,增长了 6. 96 分,分项排名上升 3 个名次,至榜单第 14 位;而天津是唯一连续三年金融生态环境得分下降的城市,本期得分继续减少 3. 71 分,分项排名下降至榜单第 16 位。

表 5　第十二期 CFCI 金融生态环境排名 TOP 10

城市	CFCI 12		CFCI 11		变化	
	得分	排名	得分	排名	得分	排名
北京	186. 81	1	182. 70	1	▲4. 11	—
上海	181. 93	2	177. 67	2	▲4. 26	—

续表

城市	CFCI 12		CFCI 11		变化	
	得分	排名	得分	排名	得分	排名
广州	136.88	3	135.78	3	▲1.10	—
深圳	124.93	4	123.39	4	▲1.54	—
成都	102.11	5	99.51	5	▲2.60	—
武汉	100.64	6	97.03	6	▲3.61	—
杭州	99.37	7	95.06	8	▲4.31	▲1
南京	90.50	8	91.34	9	▼0.84	▲1
青岛	86.20	9	95.19	7	▼8.99	▼2
苏州	85.18	10	82.33	12	▲2.85	▲2

上海、北京、深圳三大全国性金融中心地位更加突出,较上一期相比,深圳发展稳中有进,与京沪规模差距不断扩大的趋势有所遏制。

国家中心城市的金融中心综合实力突出,金融中心地位与其城市发展定位基本相符。在9个国家城市中,上海和北京是全国性金融中心,广州、成都、天津、武汉、郑州和西安6个城市均列全国十大区域性金融中心行列。

在区域布局方面,长三角地区和珠三角地区城市的综合实力显著较强;而东北地区除大连以外的3个城市综合实力显著较弱,各城市金融中心的发展继续处于相对低迷状态,特别是金融生态环境发展存在恶化的趋势;以天津为代表的北部沿海地区4个金融中心整体发展速度偏缓;东部沿海地区6个金融中心竞争分化显著,各自发展特色显现,杭州在区域中的领先优势逐步扩大;南部沿海地区中广州竞争实力大幅领先,厦门与福州的规模劣势有所放大;中部地区中郑州的金融中心快速崛起,综合实力逐渐接近武汉;西部地区各城市总体发展较快,成都和重庆领跑区域发展。

在专项十强排名方面:

(1)2020年度中国金融中心法人金融机构发展十强为北京、上海、深圳、天津、杭州、广州、南京、成都、福州和重庆。

（2）2020 年度中国金融中心地方金融机构发展十强为深圳、重庆、上海、北京、广州、杭州、天津、武汉、南京和苏州。

（3）2020 年度中国金融中心资本市场利用十强为北京、上海、深圳、杭州、苏州、广州、南京、武汉、成都和宁波。

（4）2020 年度中国金融中心基金业发展水平十强为上海、深圳、北京、杭州、天津、广州、宁波、苏州、福州和厦门。

（5）2020 年度中国金融中心金融人才集聚能力十强为北京、上海、深圳、天津、重庆、广州、杭州、成都、郑州和西安。

（6）2020 年度中国金融中心金融开放发展水平十强为上海、北京、深圳、广州、南京、天津、成都、杭州、青岛和苏州。

（7）2020 年度中国金融中心金融风险管理水平十强为深圳、温州、苏州、上海、无锡、北京、厦门、宁波、青岛和重庆。

（8）2020 年度中国金融中心金融政策综合支持十强为深圳、成都、厦门、北京、济南、广州、杭州、西安、青岛和上海。

目录 CONTENTS

上篇　中国金融中心评价报告

下篇 苏州金融中心发展报告

上篇

中国金融中心评价报告

第一章　中国金融中心竞争力评价

1.1　综合竞争力：整体发展速度持续放缓，十强城市竞争格局趋稳

1. 综合竞争力整体排名

本期31个金融中心城市综合竞争力整体排名依次是上海、北京、深圳、广州、杭州、成都、天津、重庆、南京、武汉、郑州、西安、苏州、大连、长沙、济南、青岛、厦门、福州、宁波、合肥、沈阳、无锡、南宁、昆明、南昌、哈尔滨、石家庄、乌鲁木齐、长春和温州。其中，西安和苏州本期排名并列第12位（见图1-1）。

2. 综合竞争力排名变化情况

本期31个金融中心中，综合竞争力排名上升的城市有7个，排名下降的城市有7个，其余17个城市排名维持不变。十强上榜城市与上一年高度一致，4个一线城市连续12年为前四名，仅杭州和成都交换了排名位次，其他十强城市继续维持上一年排名位次。

排名上升幅度最大的城市是长沙，较上一期提升了3个名次，至榜单第15位。排名降幅最大的城市是沈阳，较上一期下降了3个名次，至榜单第22位（见表1-1）。

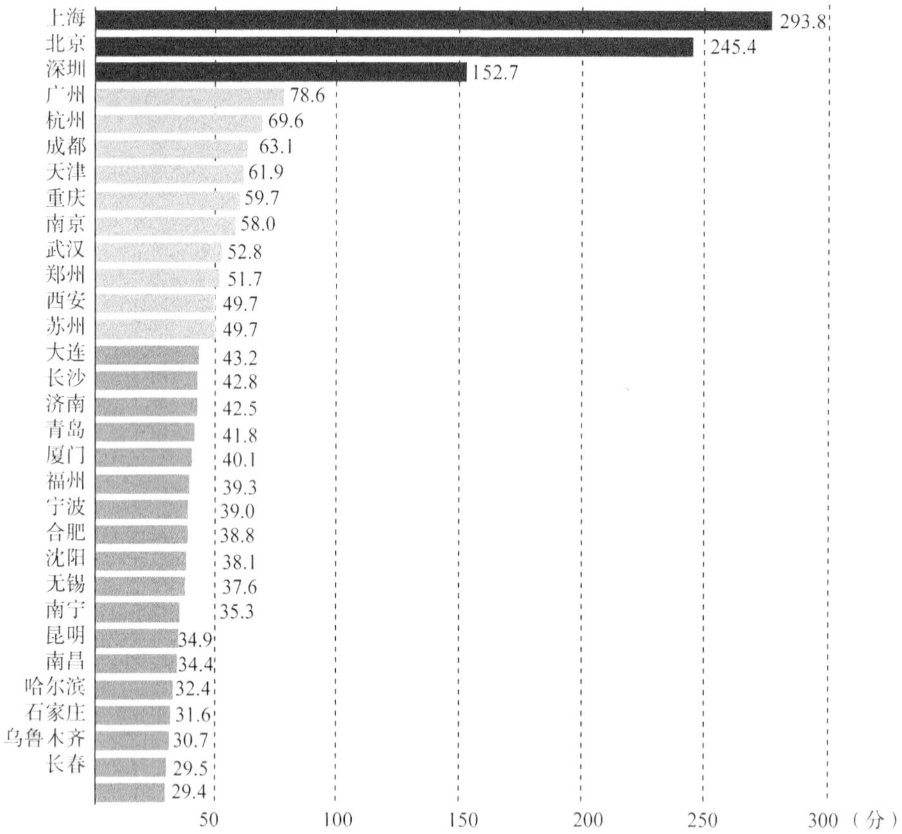

图 1-1　第十二期 31 个金融中心的综合竞争力得分

表 1-1　第十二期 CFCI 综合竞争力排名与得分变化

城市	CFCI 12		CFCI 11		变化	
	得分	排名	得分	排名	得分	排名
上海	293. 82	1	271. 80	1	▲22. 02	—
北京	245. 43	2	233. 17	2	▲12. 26	—
深圳	152. 70	3	138. 18	3	▲14. 52	—
广州	78. 62	4	73. 47	4	▲5. 15	—
杭州	69. 60	5	63. 10	6	▲6. 50	▲1
成都	63. 12	6	62. 62	5	▲0. 50	▼1

续表

城市	CFCI 12		CFCI 11		变化	
	得分	排名	得分	排名	得分	排名
天津	61.88	7	59.84	7	▲2.04	—
重庆	59.73	8	58.87	8	▲0.86	—
南京	58.04	9	54.46	9	▲3.58	—
武汉	52.81	10	52.54	10	▲0.27	—
郑州	51.66	11	49.87	12	▲1.79	▲1
西安	49.67	12	50.01	11	▼0.34	▼1
苏州	49.67	12	44.59	13	▲5.08	▲1
大连	43.19	14	43.24	14	▼0.05	—
长沙	42.79	15	39.00	18	▲3.79	▲3
济南	42.49	16	42.76	15	▼0.27	▼1
青岛	41.76	17	42.05	16	▼0.29	▼1
厦门	40.12	18	39.06	17	▲1.06	▼1
福州	39.28	19	36.80	20	▲2.48	▲1
宁波	38.96	20	36.53	22	▲2.43	▲2
合肥	38.79	21	36.69	21	▲2.10	—
沈阳	38.11	22	36.86	19	▲1.25	▼3
无锡	37.57	23	36.25	23	▲1.32	—
南宁	35.34	24	34.59	24	▲0.75	—
昆明	34.93	25	33.40	25	▲1.53	—
南昌	34.38	26	32.56	26	▲1.82	—
哈尔滨	32.43	27	32.37	27	▲0.06	—
石家庄	31.62	28	31.31	28	▲0.31	—
乌鲁木齐	30.69	29	28.43	31	▲2.26	▲2
长春	29.49	30	29.12	30	▲0.37	—
温州	29.43	31	29.61	29	▼0.18	▼2

3. 综合竞争力得分变化情况

本期31个金融中心中，仅有5个城市的综合竞争力得分出现小幅减少，其中得分减少最多的城市是西安,减少 0.34 分,其余 26 个城市均实现了不同程度的得分增长。

本期得分增长最快的是三大全国性金融中心,其中深圳得分增长保持稳定,北京、上海得分增长大幅下降,上一期分别增长 48.73 分、36.18 分,而本期分别增长 12.26 分和 22.02 分。

在 28 个区域金融中心中,广州、杭州、成都、天津、重庆、南京、武汉、郑州、西安和苏州处于发展领先态势,较其他区域金融中心有明显的竞争优势,本期这 10 个城市的平均得分较其他区域金融中心的平均得分增加到 19.1 分,领先幅度近 50%。

大连、长沙、济南、青岛、厦门、福州、宁波、合肥、沈阳和无锡等 10 个城市的最大分差在 6 分以内,整体发展水平相对接近,存在赶超排名靠前区域金融中心的发展基础。

南宁、昆明、南昌、哈尔滨、石家庄、乌鲁木齐、长春和温州等排名在末 8 位的区域金融中心,本期综合竞争力的分差也缩小在 6 分以内,轻微的得分波动就引起了排名发生变化,可见排名竞争越发激烈。

1.2 金融产业绩效:金融业平均增速强势回升,深圳产业绩效增长最快

1. 金融产业绩效整体排名

本期 31 个金融中心城市金融产业绩效分项排名依次是上海、北京、深圳、广州、杭州、成都、天津、南京、重庆、郑州、西安、苏州、武汉、济南、南宁、沈阳、合肥、哈尔滨、无锡、长沙、厦门、青岛、石家庄、乌鲁木齐、昆明、大连、宁波、南昌、福州、温州和长春(见图 1-2)。

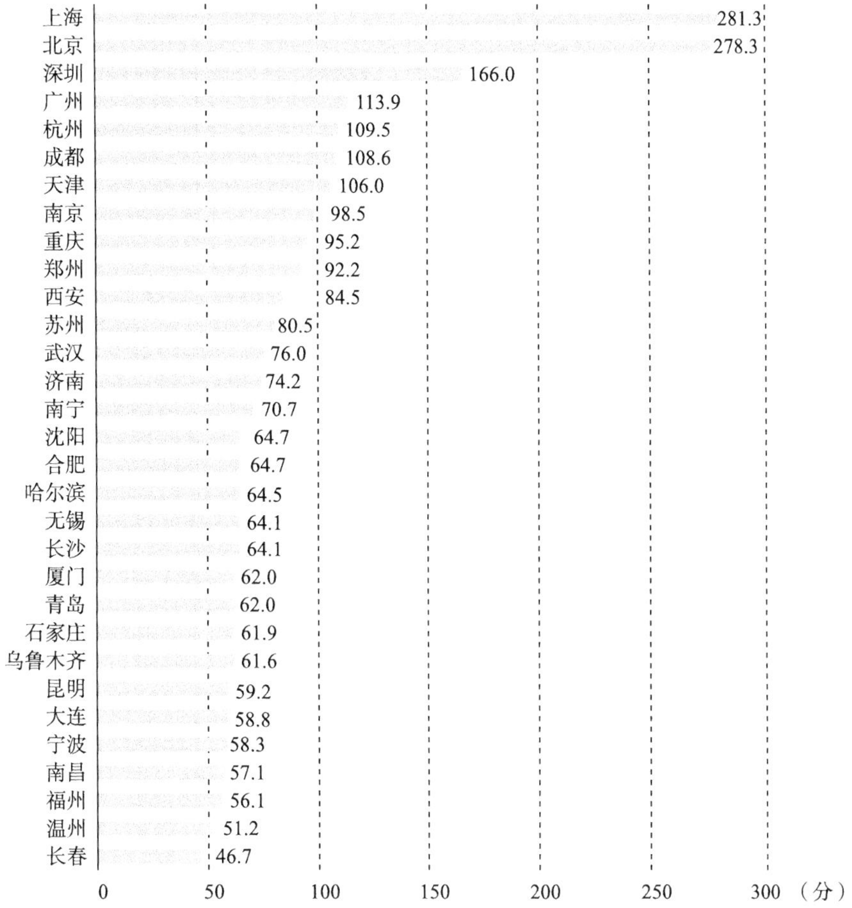

图 1-2 第十二期 31 个金融中心的金融产业绩效得分

2. 金融产业绩效排名变化情况

本期 31 个金融中心中有 13 个城市排名上升，有 12 个城市排名下降，有 6 个城市排名不变。其中，排名提升最大的城市是合肥，上升了 7 个名次，分项排名第 17 位；排名下降最大的城市是福州，下降了 7 个名次，分项排名第 29 位。

本期前十上榜城市名单与上一期相同，除前三名排名不变外，其他十强城市名次有较大变化。其中，杭州分项排名上升 4 个名次，由上一期第 9 位升至本期第 5 位。

3. 产业绩效得分变化情况

金融产业绩效得分整体“止跌回升”,一举逆转上一期“负多正少”的情况。本期31个金融中心中,有26个城市得分正增长,仅有5个城市得分出现小幅减少。其中,金融产业绩效得分增长最多的城市是深圳,较上一期增长34.51分;得分减少最多的城市是济南,较上一期减少5.27分(见表1-2)。

表1-2 第十二期CFCI金融产业绩效排名与得分变化

城市	CFCI 12		CFCI 11		变化	
	得分	排名	得分	排名	得分	排名
上海	281.31	1	260.56	1	▲20.75	—
北京	278.34	2	247.98	2	▲30.36	—
深圳	166.03	3	131.52	3	▲34.51	—
广州	113.94	4	101.53	5	▲12.41	▲1
杭州	109.55	5	88.36	9	▲21.19	▲4
成都	108.62	6	107.93	4	▲0.69	▼2
天津	105.98	7	98.73	6	▲7.25	▼1
南京	98.51	8	83.88	10	▲14.63	▲2
重庆	95.21	9	91.56	8	▲3.65	▼1
郑州	92.18	10	96.31	7	▼4.13	▼3
西安	84.51	11	80.57	11	▲3.94	—
苏州	80.50	12	72.11	14	▲8.39	▲2
武汉	76.01	13	73.15	13	▲2.86	—
济南	74.19	14	79.46	12	▼5.27	▼2
南宁	70.65	15	64.19	16	▲6.46	▲1
沈阳	64.69	16	60.52	17	▲4.17	▲1
合肥	64.67	17	56.48	24	▲8.19	▲7
哈尔滨	64.54	18	56.72	23	▲7.82	▲5
无锡	64.08	19	60.18	18	▲3.90	▼1
长沙	64.05	20	54.21	25	▲9.84	▲5
厦门	61.98	21	65.10	15	▼3.12	▼6

续表

城市	CFCI 12		CFCI 11		变化	
	得分	排名	得分	排名	得分	排名
青岛	61.96	22	57.66	21	▲4.30	▼1
石家庄	61.87	23	59.90	19	▲1.97	▼4
乌鲁木齐	61.62	24	50.40	29	▲11.22	▲5
昆明	59.24	25	54.05	26	▲5.19	▲1
大连	58.81	26	57.98	20	▲0.83	▼6
宁波	58.29	27	51.72	28	▲6.57	▲1
南昌	57.10	28	46.54	30	▲10.56	▲2
福州	56.12	29	56.86	22	▼0.74	▼7
温州	51.19	30	53.52	27	▼2.33	▼3
长春	46.68	31	40.30	31	▲6.38	—

从金融产业绩效核心指标金融业增加值来看，本期大多数城市的金融业增加值增速由2018年放缓下滑转变为企稳回升，31个金融中心2019年的金融业增加值平均增速7%左右，较2018年平均增速上升2个百分点。

从金融产业绩效的城市竞争来看，上海和北京较其他城市大幅领先，但这两个城市的得分差距持续缩小，本期得分仅相差1%左右，北京的金融业规模继续快速追近上海。2019年，两地金融业增加值均突破6000亿元，但北京较上海的规模差距已经不足56亿元。

深圳金融产业绩效得分增长最快。本期深圳得分增长34.51分，在31个金融中心城市的增长分数中排名第一，表现出更高的增长性，特别是在金融从业人员方面，近年来深圳金融人才流入效应显著，近三年金融从业人员平均增速超过10%。

1.3 金融机构实力:郑州连续两期排名上升最快,武汉本期得分下降最多

1. 金融机构实力整体排名

本期31个金融中心的金融机构实力分项排名依次是北京、上海、深圳、天津、重庆、杭州、广州、成都、南京、武汉、西安、福州、苏州、大连、宁波、长沙、郑州、济南、合肥、沈阳、青岛、厦门、无锡、长春、南昌、哈尔滨、南宁、昆明、石家庄、温州和乌鲁木齐(见图1-3)。

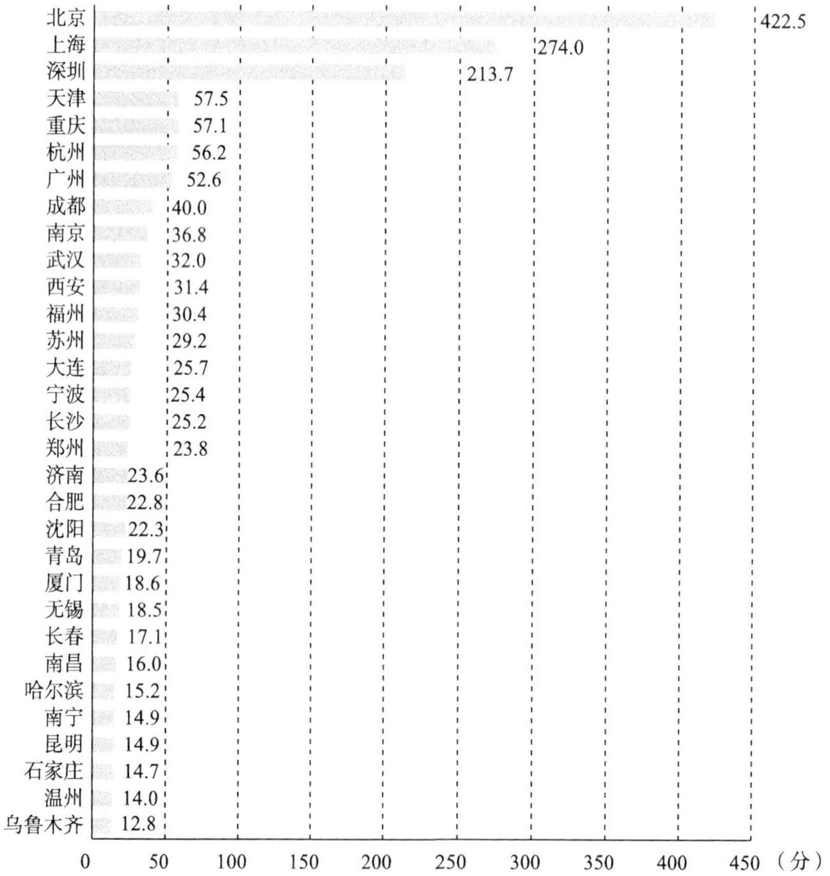

图1-3 第十二期31个金融中心的金融机构实力得分

2. 金融机构实力排名变化情况

本期31个金融中心中有13个城市的排名与上一期保持一致,有10个城市的排名小幅上升,31个金融中心中有8个城市的排名小幅下降。其中,郑州连续两期排名上升最快,本期上升4个名次,至榜单第17位。本期分项排名降幅最大的城市是合肥,排名下降5个名次,至榜单第19位。

3. 金融机构实力得分变化情况

本期金融机构实力得分整体呈小幅增长态势,在31个金融中心中,有11个城市得分出现小幅减少,其他20个城市均实现正增长。其中,得分增长排名前三的城市是上海、深圳和北京,分别增长了15.73分、14.44分和13.94分;得分减少前三的城市是武汉、大连和成都,分别减少了4.31分、3.29分和2.76分(见表1-3)。

表1-3　第十二期CFCI金融机构实力排名与得分变化

城市	CFCI 12		CFCI 11		变化	
	得分	排名	得分	排名	得分	排名
北京	422.48	1	408.54	1	▲13.94	—
上海	274.00	2	258.27	2	▲15.73	—
深圳	213.66	3	199.22	3	▲14.44	—
天津	57.53	4	56.53	6	▲1.00	▲2
重庆	57.10	5	56.72	5	▲0.38	—
杭州	56.17	6	57.95	4	▼1.78	▼2
广州	52.60	7	54.76	7	▼2.16	—
成都	39.97	8	42.73	8	▼2.76	—
南京	36.78	9	36.10	10	▲0.68	▲1
武汉	31.97	10	36.28	9	▼4.31	▼1
西安	31.42	11	33.91	11	▼2.49	—
福州	30.39	12	24.05	13	▲6.34	▲1
苏州	29.21	13	22.46	16	▲6.75	▲3

续表

城市	CFCI 12		CFCI 11		变化	
	得分	排名	得分	排名	得分	排名
大连	25.65	14	28.94	12	▼3.29	▼2
宁波	25.44	15	23.10	15	▲2.34	—
长沙	25.22	16	22.18	17	▲3.04	▲1
郑州	23.82	17	18.31	21	▲5.51	▲4
济南	23.56	18	20.50	20	▲3.06	▲2
合肥	22.84	19	23.63	14	▼0.79	▼5
沈阳	22.26	20	22.10	18	▲0.16	▼2
青岛	19.75	21	20.68	19	▼0.93	▼2
厦门	18.61	22	18.30	22	▲0.31	—
无锡	18.47	23	18.15	23	▲0.32	—
长春	17.09	24	16.94	25	▲0.15	▲1
南昌	16.01	25	17.97	24	▼1.96	▼1
哈尔滨	15.20	26	15.43	26	▼0.23	—
南宁	14.94	27	14.38	28	▲0.56	▲1
昆明	14.91	28	13.16	30	▲1.75	▲2
石家庄	14.66	29	14.20	29	▲0.46	—
温州	14.01	30	14.71	27	▼0.70	▼3
乌鲁木齐	12.82	31	12.69	31	▲0.13	—

三大全国性金融中心的金融机构实力得分之和超过其他28个区域金融中心得分总和(见图1-4)。

4. 典型城市金融机构实力表现

31个金融中心集聚了国内绝大部分金融机构资源。截至2019年底,31个金融中心的金融机构总资产规模占全国比重超过80%。其中,银行业机构总资产占全国的80%,保险业机构总资产占全国的87%,法人公募基金机构总资产占全国的91%,法人证券公司总资产占全国的96%(见图1-5)。

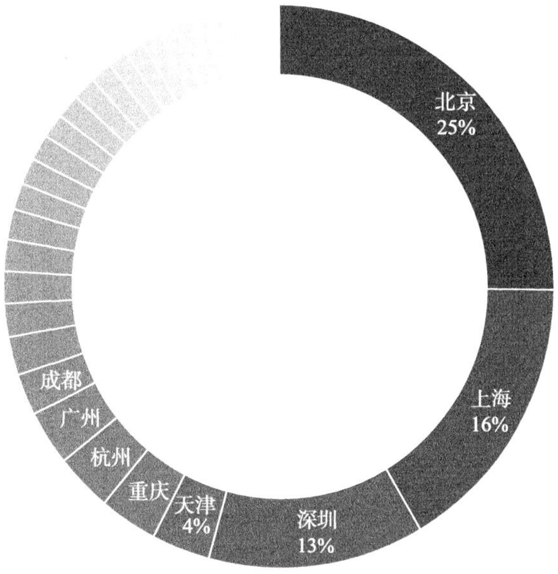

图 1－4　中国 31 个金融中心的金融机构实力得分相对比较

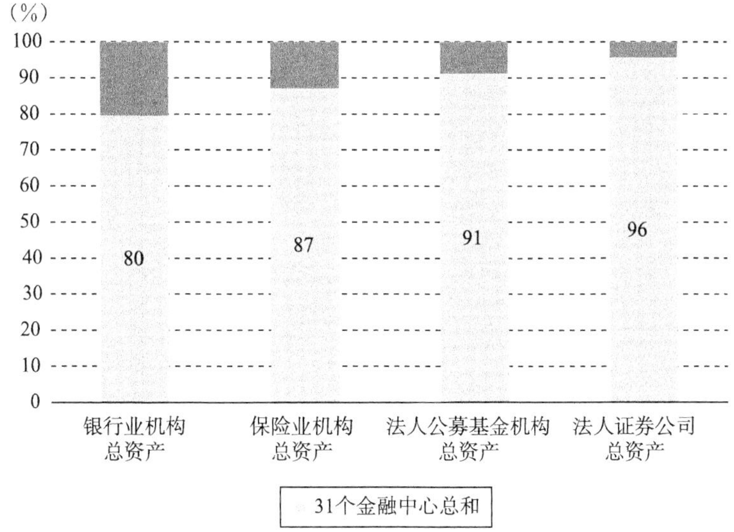

图 1－5　中国 31 个金融中心的金融机构总资产全国占比

在 28 个区域金融中心中，杭州、重庆、天津和广州的表现相对突出，四者的金融机构实力比较接近，法人金融机构的规模、数量和种类基本处于同一水平。

1.4 金融市场规模:整体呈现大幅增长态势,天津资本市场利用进步最大

1. 金融市场规模整体排名

本期31个金融中心城市金融市场规模分项排名依次是上海、深圳、北京、广州、大连、郑州、杭州、南京、武汉、苏州、成都、天津、合肥、宁波、青岛、福州、长沙、南昌、厦门、西安、重庆、无锡、石家庄、沈阳、南宁、哈尔滨、乌鲁木齐、济南、昆明、长春和温州(见图1-6、图1-7)。

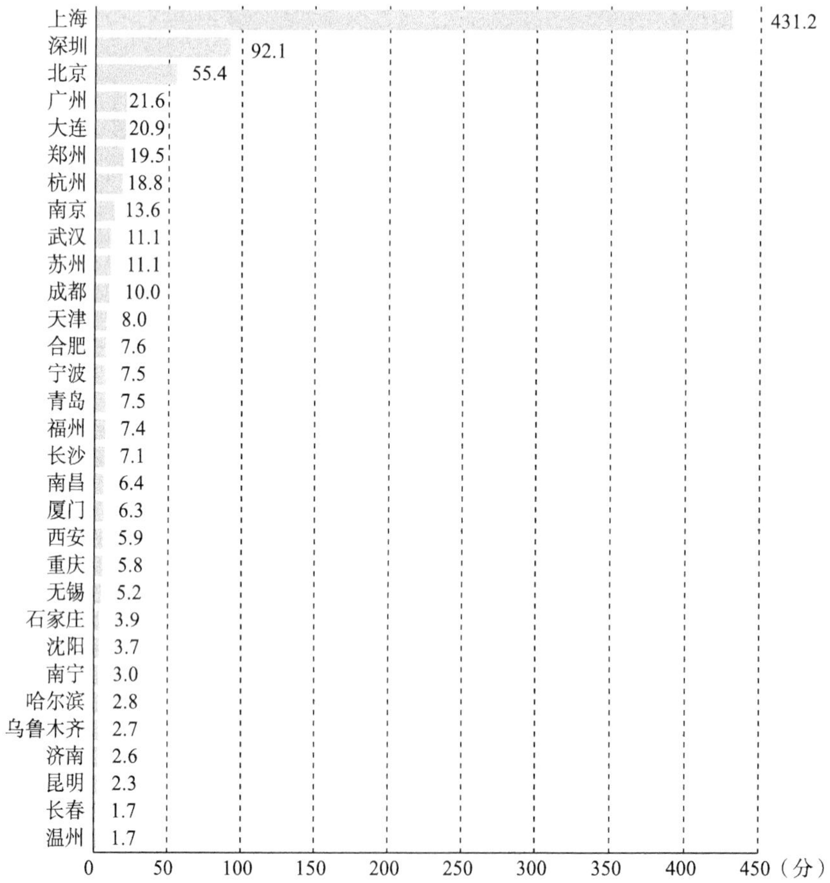

图1-6 第十二期31个金融中心的金融市场规模得分

2. 金融市场规模排名变化情况

本期 31 个金融中心的金融市场规模排名上升的城市有 10 个,排名下降的城市有 12 个,排名不变的城市有 9 个。其中,排名上升幅度最大的城市是天津,提升 8 个名次,至榜单第 12 位;排名下降幅度最大的城市是长沙,下降 6 个名次,至榜单第 17 位。

本期排名前十的城市中,除了国内少数几个具备全国性金融市场的城市外,余下上榜城市则主要凭借在资本市场利用和区域股权交易市场方面的突出表现,跻身本期十强行列。

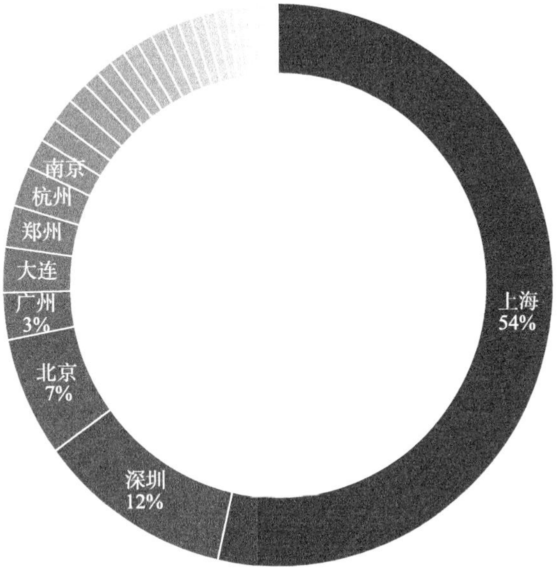

图 1-7　第十二期 31 个金融中心的金融市场规模得分相对比较

3. 金融市场规模得分变化情况

本期金融市场规模得分整体呈增长态势,在 31 个金融中心中,仅有 5 个城市得分出现小幅减少,有 1 个城市得分维持不变,剩下 25 个城市得分均实现正增长。其中,得分增长前三的城市是上海、广州和深圳,分别增长了 46. 86 分、10. 24 分和 6. 43 分(见表 1-4)。

表1-4 第十二期CFCI金融市场规模排名与得分变化

城市	CFCI 12		CFCI 11		变化	
	得分	排名	得分	排名	得分	排名
上海	431.16	1	384.30	1	▲46.86	—
深圳	92.14	2	85.72	2	▲6.42	—
北京	55.42	3	55.81	3	▼0.39	—
广州	21.55	4	11.31	8	▲10.24	▲4
大连	20.93	5	17.39	5	▲3.54	—
郑州	19.46	6	17.80	4	▲1.66	▼2
杭州	18.79	7	15.09	6	▲3.70	▼1
南京	13.55	8	13.55	7	0	▼1
武汉	11.14	9	11.01	9	▲0.13	—
苏州	11.06	10	9.25	10	▲1.81	—
成都	9.95	11	7.68	12	▲2.27	▲1
天津	8.02	12	4.77	20	▲3.25	▲8
合肥	7.58	13	5.77	16	▲1.81	▲3
宁波	7.51	14	6.70	13	▲0.81	▼1
青岛	7.50	15	3.73	22	▲3.77	▲7
福州	7.39	16	5.90	15	▲1.49	▼1
长沙	7.13	17	7.99	11	▼0.86	▼6
南昌	6.39	18	6.29	14	▲0.10	▼4
厦门	6.27	19	5.48	17	▲0.79	▼2
西安	5.95	20	4.88	19	▲1.07	▼1
重庆	5.85	21	3.82	21	▲2.03	—
无锡	5.17	22	5.28	18	▼0.11	▼4
石家庄	3.91	23	3.32	25	▲0.59	▲2
沈阳	3.66	24	3.36	24	▲0.30	—
南宁	2.96	25	2.44	26	▲0.52	▲1
哈尔滨	2.83	26	2.19	27	▲0.64	▲1
乌鲁木齐	2.70	27	3.57	23	▼0.87	▼4
济南	2.58	28	1.97	29	▲0.61	▲1

续表

城市	CFCI 12		CFCI 11		变化	
	得分	排名	得分	排名	得分	排名
昆明	2.30	29	1.67	30	▲0.63	▲1
长春	1.72	30	2.02	28	▼0.30	▼2
温州	1.66	31	1.30	31	▲0.36	—

本期各城市资本市场利用水平方面的得分均出现了一定程度的增长和提升，这主要得益于2019年国内A股市场上市融资回暖，多数城市新上市公司数量明显增加、融资规模明显扩大。除三大全国性金融中心外，杭州、苏州、广州和青岛在2019年分别新增了14家、14家、9家和9家A股上市公司。

4. 典型城市金融市场表现

上海的金融市场规模超过了其他30个金融中心规模的总和。上海集聚了包括货币市场、股票市场、债券市场、黄金市场、外汇市场、衍生品市场等几乎所有全国性金融市场。

本期上海、深圳的金融市场规模分项得分分别较上一期增长12%和8%。得益于2019年国内金融市场迅速回暖，货币市场、股票市场、债券市场、衍生品市场等市场交易规模迅速扩大，其中股票市场扩大速度迅猛，2019年沪、深两市全年股票市场交易额分别较上一年增长35%和46%。

北京受"新三板"市场交易、融资持续低迷影响，导致本期金融市场规模分项得分出现小幅减少。2019年，北京"新三板"市场的挂牌企业总数首次出现负增长，年末挂牌企业总数较上一年减少了1738家。

1.5　金融生态环境：地方风险隐患增加，多地得分首现减少

1. 金融生态环境整体排名

本期31个金融中心城市金融生态环境分项排名依次是北京、上海、广

州、深圳、成都、武汉、杭州、南京、青岛、苏州、重庆、西安、长沙、厦门、郑州、天津、济南、大连、昆明、宁波、无锡、沈阳、福州、合肥、南昌、南宁、长春、温州、哈尔滨、石家庄和乌鲁木齐(见图 1-8)。

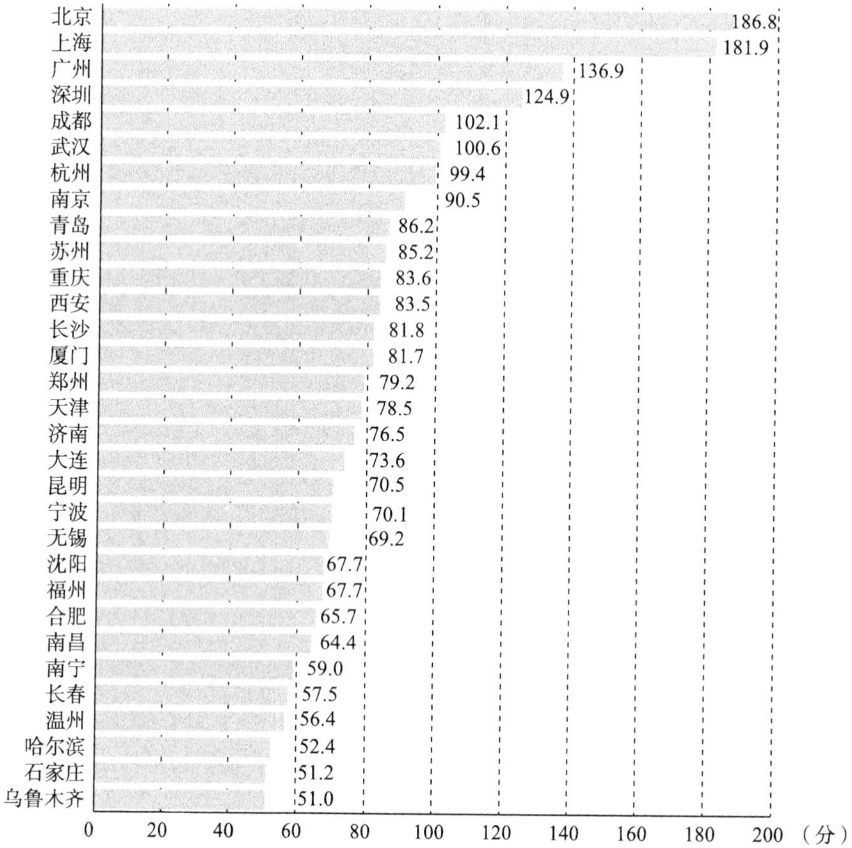

图 1-8 第十二期 31 个金融中心的金融生态环境得分

2. 金融生态环境排名变化情况

本期金融生态环境分项排名相对稳定,31 个金融中心中有 17 个城市排名维持不变,有 8 个城市排名上升,有 6 个城市排名下降。其中,厦门排名上升幅度最大,上升 3 个名次,至榜单第 14 位;天津排名降幅最大,下降 3 个名次,至榜单第 16 位(见表 1-5)。

表1-5　第十二期CFCI金融生态环境排名及得分变化

城市	CFCI 12		CFCI 11		变化	
	得分	排名	得分	排名	得分	排名
北京	186.81	1	182.70	1	▲4.11	—
上海	181.93	2	177.67	2	▲4.26	—
广州	136.88	3	135.78	3	▲1.10	—
深圳	124.93	4	123.39	4	▲1.54	—
成都	102.11	5	99.51	5	▲2.60	—
武汉	100.64	6	97.03	6	▲3.61	—
杭州	99.37	7	95.06	8	▲4.31	▲1
南京	90.50	8	91.34	9	▼0.84	▲1
青岛	86.20	9	95.19	7	▼8.99	▼2
苏州	85.18	10	82.33	12	▲2.85	▲2
重庆	83.62	11	86.50	11	▼2.88	—
西安	83.54	12	87.33	10	▼3.79	▼2
长沙	81.81	13	78.57	14	▲3.24	▲1
厦门	81.66	14	74.70	17	▲6.96	▲3
郑州	79.16	15	75.59	16	▲3.57	▲1
天津	78.50	16	82.21	13	▼3.71	▼3
济南	76.48	17	76.62	15	▼0.14	▼2
大连	73.59	18	74.31	18	▼0.72	—
昆明	70.48	19	72.26	19	▼1.78	—
宁波	70.14	20	70.38	20	▼0.24	—
无锡	69.24	21	67.85	21	▲1.39	—
沈阳	67.71	22	67.16	22	▲0.55	—
福州	67.65	23	65.59	24	▲2.06	▲1
合肥	65.69	24	66.19	23	▼0.50	▼1
南昌	64.40	25	65.31	25	▼0.91	—
南宁	59.00	26	64.04	26	▼5.04	—
长春	57.51	27	62.73	27	▼5.22	—
温州	56.36	28	54.09	29	▲2.27	▲1

续表

城市	CFCI 12		CFCI 11		变化	
	得分	排名	得分	排名	得分	排名
哈尔滨	52.36	29	61.13	28	▼8.77	▼1
石家庄	51.16	30	53.20	30	▼2.04	—
乌鲁木齐	51.00	31	52.33	31	▼1.33	-

3. 金融生态环境得分变化情况

首次出现大量城市得分减少态势。在31个金融中心中,有16个城市得分出现了负增长,仅有15个城市继续保持连续增长。受国内宏观经济增速持续放缓、国际经贸环境持续恶化等因素影响,本期金融生态环境得分一改往期稳健增长态势。

得分增长前三的城市是厦门、杭州和上海,分别增加了6.96分、4.31分和4.26分;得分减少前三的城市是青岛、哈尔滨和长春,分别减少了8.99分、8.77分和5.22分。

值得注意的是,本期31个金融中心中,有17个城市在地方风险控制评估指标得分方面出现减少态势,地方风险控制水平整体有所下降。其中,有18个城市的地方政府负债率上升,有27个城市的地方政府债务率上升。

4. 典型城市金融生态环境表现

北京和上海的金融生态环境最优,两者在金融人才环境、商业环境和国际化程度方面均是全国前三的水平。其中,北京的金融人才环境和商业环境居全国第1位,上海在国际化程度方面保持全国第1位。

深圳的金融生态环境是唯一落后于区域金融中心的领域。深圳在金融生态环境方面的最大短板是金融人才环境,受教育、医疗等公共服务资源不足以及房价过高等因素影响,其金融人才环境排名几乎处于31个金融中心的末位。

天津是唯一连续三年金融生态环境得分出现减少的城市。2017年,(CFCI 9)天津在金融生态环境分项的得分达到高点,自此以后得分开始下降,分项排名已经降至历史低点。

第二章　全国发展比较

2.1　全国性金融中心：京沪增速放缓，深圳稳中有进

根据CDI CFCI分类方法，全国性金融中心是指拥有全国性的金融交易市场，本地的法人金融机构业务活动覆盖全国，具备调配全国金融资源的功能，金融影响力和辐射力实现覆盖全国范围的金融中心。目前，在我国大陆地区能达到上述条件的是上海、北京和深圳3个城市。

1. 全国性金融中心综合竞争力排名及得分变化情况

三大全国性金融中心综合竞争力得分增长速度水平明显高于区域金融中心平均水平，领先优势呈现逐渐扩大趋势（见表2-1）。

表2-1　三大全国性金融中心在CFCI 12中的评价结果

城市	综合竞争力		金融产业绩效		金融机构实力		金融市场规模		金融生态环境	
	得分	排名	得分	排名	得分	排名	得分	排名	得分	排名
上海	293.82	1	281.31	1	274.00	2	431.16	1	181.93	2
北京	245.43	2	278.34	2	422.48	1	92.14	2	186.81	1
深圳	152.70	3	166.03	3	213.66	3	55.42	3	124.93	4

与上一期相比，上海和北京的综合竞争力得分增长幅度出现一定回落，本期分别增长22.03分和12.26分，上一期则分别增长36.18分和48.73分。

深圳的综合竞争力得分增长幅度有所提升，本期增长14.52分，上一期增长14.35分。深圳在本期基本扭转了前两期与上海、北京之间综合竞争力差距不断扩大的趋势，呈现出稳中有进的发展态势（见图2-1）。

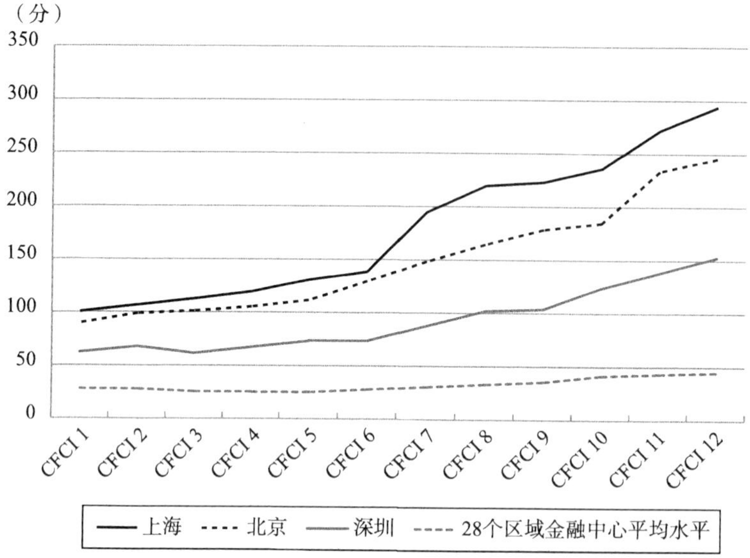

图 2-1　三大全国性金融中心综合竞争力得分历期变化

2. 全国性金融中心金融产业绩效比较

见图 2-2,北京和上海的金融产业绩效得分差距大幅缩小至 2.97 分,上一期差距为 12.58 分,北京发展态势迅猛。

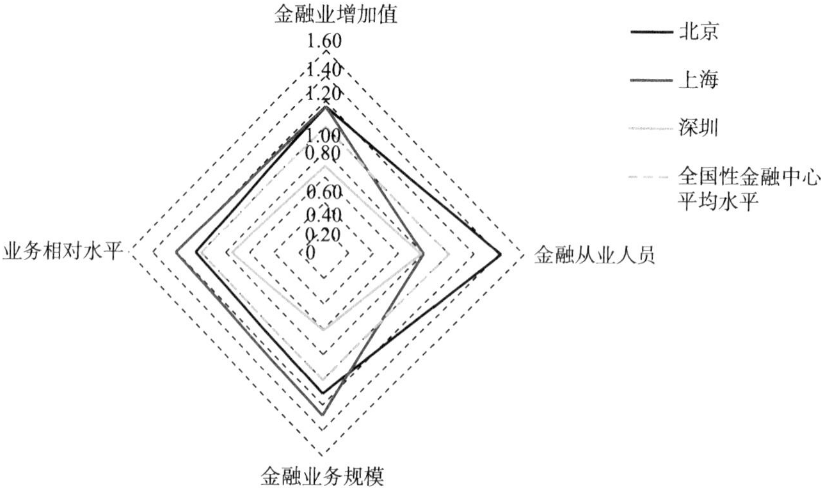

图 2-2　全国性金融中心金融产业绩效分领域比较

从金融业增加值来看，北京、上海的金融业增加值均突破 6000 亿元，产业规模已十分接近。2019 年，北京的金融业增加值达到了 6545 亿元，同比增速达到 9.5%，占 GDP 比重达到了 18.5%；同期上海的金融业增加值是 6601 亿元，两者之间仅相差 56 亿元。

从金融业务规模来看，北京作为全国性金融机构集聚中心和金融监管中心，金融业务规模显著大于上海。2019 年，北京的金融机构本外币存款余额达到了 17.1 万亿元，超出上海 3.8 万亿元；保险深度达到 5.9%，高于上海 1.4 个百分点；保险密度达到 9642 元/人，超出上海同期约 2600 元/人。与北京、上海相比，深圳的金融业规模体量显著不足。2019 年，深圳金融业增加值达到 3668 亿元，远低于上海和北京；金融从业人员数量虽已增至 20.1 万人，但与上海和北京相比仍有较大差距；此外，深圳的金融机构本外币存款余额为 8.39 万亿元，仅是北京的 49%和上海的 63%。

3. 全国性金融中心金融机构发展比较

见图 2-3，北京的金融机构规模实力远超过上海和深圳，在金融机构实力得分方面，本期达到 422.48 分，上海和深圳分别为 274.00 分和 213.66 分。北京是全国性大型金融机构总部集聚中心，特别是在银行类机构及保险类机构方面

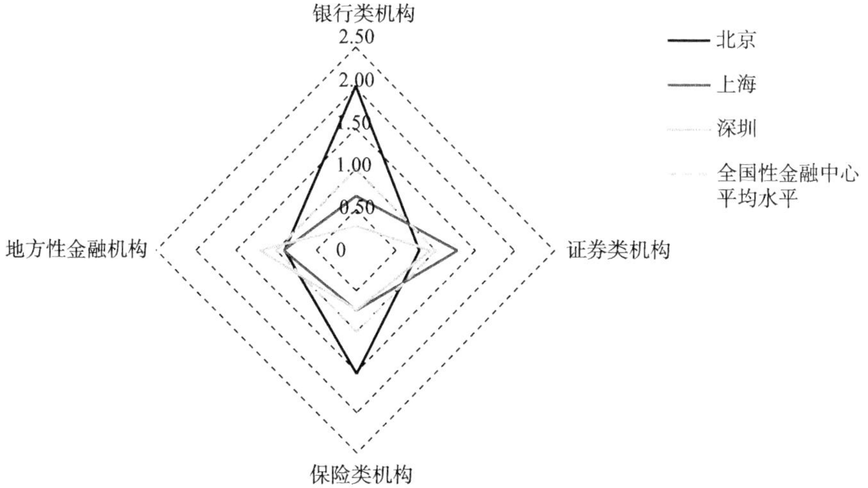

图 2-3　全国性金融中心金融机构实力分领域比较

具有巨大优势。截至2019年底，北京拥有法人商业银行23家，资产规模达到154.82万亿元，远高于上海和深圳。在保险机构数量和规模方面，北京以63家法人保险机构和8.41万亿元保险机构资产规模遥遥领先。

上海的优势主要体现在证券类金融机构实力方面。作为全国性证券交易市场所在地，2019年上海法人证券公司资产总规模达到2.17万亿元，并有58家公募基金，管理5.38万亿元资产，是北京的近3倍；此外，上海期货公司数量、私募基金数量等也均高于北京和深圳。

深圳的突出优势是本地法人金融机构发展质量较高，地方性金融机构发展成效较好。2019年，尽管深圳在法人商业银行数量上远低于北京和上海，但资产总额达到12.47万亿元，只是略低于北京；拥有法人证券公司18家，资产总规模2.00万亿元，虽略低于上海，但超过北京；21家法人保险机构资产总规模4.33万亿元，高于上海。此外，深圳地方性金融机构如小额贷款公司、融资担保公司、融资租赁公司等在数量方面整体超过北京和上海。近年来，深圳大力支持本地法人金融机构创新发展，推动平安保险、招商银行、国信证券、南方基金等一大批法人机构朝着行业领先水平迈进，依托本地法人机构发展所取得的成绩，弥补了深圳自身规模体量的不足。

专栏2-1　深圳：积极推动金融科技创新发展

近年来，深圳依托科技创新优势，加快培育金融科技产业链，鼓励支持金融机构开拓金融科技应用场景，积极打造一流的金融科技生态环境，为深圳占领全国金融科技发展高地奠定了重要基础。

鼓励金融机构推进科技与金融应用场景相结合。深圳一直鼓励支持本地金融机构加快金融科技领域拓展，其中平安银行较早确立了“科技引领”的发展策略，充分借鉴集团科技力量，研发、上线了先进、丰富的金融科技运用，在推动传统业务转型、打造现代化智能银行等方面发挥了重要示范作用。在金融科技应用场景建设方面，平安银行利用移动互联网、生物识别、大数据和人工智能技术应用，打造了全新的业务流程和风控模式。同时，平安银行还构筑了“科技+服务+场景”的新型发展模式，基于特定交易场景，围绕行业产业链提供多元化、嵌入式的智能供应链金融服务。

推进贸易金融区块链平台应用。在中国人民银行数字货币研究所和中国人民银行深圳市中心支行的共同推动、协调和组织下，深圳金融科技研究院联合中国银行、建设银行、招商银行、平安银行、渣打银行及比亚迪公司，经过近半年的研究开发，于2018年9月4日在深圳成功部署并试运行了中国人民银行贸易金融区块链平台。该平台致力于服务粤港澳大湾区、“一带一路”建设和推动人民币国际化，在解决中小企业“融资难、融资贵”问题，更好地服务实体经济等方面发挥了重要作用。

促进粤港澳金融科技交流合作。为加强前瞻布局，抢占金融科技战略高点，从 2017 年开始，深圳市政府在全国率先设立“金融科技专项奖”，结合粤港澳大湾区建设，香港金融科技项目已被纳入评奖范围，用于奖励深港两地金融机构在完善跨境金融基础设施、拓展跨境投融资渠道、促进金融市场互联互通等方面的金融科技创新项目。同时，深圳市地方金融监管局连续举办多届深港澳金融科技全球峰会，邀请深港澳金融监管部门、金融机构、科技企业、创投企业及研究机构代表和专家为金融科技助力粤港澳大湾区融合发展建言献策。

4. 全国性金融中心金融市场表现

上海金融市场体系健全，全国性金融市场中心的地位突出，金融市场规模具有绝对领先优势(见图 2-4)。

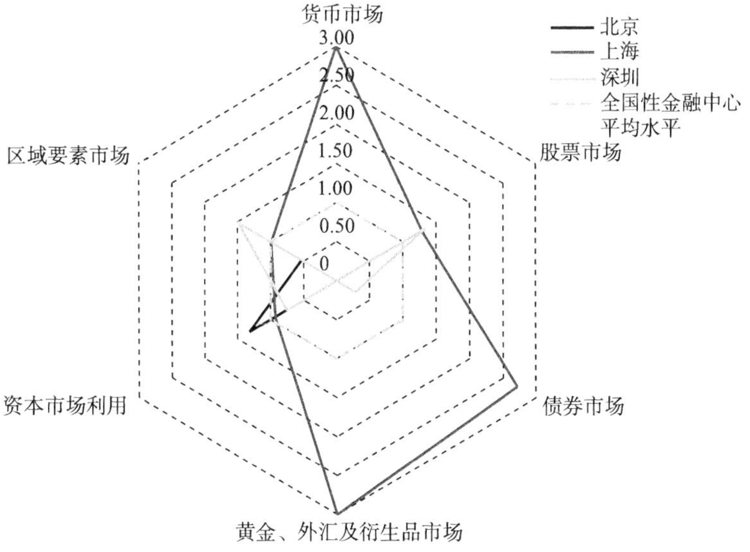

图 2-4　全国性金融中心金融市场规模分领域比较

在股票市场发展方面，截至 2019 年底，上海证券交易所上市公司数量达到 1615 家，总市值达到 35.56 万亿元，成交金额 54.38 万亿元；同期，深圳证券交易所上市公司数量虽为 2205 家，但总市值为 23.74 万亿元，成交金额达到 73.03 万亿元。

在债券市场发展方面,全国仅有上海和深圳拥有证券交易所,其中,2019 年上海证券交易所债券市场现券交易额达到 6.41 万亿元,深圳证券交易所债券市场现券交易额达到 1.82 万亿元。

在上市公司利用方面,2019 年上海、深圳和北京本地 A 股上市公司数量分别达到 307 家、344 家和 298 家,相差不大。北京在“新三板”股票公司数量方面具有绝对优势,达到 1187 家,上海和深圳分别为 714 家和 490 家。上海、深圳和北京年度 IPO 公司数量分别达到 21 家、15 家和 19 家。

在直接融资水平方面,北京远远超过上海和深圳,2019 年达到 2.09 万亿元。

在区域要素市场发展方面,2019 年上海区域股权市场挂牌公司数量达到 10156 家,高于北京的 6371 家和深圳的 7063 家。

5. 全国性金融中心金融生态环境表现

从 CFCI 7 开始,深圳与北京、上海在金融生态环境上的得分差距不断被拉大,深圳与上海之间的得分差从最小的 20 分扩大到本期的 57 分(见图 2-5)。

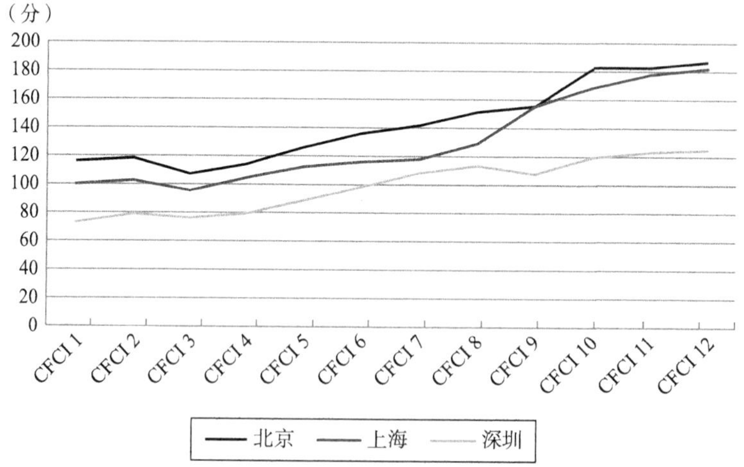

图 2-5 北京、上海、深圳金融生态环境得分历期比较

(1)金融生态环境——人才环境

人才环境主要包括教育环境、医疗卫生、城市环境和生活质量。

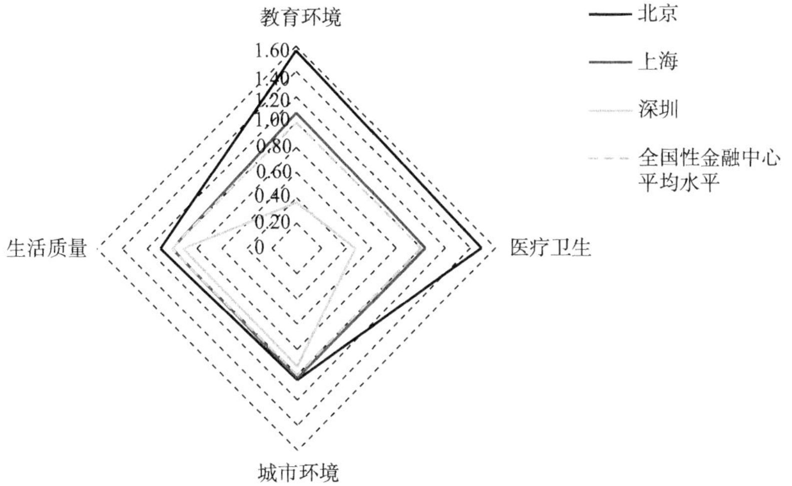

图 2－6　全国性金融中心金融人才环境分领域比较

如图 2-6 所示，在教育环境方面，北京和上海显著优于深圳。截至 2019 年底，北京拥有 93 所高等学校，在校学生数量超过 90.0 万人，而上海也拥有 64 所高等学校，在校学生数量接近 70.0 万人。相比之下，深圳仅有 8 所高校及 10.4 万名在校学生。同时，2018 年深圳普通中学专任教师人均负担学生数量达到 12.6 人，高于北京的 6.3 人和上海的 10.0 人，反映出深圳普通中学师资力量的严重不足。

在医疗卫生方面，2019 年深圳每万人拥有的病床数量仅有 33.4 张，不仅远低于北京和上海，与全国多数区域性金融中心相比也有较大差距。

在生活质量与城市环境方面，2019 年深圳住宅房价与收入比高达 16.54，远高于北京的 8.32 和上海的 6.88，房价高企已经成为影响深圳人才环境的重要因素。

（2）金融生态环境——商业环境

见图 2-7，在专业服务方面，北京优势明显，其执业律师、注册会计师和保险中介机构数量等均远高于上海和深圳。

在政策环境方面，深圳超过了北京和上海，原因主要在于深圳出台了较为详尽的金融业发展促进政策，政策覆盖面较广，对法人金融机构培育发展的支持力度较大。

在地方风险控制方面，深圳表现突出。2019 年，深圳地方政府负债率和地方政府债务率分别仅为2.5%和18.0%,而同期北京的分别为26.4%和161.0%,上海的分别为17.1%和91.0%。

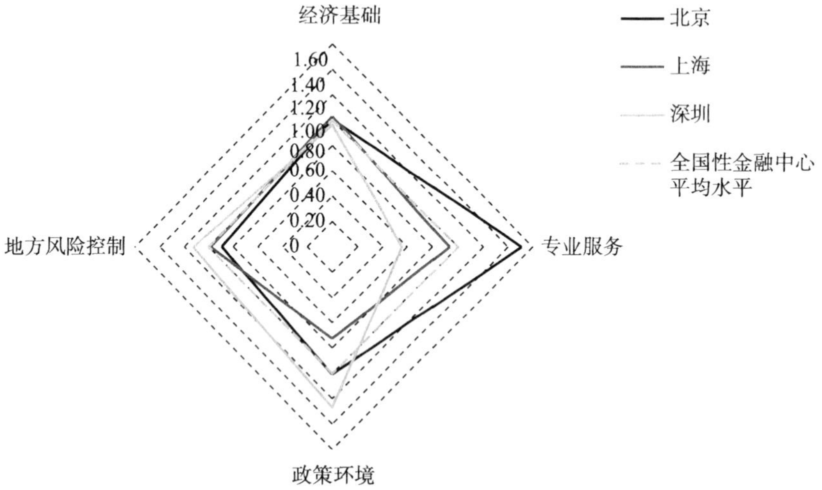

图2-7 全国性金融中心商业环境分领域比较

(3)金融生态环境——国际化程度

见图2-8,在国际化整体水平方面,上海的机构国际化、经济外向度和国际影响力均位列全国第1,而深圳金融国际化水平与上海、北京相比,差距明显,未来提升空间较大。

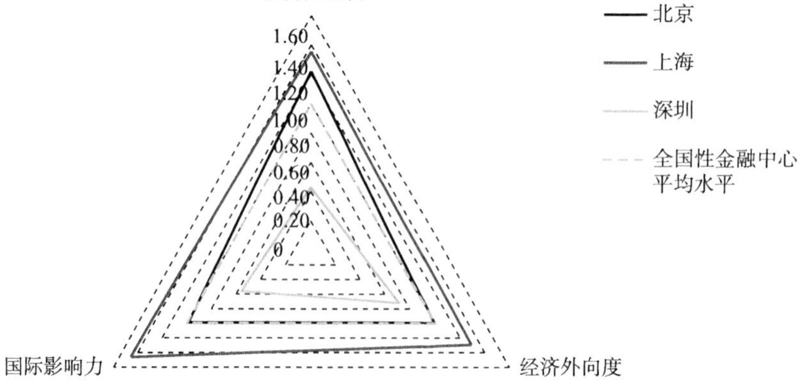

图2-8 全国性金融中心国际化水平分领域比较

在机构国际化方面，上海具有领先优势。2019 年，深圳外资金融机构仅有 67 家，而北京和上海分别有 120 家和 183 家。

在经济外向度方面，深圳在直接利用外资方面存在明显短板。2019 年，深圳直接利用外资总额只有 78.09 亿美元，而北京达到 142.10 亿美元，上海达到 190.48 亿美元。

在国际影响力方面，深圳与上海和北京存在较大差距。2019 年，深圳的国际航班起降架次为 32531 次，只相当于北京的 1/5、上海的 1/7；在全球金融中心指数中的影响力得分也相对较低。

2.2　国家中心城市：金融实力与城市定位匹配，中部中心城市提升空间较大

国家中心城市在我国的金融、管理、文化和交通等方面发挥着中心和枢纽作用，具有全国范围的中心性和一定区域的国际性两大基本特征。目前，已经确定的国家中心城市共有 9 个，分别是北京、上海、天津、重庆、广州、成都、武汉、郑州和西安。比较分析这些城市的金融综合竞争力，有助于了解国家中心城市的金融集聚和承载作用。

1. 国家中心城市综合竞争力排名和得分情况

表 2-2　国家中心城市综合竞争力排名和得分情况

城市	综合竞争力		金融产业绩效		金融机构实力		金融市场规模		金融生态环境	
	得分	排名	得分	排名	得分	排名	得分	排名	得分	排名
上海	293.82	1	281.31	1	274.00	2	431.16	1	181.93	2
北京	245.43	2	278.34	2	422.48	1	55.42	2	186.81	1
广州	78.62	3	113.94	3	52.60	5	21.55	3	136.88	3
成都	63.12	4	108.62	4	39.97	6	9.95	6	102.11	4
天津	61.88	5	105.98	5	57.53	3	8.02	7	78.50	9
重庆	59.73	6	95.21	6	57.10	4	5.85	9	83.62	6
武汉	52.81	7	76.01	9	31.97	7	11.14	5	100.64	5
郑州	51.66	8	92.18	7	23.82	9	19.46	4	79.16	8
西安	49.67	9	84.51	8	31.42	8	5.95	8	83.54	7

国家中心城市综合竞争力与其功能定位基本匹配。从历期 CFCI 评价结果来看,除上海和北京之外的 7 个国家中心城市,其综合竞争实力均进入了区域金融中心十强行列,在国内城市中具备较强的金融发展基础。即使是在 7 个城市中排名和得分相对靠后的郑州和西安,自 2015 年(CFCI 8)起,其综合竞争力也全面超越了全国 28 个区域金融中心的平均水平,反映出国家中心城市的金融实力与其城市定位相匹配(见表 2-2、图 2-9)。

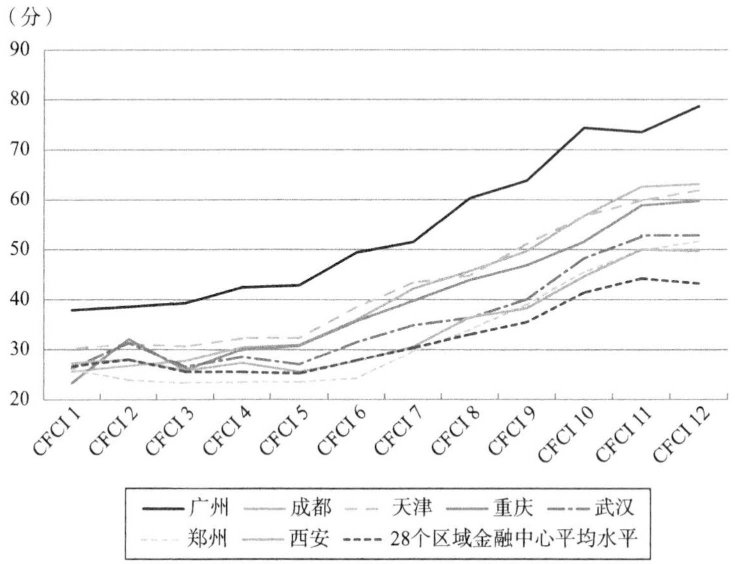

图 2-9　七大国家中心城市的金融综合竞争力得分历期比较

广州综合竞争力仅次于三大全国性金融中心,在 28 个区域金融中心中地位稳固。目前,广州紧抓粤港澳大湾区建设机遇,努力构建与广州作为粤港澳大湾区核心引擎功能相适应的现代金融服务体系,着力建设大湾区资产管理中心、绿色金融创新中心、科技金融创新中心、跨境投融资服务中心、金融要素区域交易中心,各项金融改革创新持续推进。

专栏 2-2　广州:持续深入推进金融改革创新

近年来,广州以绿色金融、跨境金融、知识产权金融等领域为重点,推动金融改革创新。绿色金融改革试验不断走深、走实。自广州绿色金融改革创新试验区获批以来,广州市牢牢把握重大机遇,以金融创新推动绿色发展为主线、以体制机制创新为重点,不断完善绿色金融服务体系。两年来的建设取得较好成效,形成了一批可复制、可推广的经验和案例。截至 2019 年底,广州地区银行机构绿色贷款余额超过 3000 亿元,全市累计获批发行各类绿色债券 638 亿元,新增绿色保费收入 488 亿元,三项指标在各试验区中均排第一位;自 2017 年以来,新增绿色股权融资额 4210 亿元;环境权益交易市场发展最快,广州碳交所碳配额现货交易量累计成交居全国首位。中央财经大学绿色金融国际研究院发布的 2019 年《地方绿色金融发展指数与评价报告》中,以广州绿色金融改革创新试验区为核心的广东绿色金融发展在全国 31 个省(自治区、直辖市)中排名第一。

南沙自贸片区金融改革创新加快推进。自自贸区获批建设以来,南沙落地全国首笔"跨境资产贷款衍生品综合交易"业务、首单境外美元私募债券等创新业务,推出国内首张以自贸区冠名的"自贸通龙卡"和金融"IC 卡"。国内首只支持再生纸项目运营的绿色债券——广纸绿债、合格境外有限合伙人(QFLP)和合格境外普通合伙人(QFGP)试点、首单用美元结算的跨境船舶租赁资产交易,率先在 CEPA 框架下开展外资金融合作试点。金融创新政策 83 项已落地实施 58 项,开展熊猫债、粤港电子支票业务、跨境人民币直贷、跨境资产转让、跨境人民币缴税服务等多项跨境金融创新业务。截至 2019 年底,南沙入驻机构 6451 家;跨境人民币贷款备案金额 61.69 亿元,累计跨境人民币结算金额 3869.74 亿元;已落户融资租赁企业(含金融租赁)2195 家,注册资金达 5000 亿元,累计业务合同余额超 3500 亿元,累计完成 134 架飞机和 64 艘船舶租赁业务。

此外,广州积极开展多项金融创新举措,如广州开发区积极探索知识产权金融产品和衍生品的创新,国内首单以纯专利许可为底层资产的知识产权证券化项目——"兴业圆融"—广州开发区专利许可资产支持专项计划,在深圳证券交易所成功发行设立。

武汉、郑州等中部地区中心城市的综合实力有待进一步加强。与西部地区中心城市成都、重庆相比,中部地区中心城市武汉、郑州的综合竞争力处于较低水平,本期综合竞争力得分分别为 52.81 分与 51.66 分,国家中心城市排名分别为第 7 和第 8。其中,武汉综合竞争力较弱的原因在于金融产业绩效得分较低,居国家中心城市末位;而郑州综合竞争力较弱的原因在于金融机构实力排名全国第 17,且金融生态环境排名全国第 15,拉低了整体竞争力水平。

2. 国家中心城市金融产业绩效表现

见表2-3,广州和重庆的金融产业绩效排名分别上升1位。广州的金融产业绩效在9个国家中心城市中排名第3,得分提高12.41分,在金融业增加值、金融机构本外币存款余额及本地证券交易额等方面表现突出。重庆的金融产业绩效在9个国家中心城市中居第6位,得分提高3.65分,在金融业增加值、金融从业人员数量、金融机构本外币存款余额、本地证券交易量等方面表现突出。

表2-3 国家中心城市的金融产业绩效排名及得分变化

城市	CFCI 12		CFCI 11		变化	
	得分	国家中心城市内排名	得分	国家中心城市内排名	得分	国家中心城市内排名
上海	281.31	1	260.56	1	▲20.75	—
北京	278.34	2	247.98	2	▲30.36	—
广州	113.94	3	101.53	4	▲12.41	▲1
成都	108.62	4	107.93	3	▲0.69	▼1
天津	105.98	5	98.73	5	▲7.25	—
重庆	95.21	6	91.56	7	▲3.65	▲1
郑州	92.18	7	96.31	6	▼4.13	▼1
西安	84.51	8	80.57	8	▲3.94	—
武汉	76.01	9	73.15	9	▲2.86	—

成都和郑州的金融产业绩效排名均下降1位。成都的金融产业绩效在9个国家中心城市中排第4位,得分仅提高0.69分,是得分增长最少的城市。郑州是9个国家中心城市中金融产业绩效得分唯一下降的城市,得分下降4.13分。

3. 国家中心城市金融机构实力表现

见表 2-4,在国家中心城市金融机构实力排名中,天津是唯一上升的城市。天津的金融机构实力得分由上一期的 56. 53 分提升至本期的 57. 53 分,提高了 1 分,排名上升 1 位,至榜单第 3 位,仅次于北京和上海。2019 年,天津的证券业资产规模稳步扩大,法人证券公司资产总额 513. 4 亿元,同比增长 6. 5%,实现净利润 10 亿元,较上年增加 4. 1 亿元。近年来,天津稳步推进金融改革与创新,继续落实金融支持自贸试验区建设政策,加快建设金融创新运营示范区,大力发展科技金融、物流金融、租赁金融和绿色金融,促进各类市场稳定发展,不断提升金融服务实体经济效力。

表 2－4　国家中心城市金融机构实力得分与排名情况

城市	CFCI 12		CFCI 11		变化	
	得分	国家中心城市内排名	得分	国家中心城市内排名	得分	国家中心城市内排名
北京	422. 48	1	408. 54	1	▲13. 94	—
上海	274. 00	2	258. 27	2	▲15. 73	—
天津	57. 53	3	56. 53	4	▲1. 00	▲1
重庆	57. 10	4	56. 72	3	▲0. 38	▼1
广州	52. 60	5	54. 76	5	▼2. 16	—
成都	39. 97	6	42. 73	6	▼2. 76	—
武汉	31. 97	7	36. 28	7	▼4. 31	—
西安	31. 42	8	33. 91	8	▼2. 49	—
郑州	23. 82	9	18. 31	9	▲5. 51	—

专栏 2-3　天津:自贸区金融改革创新扎实推进

近年来,天津自贸试验区加快推进金融改革创新落地,复制上海自贸区 FT 账户、外汇管理创新业务、跨境人民币贸易投资便利化试点等创新政策,取得明显成效,有力支持了天津自贸区的改革、创新与发展。

FT 账户助力跨境金融业务发展。2019 年,人民银行批准天津正式成为继上海、海南之后第三个上线自由贸易(FT)账户体系的地区,FT 账户体系在天津正式落地。截至 2019 年底,已有两家银行正式接入 FT 账户分账核算业务系统,为企业办理 FT 账户业务 34.2 亿元人民币;区内主体累计新开立本外币账户 8.1 万个;办理跨境收支 2117.5 亿美元,占全市总额的 24.6%;结售汇 942.4 亿美元;跨境人民币结算 4111.3 亿元,占全市的 43.3%。

租赁创新示范效应显现。天津是国家租赁创新示范区,集聚了国内外知名融资租赁机构发展。在自贸试验区金融改革创新的推动下,天津东疆保税港区开展了融资租赁企业外债便利化改革,融资租赁公司下设注册在天津的 SPV 可以共享母公司外债额度,大大降低了运营成本,为企业运营发展提供了坚实的政策保障。截至 2019 年底,已有 4 家融资租赁企业获得试点资格,28 家特殊项目公司共享外债额度,完成外债登记 21 笔。

打造央企创新型金融板块承载地。近年来,天津自贸试验区紧紧围绕承接疏解北京非首都核心功能,积极吸引央企创新型金融机构落地。截至 2019 年底,已有中国中车、保利、中信等 70 多家央企在区域内设立投资类、供应链金融、贸易、持股平台等企业超过 400 家,总体注册资金超过 3000 亿元。通过自贸试验区的金融开放和创新,使天津改革红利不断显现,进一步激发了市场活力,推动了各类创新型机构集聚发展,有力地支持了天津开放型经济的发展。

4. 国家中心城市金融市场表现

郑州金融市场在国家中心城市中具有优势。郑州拥有全国性商品交易所——郑州商品交易所,是中西部地区唯一的全国性金融市场,商品期货业已成为郑州乃至中部地区极具影响力和竞争力的金融产业之一。本期金融市场规模得分 19.46 分,较上一期增长 1.66 分,在国家中心城市中排第 4 位,比上一期下降 1 位,这主要受到商品期货交易规模增长缓慢的影响(见 2-5)。

表 2-5 国家中心城市金融市场规模得分与排名情况

城市	CFCI 12		CFCI 11		变化	
	得分	国家中心城市内排名	得分	国家中心城市内排名	得分	国家中心城市内排名
上海	431.16	1	384.30	1	▲46.86	—
北京	55.42	2	55.81	2	▼0.39	—
广州	21.55	3	11.31	4	▲10.24	▲1
郑州	19.46	4	17.80	3	▲1.66	▼1
武汉	11.14	5	11.01	5	▲0.13	—
成都	9.95	6	7.68	6	▲2.27	—
天津	8.02	7	4.77	8	▲3.25	▲1
西安	5.95	8	4.88	7	▲1.07	▼1
重庆	5.85	9	3.82	9	▲2.03	—

5. 国家中心城市金融生态环境表现

本期国家中心城市金融生态环境得分和排名与上一期相比整体稳定。其中,重庆的排名较上一期提升 1 位,在全国中心城市中排第 6 位,得分下降 2.89 分;西安的排名较上一期下降 1 位,在全国中心城市中排第 7 位,得分下降 3.79 分,其余城市的排名没有变化;除重庆、西安和天津外,其他城市得分均有增加(见表 2-6)。

表 2-6 国家中心城市金融生态环境评价比较

城市	CFCI 12		CFCI 11		变化	
	得分	国家中心城市内排名	得分	国家中心城市内排名	得分	国家中心城市内排名
北京	186.81	1	182.70	1	▲4.11	—
上海	181.93	2	177.67	2	▲4.26	—
广州	136.88	3	135.78	3	▲1.10	—
成都	102.11	4	99.51	4	▲2.60	—
武汉	100.64	5	97.03	5	▲3.61	—

续表

城市	CFCI 12		CFCI 11		变化	
	得分	国家中心城市内排名	得分	国家中心城市内排名	得分	国家中心城市内排名
重庆	83.62	6	86.50	7	▼2.88	▲1
西安	83.54	7	87.33	6	▼3.79	▼1
天津	78.50	8	82.21	8	▼3.71	—
郑州	79.16	9	75.59	9	▲3.57	—

广州人才发展环境在国家中心城市中具有领先优势。2018 年,广州拥有 82 所高校,仅次于北京和武汉;在校学生数量达到 108.6 万人,仅次于武汉。此外,广州医疗卫生也在全国处于领先水平,每万人拥有医院病床数量达到 57.7 张。但广州城市交通状况在全国中心城市中并不具备明显优势,体现在城市交通健康指数相对较低。

2.3 副省级城市:行政级别优势减弱,综合竞争力普遍不强

我国自 1994 年正式实施副省级行政建制市体制以来,目前共有 15 个城市被列为副省级城市,分别是广州、武汉、哈尔滨、沈阳、成都、南京、西安、长春、济南、杭州、大连、青岛、深圳、厦门和宁波。

1. 副省级城市综合竞争力排名和得分情况

在 15 个副省级城市中,珠三角地区的深圳和广州,以及长三角地区的杭州和南京综合竞争力均位列前五,其金融业发展与城市经济地位相符。同时,济南、青岛、厦门、沈阳、宁波、哈尔滨和长春 7 个城市的综合竞争力得分低于全国区域金融中心平均分,这反映出副省级城市的行政级别优势不断减弱,对金融资源集聚能力不足(见表 2-7、图 2-10)。

表 2-7　副省级城市的金融中心排名和得分情况

城市	综合竞争力		金融产业绩效		金融机构实力		金融市场规模		金融生态环境	
	得分	排名	得分	排名	得分	排名	得分	排名	得分	排名
深圳	152. 70	1	166. 03	1	213. 66	1	92. 14	1	124. 93	2
广州	78. 62	2	113. 94	2	52. 60	3	21. 55	2	136. 88	1
杭州	69. 60	3	109. 55	3	56. 17	2	18. 79	4	99. 37	5
成都	63. 12	4	108. 62	4	39. 97	4	9. 95	7	102. 11	3
南京	58. 04	5	98. 51	5	36. 78	5	13. 55	5	90. 50	6
武汉	52. 81	6	76. 01	7	31. 97	6	11. 14	6	100. 64	4
西安	49. 67	7	84. 51	6	31. 42	7	5. 95	11	83. 54	8
大连	43. 19	8	58. 81	13	25. 65	8	20. 93	3	73. 59	11
济南	42. 49	9	74. 19	8	23. 56	10	2. 58	14	76. 48	10
青岛	41. 76	10	61. 96	12	19. 75	12	7. 50	9	86. 20	7
厦门	40. 12	11	61. 98	11	18. 61	13	6. 27	10	81. 66	9
沈阳	38. 11	12	64. 69	9	22. 26	11	3. 66	12	67. 71	13
宁波	38. 96	13	58. 29	14	25. 44	9	7. 51	8	70. 14	12
哈尔滨	32. 43	14	64. 54	10	15. 20	15	2. 83	13	53. 36	15
长春	29. 49	15	46. 68	15	17. 09	14	1. 72	15	57. 51	14

东北地区除大连外，沈阳、哈尔滨和长春的金融中心城市综合竞争力分别排第 12 位、第 14 位和第 15 位，整体处于副省级城市末位，这 3 个城市的金融市场规模和金融生态环境得分在全国金融中心中都处于末位水平，因此影响了其整体竞争力排名。

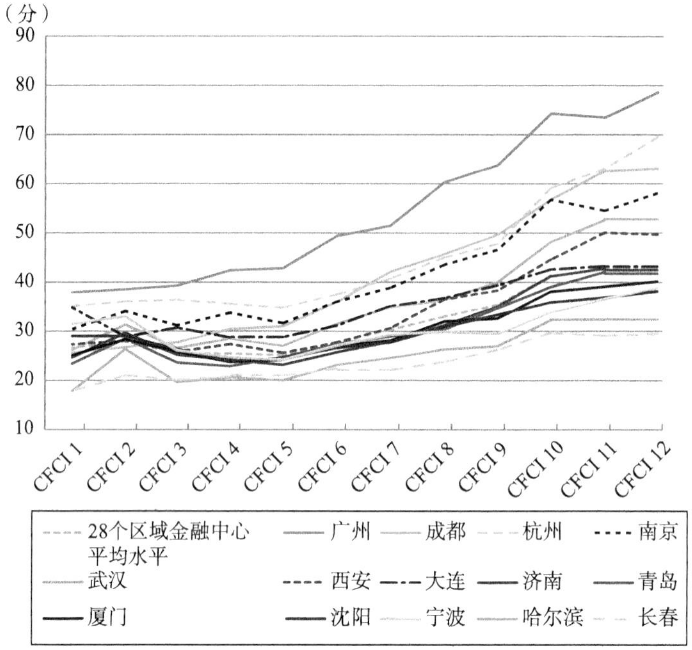

图 2-10　各副省级城市综合竞争力历期得分变化

2. 副省级城市金融产业绩效表现

本期副省级城市中,深圳、广州、杭州和成都的金融产业绩效得分均超过 100 分,其中广州、杭州和成都的得分差距较小。2019 年,杭州和成都的金融业增加值虽然十分接近,分别为 1789.0 亿元和 1893.7 亿元,但杭州的金融机构本外币存贷款余额、本地证券交易量、保费收入等指标均高于成都,这是杭州金融绩效得分超过成都的重要因素(见表 2-8)。

表 2-8　深圳、杭州、广州和成都的金融产业绩效发展指标比较

金融业发展指标	深圳	杭州	广州	成都
(2019 年)金融业增加值数额/亿元	3667.6	1789.0	2041.9	1893.7
(2019 年)金融业增加值三年平均增长率/%	4.9	8.3	6.9	7.1
(2019 年)金融业增加值占当地 GDP 的比重/%	13.6	11.6	8.6	11.1
(2018 年)金融从业人员总数/万人	20.1	11.4	12.2	12.5
(2018 年)金融从业人员占常住人口比重/%	1.54	1.17	0.82	0.76

续表

金融业发展指标	深圳	杭州	广州	成都
(2018 年)金融机构本外币存款余额/亿元	83900.0	45287.0	59131.0	39828.0
(2019 年)金融机构本外币贷款余额/亿元	59500.0	42245.0	47103.0	36464.0
(2019 年)本地证券交易量/亿元	327823.0	137800.0	150700.0	91900.0
(2019 年)保费收入/亿元	1384.0	846.0	1425.0	1037.0

西部地区西安的金融产业绩效得分连续两期保持大幅增长,区域金融中心建设显成效。2019 年,金融业增加值达到 998.9 亿元,占 GDP 的比重达到 10.7%,成为全市支柱产业,本期金融产业绩效居全国第 11 位,在副省级城市中居第 6 位。近年来,西安积极推动“丝绸之路国际金融中心”建设,重点发展能源金融、绿色金融、离岸金融、文化金融、军民融合金融等特色金融。其中,西安对绿色金融探索较早,在金融组织、金融制度、金融产品等方面取得了积极成效。

3. 副省级城市金融机构实力绩效表现

本期副省级城市金融机构实力得分出现分化。副省级城市中金融机构实力排名提升最大的是济南,上升了 2 个名次,得分增加 3.06 分;其次是南京,上升 1 个名次,得分增加 0.68 分。青岛、哈尔滨等排名靠后的城市,金融机构实力得分出现了不同程度的下降(见表 2-9)。

表 2-9　副省级城市金融机构实力得分与排名情况

城市	CFCI 12		CFCI 11		变化	
	得分	副省级城市内排名	得分	副省级城市内排名	得分	副省级城市内排名
深圳	213.66	1	199.22	1	▲14.44	—
杭州	56.17	2	57.95	2	▼1.78	—
广州	52.60	3	54.76	3	▼2.16	—
成都	39.97	4	42.73	4	▼2.76	—
南京	36.78	5	36.10	6	▲0.68	▲1
武汉	31.97	6	36.28	5	▼4.31	▼1

续表

城市	CFCI 12		CFCI 11		变化	
	得分	副省级城市内排名	得分	副省级城市内排名	得分	副省级城市内排名
西安	31.42	7	33.91	7	▼2.49	—
大连	25.65	8	28.94	8	▼3.29	—
宁波	25.44	9	23.10	9	▲2.34	—
济南	23.56	10	20.50	12	▲3.06	▲2
沈阳	22.26	11	22.10	10	▲0.16	▼1
青岛	19.75	12	20.68	11	▼0.93	▼1
厦门	18.61	13	18.30	13	▲0.31	—
长春	17.09	14	16.94	14	▲0.15	—
哈尔滨	15.20	15	15.43	15	▼0.23	—

银行类机构,杭州的法人银行数量多于深圳,但资产规模却约是深圳的1/3。截至2019年底,深圳有9家本地法人银行机构,资产规模达到12.47万亿元;而杭州有12家本地法人银行机构,资产规模仅有3.61万亿元。

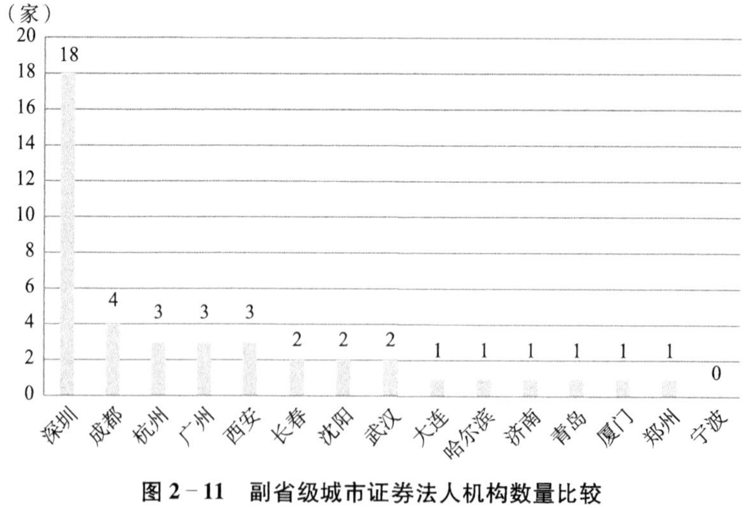

图2-11 副省级城市证券法人机构数量比较

证券业金融机构及保险业金融机构主要集聚在北京、上海和深圳,其他副省级城市在该领域几乎不具备比较优势，其中宁波没有证券法人机构，6个城市只有1家证券法人机构；成都有4家证券法人机构，是副省级城市中除深圳外拥有证券法人机构最多的城市（见图2-11、图2-12）。

近几年，各副省级城市均加快了地方性金融机构的建设，但由于地方性金融机构规模参差不齐，实力相差较大，因此在该领域各城市的得分也相差较大。

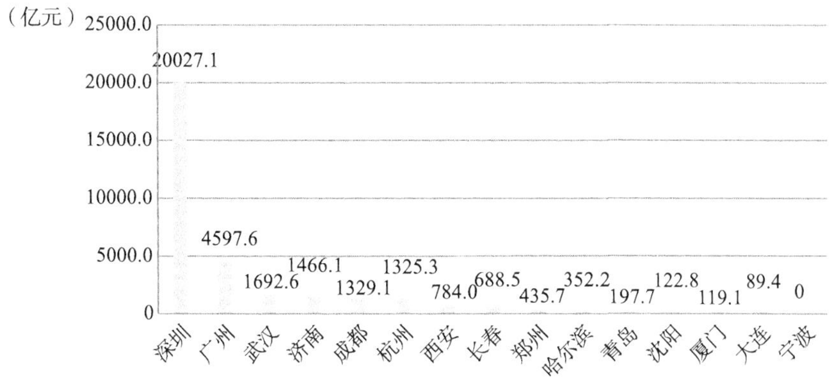

图2-12　副省级城市证券法人机构资产规模比较

4. 副省级城市金融生态环境表现

本期副省级城市中，厦门和武汉的金融生态环境得分上升幅度较大，其中厦门的得分较上一期提升6.96分，在副省级城市中居第8位；武汉的得分较上一期提升3.63分，在副省级城市中居第4位。

武汉在金融人才环境和金融商业环境方面具有一定优势。2019年，武汉拥有83所普通高等学校，数量在全国仅次于北京；2018年普通高等学校在校学生数量达到110.7万人，位列全国第1。每万人拥有医院病床数量74.8张，高于全国平均水平；每万人城市轨道交通里程数达到34.7公里，高于上海、深圳、广州等城市。

厦门在城市环境和政策环境方面具有突出优势。2019年，厦门的空气质量优良率达到97.5%，超过大多数副省级城市；金融业在岗职工年均收入达到21.24万元，与广州的23.84万元差距不大。此外，厦门的金融业发展促进政策完善，为行业发展提供了良好支撑。

专栏 2-4　厦门:金融扶持政策初显“虹吸效应”

为大力推进“金融强市”战略,厦门近年来出台了一系列金融产业扶持政策,对促进金融产业发展、吸引金融机构和金融人才集聚起到了巨大推动作用。

金融先行先试政策。2011 年,国家发展改革委印发的《厦门市深化两岸交流合作综合配套改革试验总体方案》,明确了厦门建设两岸区域性金融服务中心的主要任务,提出了“以集聚金融资源为重点逐步完善区域性”“以金融改革创新为重点提升金融服务经济发展的水平”“以先行先试为重点逐步形成区域性金融要素市场”三大举措。2015 年,国务院印发的《中国(福建)自由贸易试验区总体方案》,明确了厦门片区的实施范围及功能划分,提出了扩大金融对外开放、拓展金融服务功能、推动两岸金融合作等先行先试政策,支持在厦门片区探索对台资进一步开放,降低台资金融机构准入和业务门槛,适度提高参股大陆金融机构的持股比例。

综合类金融政策。《福建省人民政府关于支持厦门建设两岸区域性金融服务中心的若干意见》《厦门经济特区促进两岸区域性金融服务中心建设条例》分别从省、市层面进一步明确了建设两岸区域性金融服务中心的实施方案;《关于印发促进金融业加快发展的意见》及《关于促进金融业加快发展意见的实施细则》明确了加快两岸区域性金融服务中心建设、加快区域性财富管理中心建设、支持金融机构加快发展、营造金融发展良好环境等具体措施及扶持政策;《关于进一步促进总部经济发展的若干规定》明确了对认定的总部企业给予从开设补贴、办公场地补贴、税费返还到人才激励等全方位的激励措施,极大地释放了总部企业的落户动力及经营创新活力。

专项扶持政策。2019 年,厦门市委、市政府下发了《关于大力建设金融强市打造金融科技之城的意见》,正式确立了厦门金融业前行的方向和阶段性目标。以此为基点,为实现全球区域性金融中心的战略发展,厦门搭建了“1+1+3”金融政策体系,包括《厦门市人民政府办公厅关于印发厦门市金融业发展专项规划(2019—2025)的通知》《厦门市人民政府关于印发扶持金融业发展若干措施的通知》《厦门市人民政府办公厅关于印发厦门市金融人才计划实施办法的通知》和《厦门市人民政府关于印发促进股权投资行业发展若干措施的通知》。

当前,厦门金融产业促进政策的“虹吸效应”正初步显现,各类金融机构和上市公司正云集厦门。截至 2019 年底,厦门市共有银、证、保持牌金融机构 260 家,包括银行业机构 47 家,其中外资银行总行、分行及代表处有 15 家,是海西地区外资银行数量最多的城市;证券机构 135 家,期货机构 39 家;保险主体 39 家。私募基金管理机构 363 家,管理各类私募基金 982 只,规模 1558. 32 亿元,居全国第 11 位。融资性担保公司 19 家、小额贷款公司 14 家、典当行 27 家。厦门共有境内上市公司 49 家,其中主板上市公司 21 家、中小板上市公司 12 家、创业板上市公司 16 家,上市公司总市值达 3968. 66 亿元;“新三板”企业 129 家,两岸股权交易中心挂牌企业近 3295 家,数量均为全省第一。

第三章　区域发展比较

3.1　东北地区比较：综合得分增长缓慢，金融生态落后平均

东北地区包括黑龙江、辽宁和吉林三省，总面积 79 万平方公里，地区边境线与俄罗斯、朝鲜相接，且邻近韩国，是我国知名的重工业制造基地、农业生产基地。东北地区内有 4 个城市提出了明确的金融中心定位，分别是长春、大连、哈尔滨和沈阳。

1. 东北地区金融中心综合竞争力表现

东北地区金融中心综合竞争力整体处于全国落后水平，本期这 4 个金融中心的综合竞争力得分全部低于 28 个区域金融中心平均水平。

表 3-1　东北地区金融中心在 CFCI 12 中的得分与排名情况

城市	综合竞争力		金融产业绩效		金融机构实力		金融市场规模		金融生态环境	
	得分	排名	得分	排名	得分	排名	得分	排名	得分	排名
大连	43.19	14	58.81	26	25.65	14	20.93	5	73.59	18
沈阳	38.11	22	64.69	16	22.26	20	3.66	24	67.71	22
哈尔滨	32.43	27	64.54	18	15.20	26	2.83	26	52.36	29
长春	29.49	30	46.68	31	17.09	24	1.72	30	57.51	27

见表 3-1、图 3-1，大连的综合竞争力在东北区域居第 1 位，在全国居第 14 位，本期得分 43.19 分，是东北地区唯一得分出现减少的城市，同比减少 0.05 分，由长期高于 28 个区域金融中心平均得分的发展态势转为低于平均水平 0.06 分的状态。

沈阳的综合竞争力本期得分增长,在整个东北区域最为显著,较上一期增长了1.26分,但是较国内其他区域金融中心的增速仍显不足,本期排名反而下降了3位,至全国第22位。

哈尔滨和长春的综合竞争力得分略有上升,但是排名没有发生变动,仍分别为全国第27位及第30位。

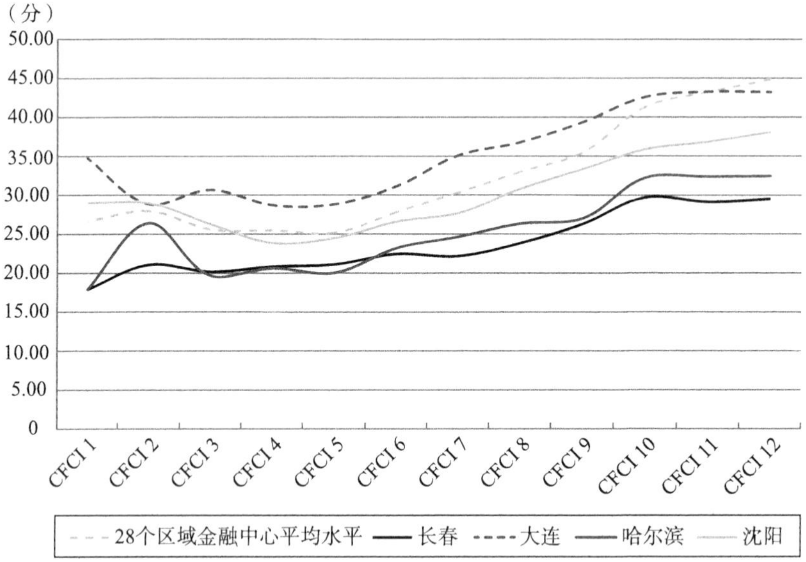

图 3-1 东北地区金融中心 CFCI 综合竞争力历期得分

2. 东北地区金融中心金融产业绩效表现

见图3-2、图3-3,东北地区各中心的金融业发展扭转下滑态势,4个城市的金融产业绩效得分同比皆有所提升。其中,得分增长最多的是哈尔滨,同比增加7.82分,排名上升5位;长春的得分同比增加6.38分,排名没有变化;沈阳的得分同比增加4.17分,排名上升1位,居东北地区金融绩效第1位;大连的得分同比略微上升,增加0.84分,但是在全国的排名下降了6位。

哈尔滨金融产业绩效得分本期上升,得益于金融业增加值实现大幅增长,由2018年的443.6亿元增长至2019年的603.1亿元,占GDP比重大幅上升至11.5%。

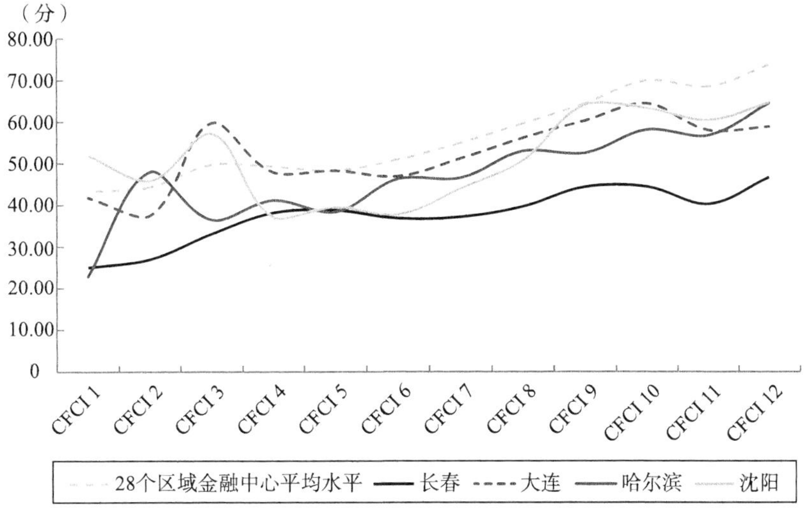

图 3－2　东北地区金融中心金融产业绩效历期得分

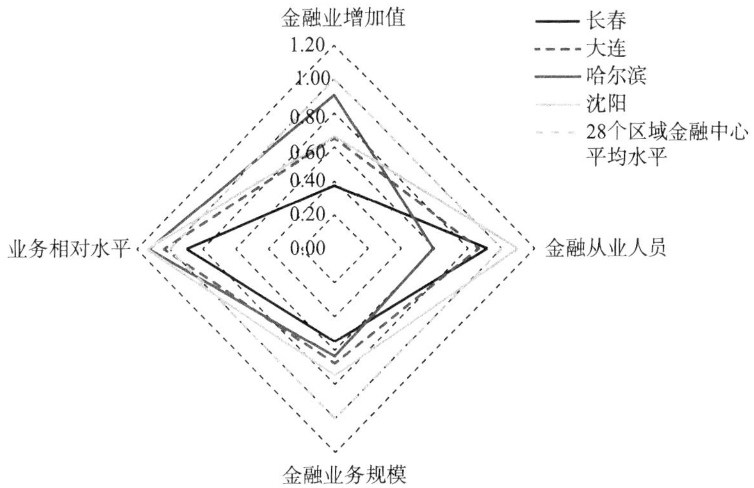

图 3－3　东北地区金融中心金融产业绩效分领域比较

沈阳的金融业务规模和金融从业人员数量在东北地区均处于领先地位。沈阳的金融从业人员数量是东北地区金融中心中最多的，达到了 7.3 万人。沈阳的金融业务规模优势在于其存贷款余额规模是区域内最大的，2019 年本外币存款余额达到 18870 亿元，本外币贷款余额达到 16812 亿元。

大连的本地证券交易量达到40225亿元,是东北地区金融中心中最高的,证券交易量与GDP之比达到574.5%。

东北4个城市的金融业增加值和金融业务规模得分均低于28个区域金融中心的平均水平,是导致东北地区金融中心的金融产业绩效评价结果低于平均水平的核心因素(见表3-2)。

表3-2 2019年东北地区金融业务主要发展指标比较

金融业发展指标	长春	大连	哈尔滨	沈阳
(2019年)金融机构本外币存款余额/亿元	12682	14634	12353	18870
(2019年)金融机构本外币贷款余额/亿元	13096	12526	12182	16812
(2019年)本地证券交易量/亿元	14352	40225	27113	28875
(2019年)保费收入/亿元	292	371	375	378
(2019年)保险深度/%	5.0	5.3	7.1	5.8
(2019年)保险密度/元/人	3878	5300	3485	4546

3. 东北地区金融中心金融机构实力表现

如图3-4、图3-5所示,东北地区所有金融中心的金融机构实力评价得分均低于28个区域金融中心的平均水平,大连的金融机构实力评分在本期下滑至28个区域金融中心的平均得分以下。

大连的金融机构实力相对较强,仍是区域龙头。本期大连的金融机构实力评价得分为25.65分,同比减少3.29分,全国排名下滑2位。

近年来,沈阳的金融机构发展有所放缓,与28个区域金融中心平均水平差距也有所拉大,虽然本期得分上升0.15分,但排名下滑了2位。

哈尔滨与长春的金融机构实力一直处于相对落后的状态。本期长春的金融机构实力有所增强,评价得分增加0.15分,排名上升1位,至第24位;哈尔滨的金融机构实力评价得分下降0.23分,排名保持第26位不变。

大连的保险类机构实力及地方金融组织实力在东北地区最强,且远超28个区域金融中心的平均水平。大连目前有4家法人保险公司、1家法人保险类资管公司,法人保险公司的总资产规模达到1522亿元。在地方性金融机构方面,大连拥有70家小额贷款公司、103家融资租赁公司、11家融资担保公司。

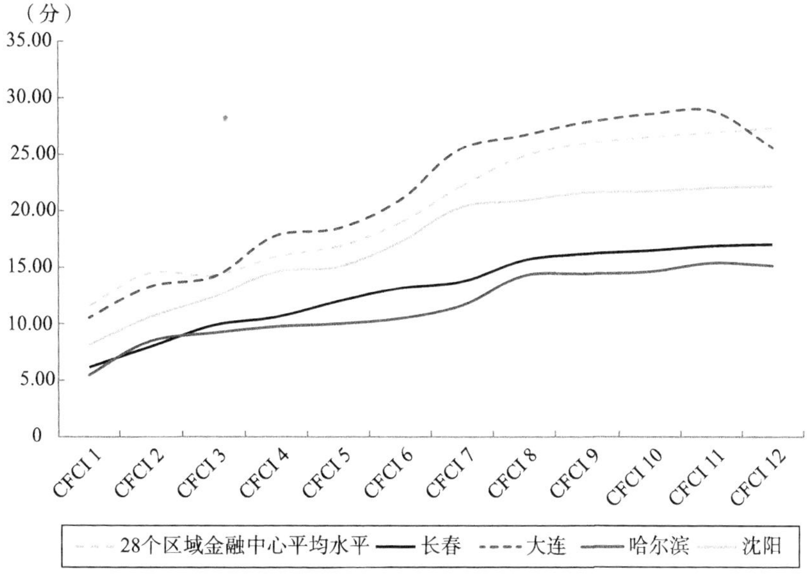

图 3－4　东北地区金融中心金融机构实力历期得分

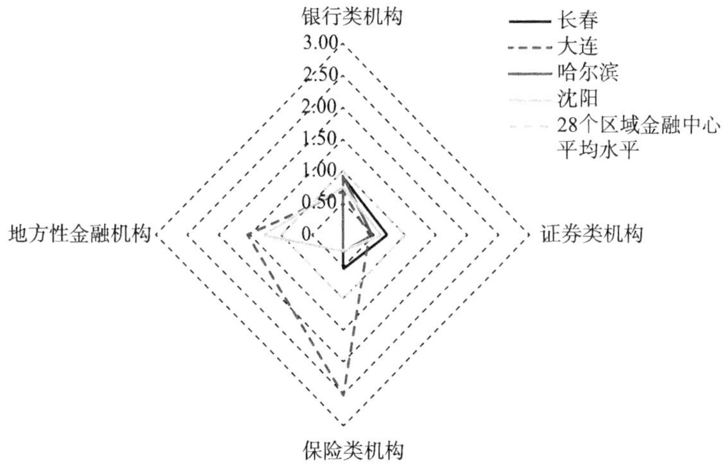

图 3－5　东北地区金融中心金融机构实力分领域比较

长春和哈尔滨的银行类机构实力在区域内不相上下。长春拥有 9 家法人商业银行、2 家法人信托公司、2 家法人财务公司、1 家汽车金融公司，2019 年商业银行资产总规模达到 7211 亿元。哈尔滨拥有 8 家法人商业银行、1 家法人信托公司、2 家法人财务公司，2019 年商业银行资产总规模达到 9043 亿元。

4. 东北地区金融中心金融市场表现

见图 3-6,在资本市场利用和区域要素市场建设方面,东北地区金融中心分项得分均低于全国 28 个区域金融中心的平均水平。

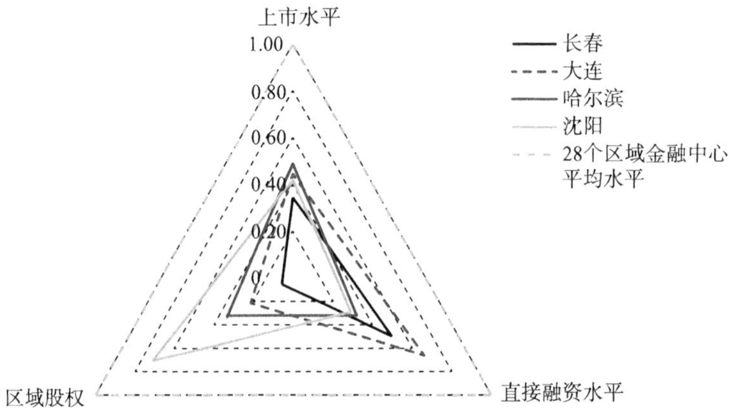

图 3－6　东北地区金融中心金融市场规模分领域比较

见表 3-3,大连拥有大连商品期货交易所,是国内少数几个具有全国性金融市场的区域金融中心,2019 年大连商品期货市场成交额达到 68.92 万亿元。大连的直接融资水平也是区域最高的,截至 2019 年底,拥有 28 家 A 股上市公司、72 家"新三板"挂牌公司,两者之和居东北地区第 1 位。大连在 A 股市场累计的融资规模达到 1457.05 亿元,但 2019 年新增直接融资规模仅有 0.30 亿元,远远落后于其他城市的融资规模。2019 年,长春、沈阳、哈尔滨的年度新增直接融资规模分别为 51.87 亿元、14.28 亿元、9.52 亿元。

沈阳在区域股权市场发展方面较为领先。区域股权市场的挂牌企业数达到了 2219 家,同比增加了 507 家,大幅领先于区域内其他城市,超过区域内其他 3 个城市的挂牌企业数量总和。

表 3－3　2019 年东北地区资本市场利用主要发展指标比较

金融业发展指标	长春	大连	哈尔滨	沈阳
(2019 年)本地 A 股上市公司数/家	24	28	29	23
(2019 年)"新三板"挂牌公司数/家	33	72	47	54

续表

金融业发展指标	长春	大连	哈尔滨	沈阳
（2019 年）上市公司数量变化/家	-1	-1	2	0
（2019 年）本地 A 股市场累计融资额/亿元	586.00	1457.05	611.19	497.24
（2019 年）年度新增直接融资规模/亿元	51.87	0.32	9.52	14.28

5. 东北地区金融中心金融生态环境表现

东北地区金融生态环境居第 1 位的是大连，但大连近三年的得分逐渐下降，已落后于 28 个区域金融中心的平均水平，本期得分下降 0.72 分，居全国第 18 位（见图 3-7）。

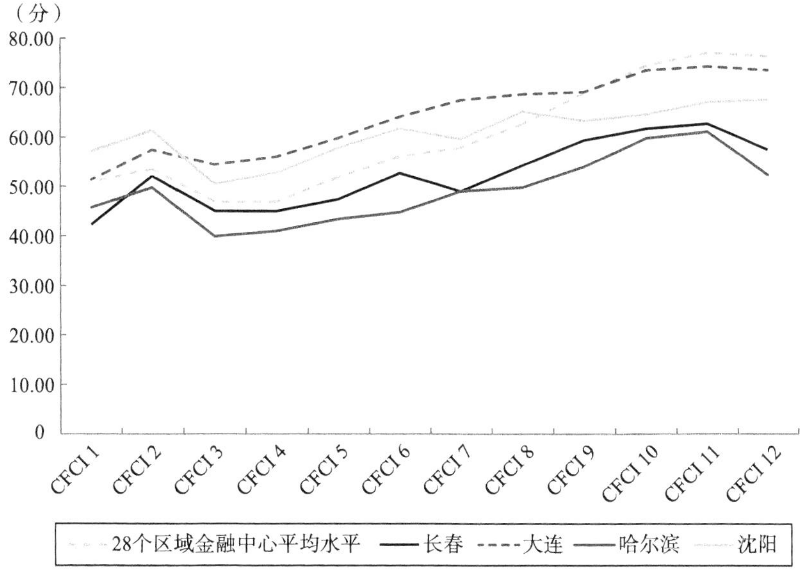

图 3-7　东北地区金融中心金融生态环境历期得分

见图 3-8、图 3-9，沈阳的金融生态环境得分是东北区域 4 个城市中唯一有所上升的，同比上升 0.55 分，排名没有变化，仍居全国第 22 位。

长春及哈尔滨的金融生态环境得分与 28 个区域金融中心平均水平的差距更为明显，二者本期分别居全国第 27 位和第 29 位，其中哈尔滨排名下降 1 位，处在全国末位水平。

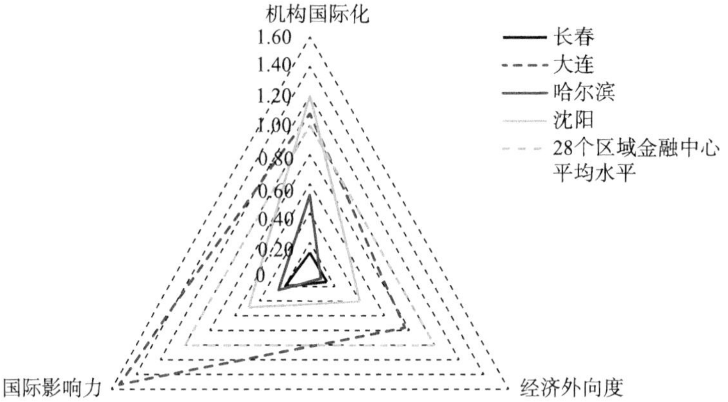

图 3-8　东北地区金融中心国际化程度分领域比较

从经济基础的指标来看,东北 4 个城市的经济基础都弱于 28 个区域金融中心的平均水平,区域内 GDP 增速最快的城市为大连。2019 年大连的 GDP 增速达到 6.5%,高于全国 GDP 增速(6.1%),长春、哈尔滨、沈阳的 GDP 增速仅分别为 3.0%、4.4%、4.2%。

从国际影响力的指标来看,大连的国际影响力显著高于 28 个区域金融中心的平均水平,远高于东北地区其他城市,是自身金融生态环境中少数几个亮点之一。2019 年,大连进出口总额达到 711.1 亿元,实际利用外资总额为 26.8 亿元,国际旅游(外汇)收入达到 5.7 亿元,皆高于区域内其他金融中心。

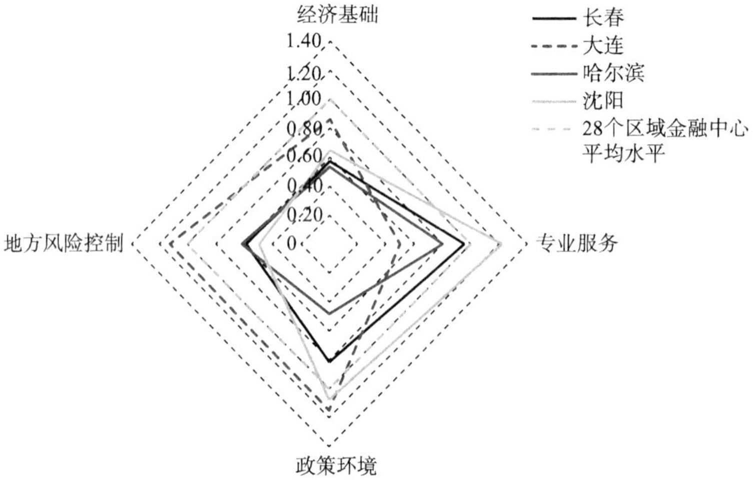

图 3-9　东北地区金融中心商业环境分领域比较

从商业环境指标来看，沈阳的金融专业服务评价优于区域内其他城市，其拥有5572位职业律师、535家专业保险中介机构，领先于区域内其他金融中心。而大连的地方风险控制能力是东北地区金融中心中最优的，评分也略高于28个区域金融中心的平均水平；大连的地方政府负债率虽然仅为29.5%，但是从地方政府债务率的角度来看，大连已达到301%，高于国际货币基金组织给出的150%警戒线水平。长春、哈尔滨、沈阳的地方政府债务率分别达到1198%、1274%、936%，远远超过150%的警戒线。

3.2　北部沿海地区：天津发展优势明显，其他城市短板明显

见表3-4、图3-10，北部沿海地区包括北京、天津、河北和山东4个省份，区内有京津冀经济圈和山东半岛经济圈。本期有4个区域金融中心进入CFCI评价体系，分别是济南、青岛、石家庄和天津。

1. 北部沿海地区金融中心综合竞争力表现

北部沿海地区除天津外，其他区域金融中心的综合竞争力得分均落后于28个区域金融中心的平均水平。

天津在北部沿海地区发展优势明显，综合竞争力居全国第7位，较区域内其他金融中心的领先优势进一步扩大。

济南与青岛金融中心的综合实力十分接近，综合竞争力得分长期不相上下，本期两者分别居全国第16位和第17位，得分分别下降0.27分、0.29分，排名同比都下降1位。

表3-4　北部沿海地区金融中心在CFCI 12中的得分与排名情况

城市	综合竞争力		金融产业绩效		金融机构实力		金融市场规模		金融生态环境	
	得分	排名	得分	排名	得分	排名	得分	排名	得分	排名
天津	61.88	7	105.98	7	57.53	4	8.02	12	78.50	16
济南	42.49	16	74.19	14	23.56	18	2.58	28	76.48	17
青岛	41.76	17	61.96	22	19.75	21	7.50	15	86.20	9
石家庄	31.62	28	61.87	23	14.66	29	3.91	23	51.16	30

石家庄金融中心的综合竞争力在北部沿海地区是最弱的,本期综合排名列全国第 28 位。

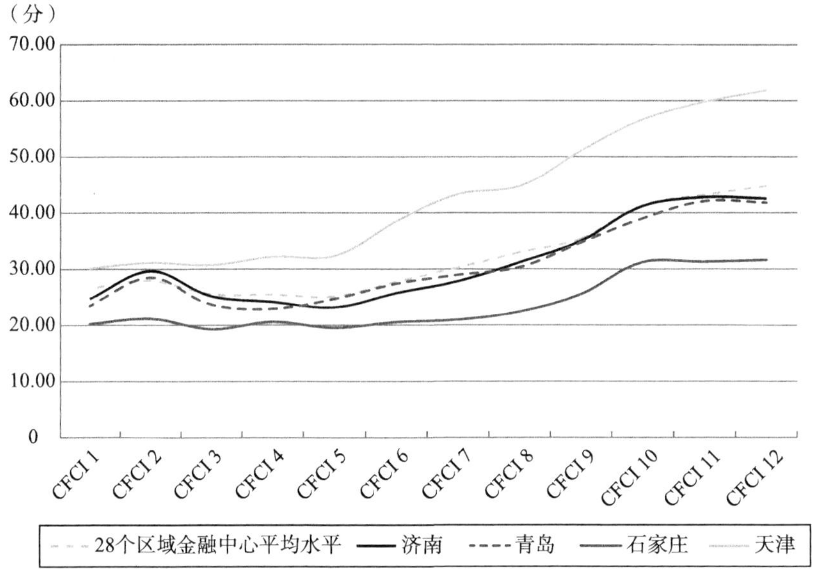

图 3-10 北部沿海地区金融中心 CFCI 综合竞争力历期得分

2. 北部沿海地区金融中心金融产业绩效表现

见图 3-11,天津的金融产业增加值、金融从业人员和金融业务规模的评分均高于全国 28 个区域金融中心平均水平,济南、青岛和石家庄的金融业增加值评分均低于全国平均水平。

济南的金融产业绩效增长放缓,本期评分下降 5.27 分,排名下降 2 位,至榜单第 14 位。济南的保险密度覆盖较广,达到 5975 元/人,超过北部沿海地区的其他区域金融中心,成为济南保持竞争优势的主要因素。

青岛的金融业绩效本期评分虽然上升了 4.30 分,但是排名下降了 1 位。

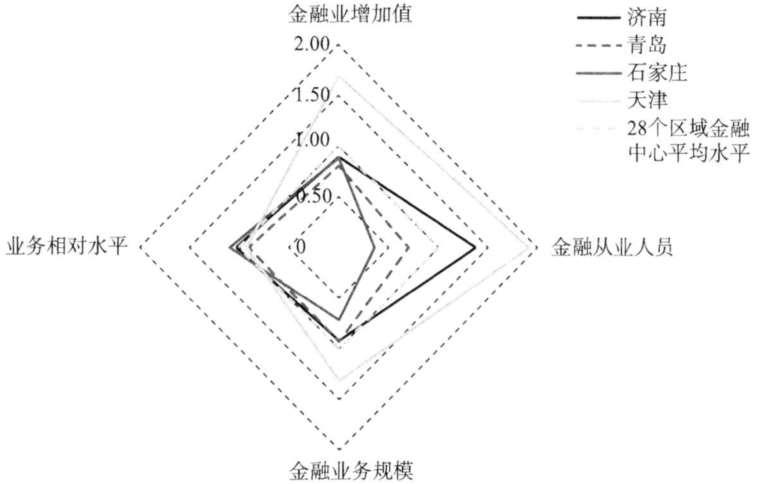

图 3－11　北部沿海地区金融中心本期金融产业绩效分领域比较

3. 北部沿海地区金融中心金融机构实力表现

见图 3-12、图 3-13，天津的金融机构实力强劲，得分大幅高于 28 个区域金融中心的平均水平，遥遥领先于本区域其他 3 个金融中心，本期居全国第 4 位，较上一期上升了 2 位。天津的保险类机构实力表现尤为突出，拥有 7 家本地法人保险机构，2019 年新增 1 家，总资产规模达到 7026 亿元，并拥有区域内唯一的保险类资产管理公司。

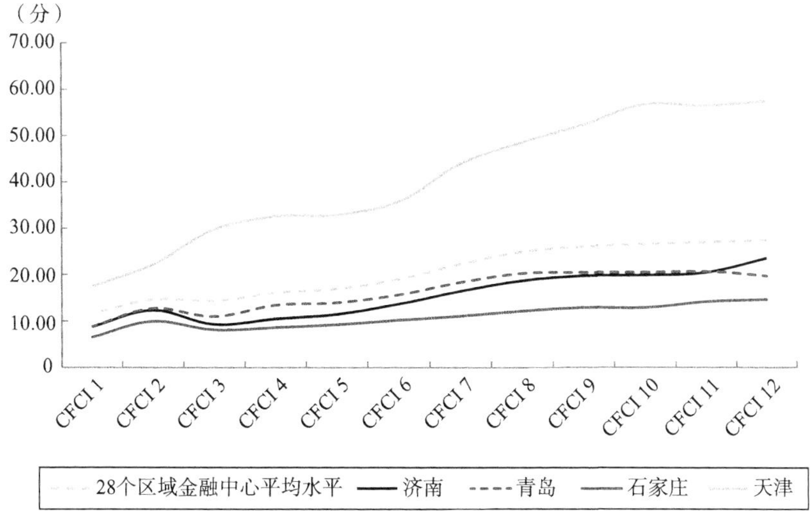

图 3－12　北部沿海地区金融中心金融机构实力历期得分

在证券类机构方面,天津仅凭单独1家公募基金——余额宝产品的管理运营公司——天弘基金,就跻身全国公募基金行业发展前列。2019年,天弘基金资金管理规模达到12718亿元。此外,天津还拥有473家私募基金,1750只私募基金产品,大幅领先于其他3个城市。在地方金融发展方面,天津在融资租赁机构发展方面占有巨大优势,2019年注册的机构数量达到1730家,居全国第3位。天津拥有95家小额贷款公司,数量超过其他3个城市之和。

除天津以外的北部沿海区域金融中心的金融机构实力整体偏弱,济南、青岛、石家庄的本期排名分别为第18位、第21位和第29位。本期济南的金融机构实力评价得分上升3.06分,排名上升2位,与青岛的比较优势进一步拉大。

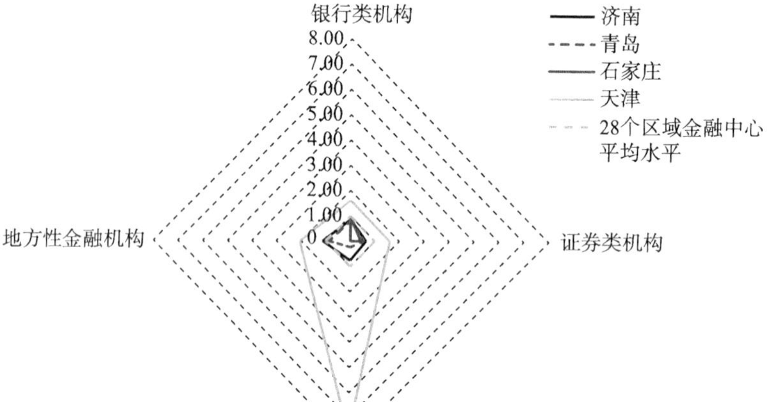

图3-13 北部沿海地区金融中心本期金融机构实力分领域比较

4. 北部沿海地区金融中心金融市场规模表现

见图3-14、表3-5,北部沿海地区各城市均无全国性金融市场,天津和青岛的金融市场规模与28个区域金融中心的平均水平相差无几,济南的金融市场发展是其短板。

相对来说,天津在区域股权市场发展上占有一定的优势。截至2019年,天津区域股权市场拥有4751家挂牌公司,远超其他3个城市。

青岛资本市场利用水平在2019年大幅提高，年内新增上市公司9家，新增直接融资规模达到169.67亿元。天津上市公司水平在区域内排第2位，在境内A股市场上市的公司数量达到54家，2019年新增3家；“新三板”挂牌公司数量有161家。

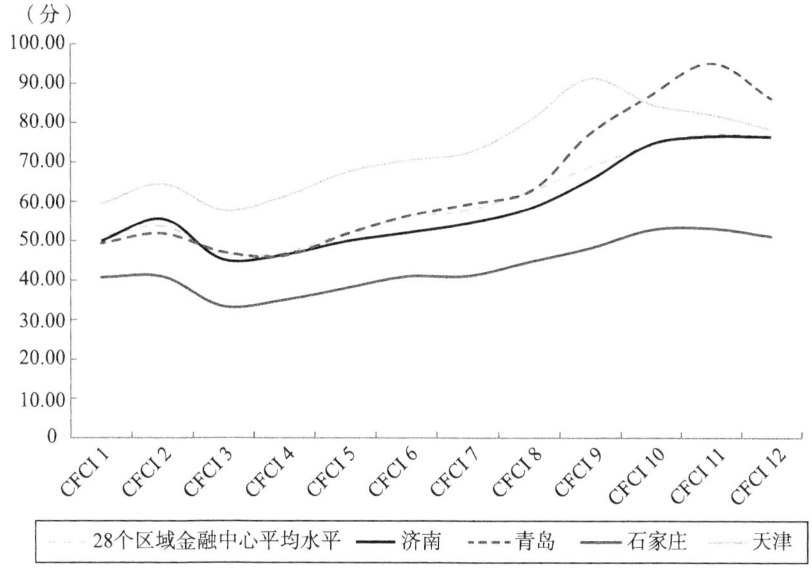

图3-14　北部沿海地区金融中心CFCI金融市场规模历期得分

石家庄的直接融资水平在2019年大幅提升，虽然只新增1家上市公司，但是新增直接融资规模达到了165.77亿元，居全区第2位。

表3-5　2019年北部沿海地区资本市场利用主要发展指标比较

金融业发展指标	济南	青岛	石家庄	天津
（2019年）本地A股上市公司数/家	28	39	16	54
（2019年）“新三板”挂牌公司数/家	136	92	65	161
（2019年）年度新增IPO公司数/家	2	9	1	4
（2019年）本地A股市场累计融资额/亿元	879.72	578.08	1047.72	1158.04
（2019年）年度新增直接融资规模/亿元	27.91	169.67	165.77	146.00
（2019年）区域股权市场拥有的挂牌公司数/家	0	3474	2019	4751

5. 北部沿海地区金融中心金融生态环境表现

见图3-15、图3-16,青岛和天津的金融生态环境评价在本期双双下降,天津已趋近28个区域金融中心的平均水平,得分仅为78.50分,同比下降3.71分,排名下降3位,至榜单第16位;青岛金融生态环境得分86.20分,同比下降8.99分,排名下降2位。

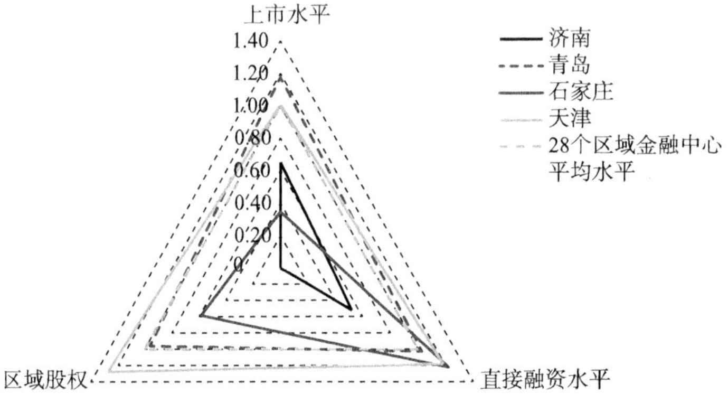

图3-15　北部沿海地区金融中心金融生态环境分领域比较

石家庄的金融生态环境评价得分与28个区域金融中心的平均得分差距不断拉大,得分下降2.04分。

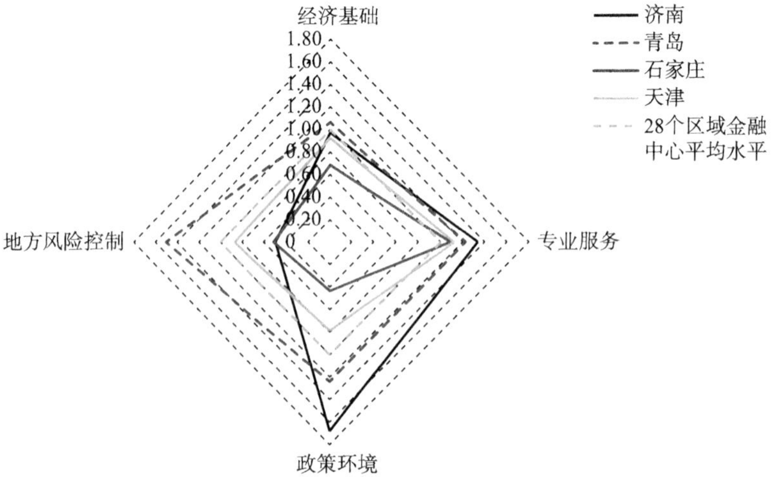

图3-16　北部沿海地区金融中心金融商业环境分领域比较

济南的政策环境相对于其他3个城市有绝对优势,出台了较多的金融业务发展专项政策及产业政策,政策环境支持度居全国第5位。

青岛的金融生态环境得分大幅下降,是因为在住宅房价收入比、地方政府债务率以及国际旅游(外汇)收入方面的评分降幅较大。青岛的地方风险控制能力相对良好,其政府负债率为24.1%,但是地方政府债务率为228.0%,仍然超过国际货币基金组织给出的150%警戒线水平。

天津仅在经济基础、地方风险控制、专业服务、政策环境4个方面趋近28个区域金融中心的平均水平,各项评分都落后于青岛,不符合天津直辖市的经济发展定位。

3.3 东部沿海地区:区域竞争分化,杭州领先优势扩大

东部沿海地区包括浙江和江苏两省份,面积21万平方公里,是长江三角洲地区的核心区域,与上海市一起合称为"江浙沪"经济圈,是我国经济最为繁荣的地区之一。目前,该地区分别有杭州、宁波、温州、南京、苏州和无锡等6个城市提出了打造区域金融中心的设想。

1. 东部沿海地区金融中心综合竞争力表现

见表3-6、图3-17,总体来看,东部沿海地区金融中心综合竞争力得分呈现明显分化的态势,区域内居第1位的杭州在全国31个金融中心城市中居第5位,居第5位的温州在全国31个金融中心城市中为倒数第1位,差距悬殊。

表3-6 东部沿海地区金融中心在CFCI 12中的得分与排名

城市	综合竞争力		金融产业绩效		金融机构实力		金融市场规模		金融生态环境	
	得分	排名	得分	排名	得分	排名	得分	排名	得分	排名
杭州	69.60	5	109.55	5	56.17	6	18.79	7	99.37	7
南京	58.04	9	98.51	8	36.78	9	13.55	8	90.50	8
苏州	49.67	12	80.50	12	29.21	13	11.06	10	85.18	10
宁波	38.96	20	58.29	27	25.44	15	7.51	14	70.14	20
无锡	37.57	23	64.08	19	18.47	23	5.17	22	69.24	21
温州	29.43	31	51.19	30	14.01	30	1.66	31	56.36	28

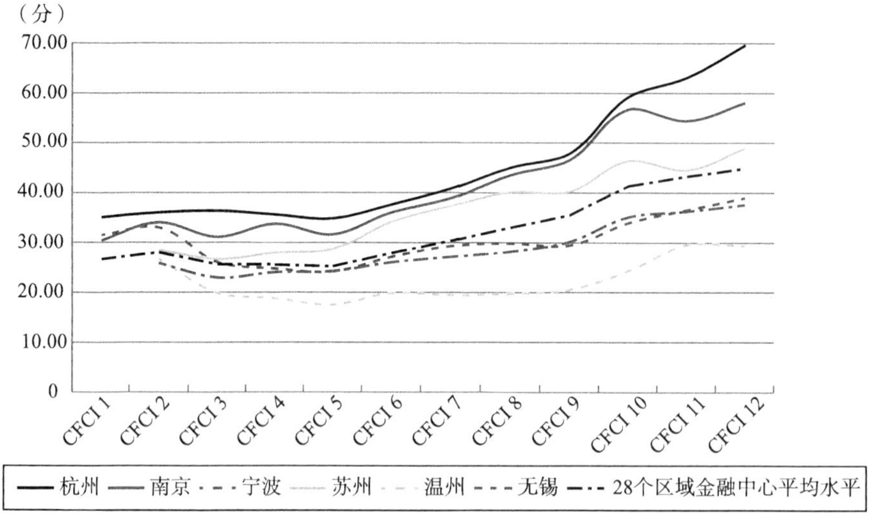

图 3-17　东部沿海地区金融中心 CFCI 综合竞争力历期得分

杭州金融中心综合竞争力全国排名上升 1 位,至全国第 5 位,在东部沿海区域继续排第 1 位。近年来,杭州一方面依托电子商务、移动支付、电子信息产业发展优势,不断发力金融科技,探索普惠金融发展新模式,在新金融发展方面不断取得突破;另一方面依托民营企业发达、创新创业活跃的优势,抓住科创板、注册制改革的机遇推动企业上市,大力发展直接融资,使"杭州籍"上市公司的总市值居省会城市第 1 位。

南京曾在 CFCI 8、CFCI 9 两期中一度逼近杭州,两者分差最小时仅差 1 分左右,但在近 3 期中差距持续被拉大,暂时难以撼动杭州的"领头羊"地位。近年来,南京在构建现代金融产业体系和提升金融首位度上全面发力,出台系列金融产业发展政策,加强南京金融城建设,使金融业实现快速发展。

苏州金融中心发展有所回升,与南京发展步调基本一致,稳居东部沿海地区金融中心第 3 位。

温州与其他 5 个城市在金融中心发展中还存在明显差距,虽然近两年发展有所起色,但是追赶过程较艰难,在本期评价中温州金融中心综合竞争力得分略有减少。2019 年,温州获批财政支持深化民营和小微企业金融服务综合改革首批国家级试点城市，在引导金融服务实体经济发展方面不断探索创新举措。

2. 东部沿海地区金融中心金融产业绩效表现

见表3-7、图3-18，东部沿海地区综合竞争力排靠前的杭州、南京、苏州的金融产业绩效排名均有所提升，区域内综合排名靠后的无锡、宁波、温州的金融产业绩效排名均有所下降。区域内综合竞争力排第1位的杭州，金融产业绩效得分大幅提高21.19分，排名也从第9位大幅提升至第5位；区域内综合排名靠后的温州，金融产业绩效得分出现2.33分的负增长，金融产业绩效排名下滑3位。

表3-7　东部沿海地区金融中心金融产业绩效得分与排名情况

城市	CFCI 12		CFCI 11		变化	
	得分	排名	得分	排名	得分	排名
杭州	109.55	5	88.36	9	▲21.19	▲4
南京	98.51	8	83.88	10	▲14.63	▲2
苏州	80.50	12	72.11	14	▲8.39	▲2
宁波	58.29	27	51.72	28	▲6.57	▲1
无锡	64.08	19	60.18	18	▲3.90	▼1
温州	51.19	30	53.52	27	▼2.33	▼3

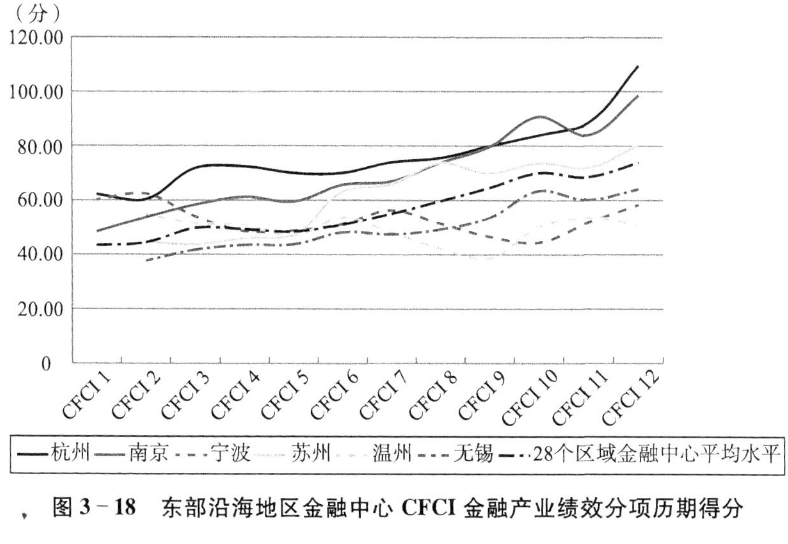

图3-18　东部沿海地区金融中心CFCI金融产业绩效分项历期得分

见图 3-19,杭州是东部沿海地区唯一的金融产业绩效得分保持稳步增长的城市,没有出现过明显的发展波动和下滑。本期杭州金融产业绩效得分大幅上升,增长幅度为历期之最。杭州在金融业务规模、金融业增加值、业务相对水平 3 个方面均处于区域领先地位。截至 2019 年底,杭州市金融机构本外币存款余额达到 45287 亿元、金融机构本外币贷款余额达到 42245 亿元,保费收入达到 846 亿元,全面领先其他 5 个城市;金融业增加值达到 1789 亿元,同比增长 8.3%,规模及增速均居东部沿海地区首位;本外币存款余额、贷款余额以及本地证券交易量 3 个指标与 GDP 比重分别达到 294.6%、274.8%、896.4%,均大幅领先区域内其他城市。

南京的金融产业绩效进步较快,在 CFCI 2 中金融产业绩效得分仅排第 4 位,而在 CFCI 10 中一度超过杭州,虽然在 CFCI 11 中有所回落,但在 CFCI 12 中与杭州一样,同样有较大幅度上升。2019 年,南京的金融业增加值占 GDP 比重已超过 11%,成为南京的重要支柱产业。南京在金融从业人员分项上在区域内也大幅领先,截至 2018 年底,南京地区金融从业人员总数达到 7.1 万人,尽管在区域内并不占优势,但是三年的平均增长率达到 18.5%,远远超过区域内其他城市,体现出近年来南京金融人才加速集聚的良好态势。

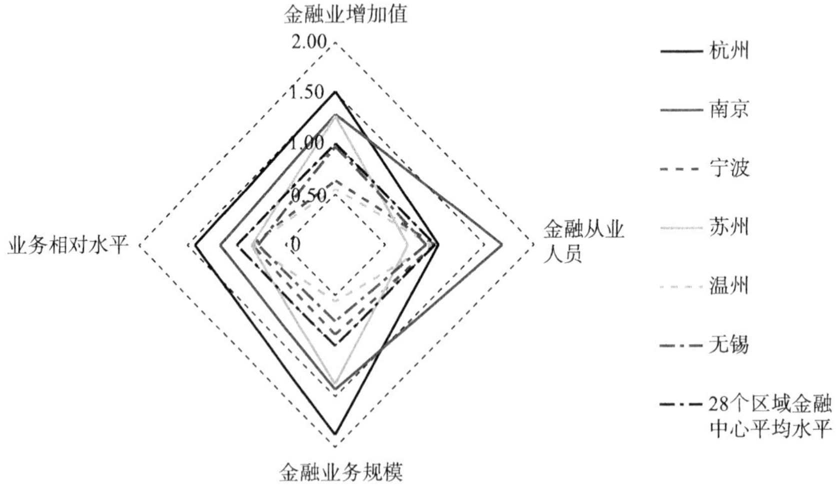

图 3-19　东部沿海地区金融中心金融产业绩效分领域比较

苏州的金融产业绩效得分虽然曾在 CFCI 8 中与杭州、南京得分十分接近，但在近几期中得分增长缓慢，与杭州、南京的得分差距不断被拉大。

相比之下，无锡、温州、宁波多年来金融产业绩效基本处于低位徘徊状态，始终低于28个区域金融中心金融产业绩效的平均得分。

3. 东部沿海地区金融中心金融机构实力表现

见表3-8、图3-20、图3-21，杭州、温州的金融机构实力得分均出现下降，排名也分别下降2位、3位。本期杭州居全国第6位，虽然在金融机构实力方面保持区域领先，但是相比南京的领先优势已经有所减弱。

表3-8　东部沿海地区金融中心金融机构实力得分与排名情况

城市	CFCI 12		CFCI 11		变化	
	得分	排名	得分	排名	得分	排名
杭州	56.17	6	57.95	4	▼1.78	▼2
南京	36.78	9	36.10	10	▲0.68	▲1
苏州	29.21	13	22.46	16	▲6.75	▲3
宁波	25.44	15	23.10	15	▲2.34	—
无锡	18.47	23	18.15	23	▲0.32	—
温州	14.01	30	14.71	27	▼0.70	▼3

杭州的金融机构实力得分大幅超过东部沿海地区其他金融中心城市，领先优势十分明显，但近年来金融机构实力得分基本没有增长，且在CFCI 12中得分略有减少。杭州在银行类机构、证券类机构方面具有显著的领先优势；在保险类机构方面，与南京得分相近，保持区域领先；在地方性金融机构方面，与苏州得分相近，保持区域领先。截至2019年底，杭州市拥有多达24家银行类法人金融机构，数量和类型齐全程度明显超过区域内其他5个城市；有3家法人证券公司，证券营业部数量达到283家；有217家融资租赁机构、153家融资担保机构，均大幅领先区域内其他5个城市。

温州的金融机构实力居全国第30位，相比上一期下降3位，在全国31个金融中心城市中排倒数第2名。但是作为一个计划单列市和万亿GDP的经济强市，温州的金融机构实力显然还有巨大的提升空间。

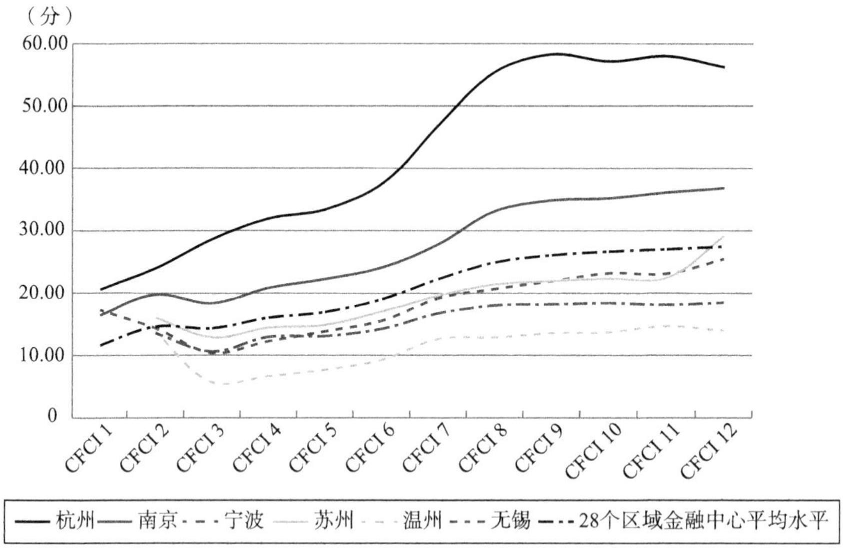

图 3-20　东部沿海地区金融中心 CFCI 金融机构实力分项历期得分

本期南京的金融机构实力在区域内排名上升 1 位,至榜单第 2 位,虽然得分与杭州的差距较大,但较其他 4 个金融中心城市保有较大领先优势,也始终高于 28 个区域金融中心的平均水平。南京在保险类机构分项指标中与杭州得分接近,截至 2019 年底,拥有 3 家法人保险公司,资产规模达到 508 亿元。

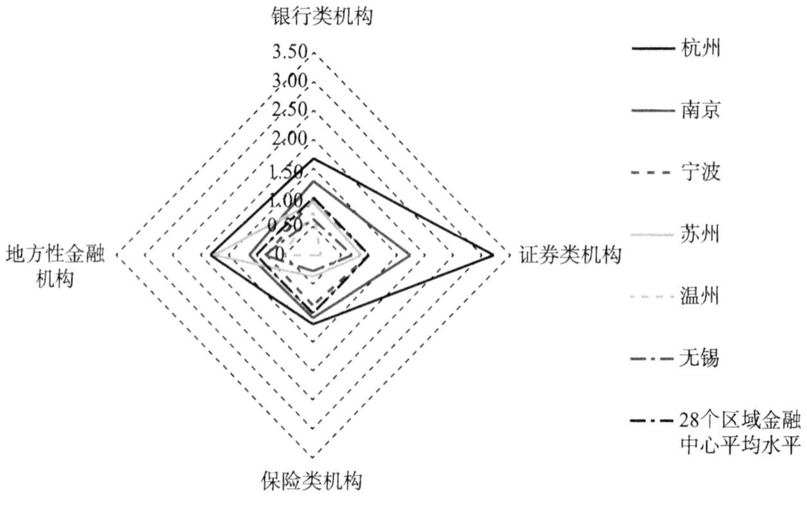

图 3-21　东部沿海地区金融中心金融机构实力分领域比较

苏州的金融机构实力得分增长明显,近年来首次超过28个区域金融中心的平均水平,反映出苏州近年来在本地法人金融机构培育方面取得了较大进步。苏州在地方性金融机构分项指标中与杭州的得分接近,截至2019年底,拥有96家小额贷款公司、39家商业保险公司,在区域中数量最多。

4. 东部沿海地区金融中心金融市场表现

见表3-9、图3-22、表3-10,东部沿海地区金融中心金融市场规模本期排名大多出现下滑。其中,杭州、南京、宁波各下滑1位,无锡大幅下滑4位。总体来看,东部沿海地区金融市场规模水平在全国31个金融中心城市的平均水平之上,杭州、南京、宁波、苏州的排名均在前15名以内。温州在全国31个金融中心城市中排倒数第1位,与上一期持平,金融市场规模发展短板明显。

表3-9　东部沿海地区金融中心金融市场规模得分与排名情况

城市	CFCI 12		CFCI 11		变化	
	得分	排名	得分	排名	得分	排名
杭州	18.79	7	15.09	6	▲3.70	▼1
南京	13.55	8	13.55	7	0	▼1
苏州	11.06	10	9.25	10	▲1.81	—
宁波	7.51	14	6.70	13	▲0.81	▼1
无锡	5.17	22	5.28	18	▼0.11	▼4
温州	1.66	31	1.30	31	▲0.36	—

杭州在金融市场规模领域的得分较为均衡,且均领先于区域内其他金融中心城市。截至2019年底,杭州市本地A股上市公司数量达到146家,区域股权交易市场挂牌公司达到8443家,新增IPO数量达到14家,年度直接融资额达到274.1亿元,均超过区域内其他5个城市。

苏州在上市水平和直接融资水平两个分项指标上的得分与杭州接近。截至2019年底,苏州拥有“新三板”挂牌公司数量达341家,在区域内最多;拥有120家本地A股上市公司,仅次于杭州,年度新增IPO数量达到14家,与杭州持平。

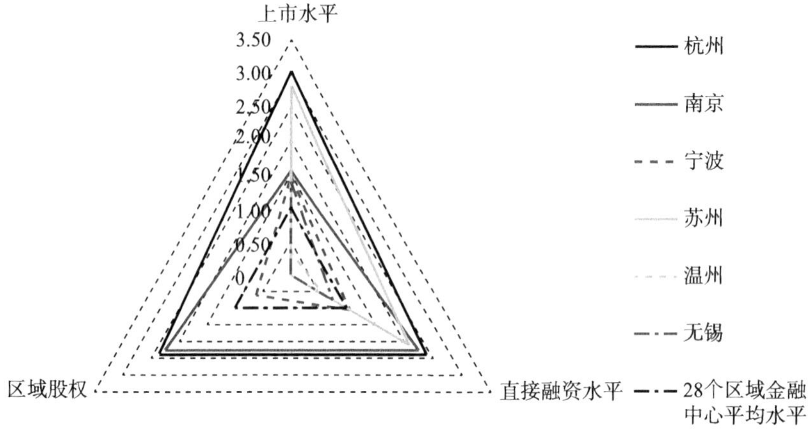

图 3-22　东部沿海地区金融中心金融市场规模分领域比较

南京在区域股权和直接融资水平两个分项指标上的得分与杭州接近。南京实施上市“宁航行动”计划,建立企业上市配套服务机制,为上市和拟上市企业提供精准服务。截至 2019 年底,南京区域股权市场拥有的挂牌公司数量达到 7926 家,仅次于杭州,区域股权市场拥有的挂牌公司注册资本规模达到 787.4 亿元,领先区域内其他城市;本地 A 股市场累计融资额达到 3356.3 亿元,超过区域内其他城市。

温州在资本市场利用方面相对落后。截至 2019 年底,温州本地 A 股市场累计融资额仅为 283.5 亿元,远低于区域内其他城市,这可能缘于其高度发达的民间金融对直接融资带来的“替代效应”。

表 3-10　东部沿海地区资本市场利用主要发展指标比较

金融业发展指标	杭州	南京	宁波	苏州	温州	无锡
(2019 年)本地 A 股上市公司数/家	146	90	80	120	20	78
(2019 年)“新三板”挂牌公司数/家	245	180	115	341	70	166
(2019 年)年度新增 IPO 公司数/家	14	3	5	14	0	3
(2019 年)本地 A 股市场累计融资额/亿元	2561.1	3356.3	1488.0	2751.0	283.5	759.9
(2019 年)年度新增直接融资规模/亿元	274.1	164.3	85.8	188.3	108.0	91.9

5. 东部沿海地区金融中心金融生态环境表现

见表 3-11、图 3-23、图 3-24,东部沿海地区金融中心城市的金融生态环境得分总体呈现上升趋势，杭州、南京、温州的排名各上升1位，苏州的排名上升2位，无锡、宁波的排名均与上一期持平。杭州、南京和苏州的金融生态环境得分分别居全国第7位、第8位和第10位，位列第一梯队，相比区域内其他城市领先优势明显。南京的金融生态环境得分有所减少，与杭州的得分差距拉大。宁波和无锡的金融生态环境得分一直保持胶着状态，近几期两市的金融生态环境得分增长缓慢，与28个区域金融中心得分均值的差距有所拉大。温州的金融生态环境短板明显，与其他城市得分差距较大。

表3-11　东部沿海地区金融中心金融生态环境评价比较

城市	CFCI 12		CFCI 11		变化	
	得分	排名	得分	排名	得分	排名
杭州	99.37	7	95.06	8	▲4.31	▲1
南京	90.50	8	91.34	9	▼0.84	▲1
苏州	85.18	10	82.33	12	▲2.85	▲2
无锡	70.14	20	70.38	20	▼0.24	—
宁波	69.24	21	67.85	21	▲1.39	—
温州	56.36	28	54.09	29	▲2.27	▲1

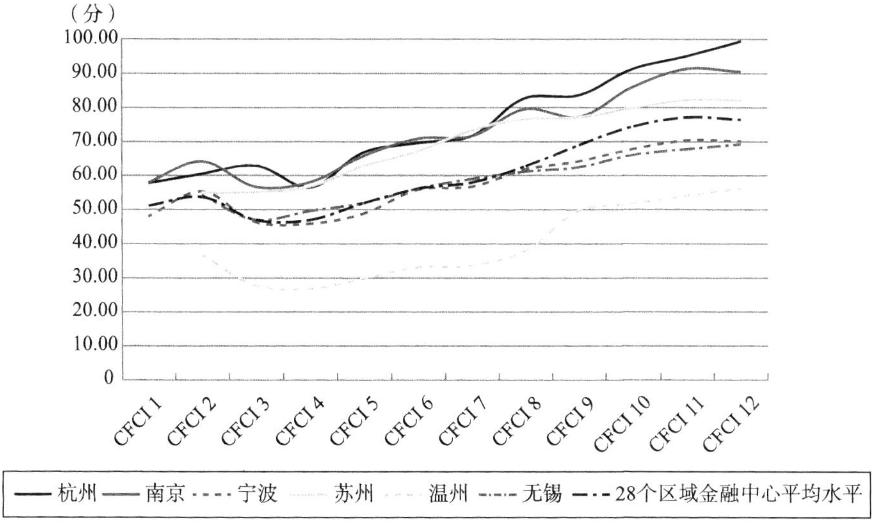

图3-23　东部沿海地区金融中心CFCI金融生态环境分项历期得分

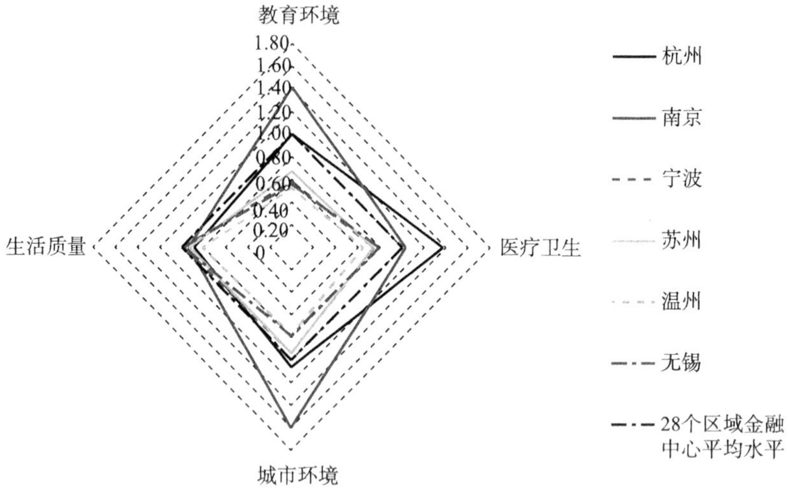

图 3-24　东部沿海地区金融中心金融人才环境分领域比较

见图 3-25、图 3-26,南京在教育环境、城市环境及机构国际化方面领先优势突出。截至 2019 年底,南京拥有 52 所普通高校,“双一流”高校达到 14 家;截至 2018 年底,南京的普通高校在校生人数达到 85.2 万人;人均公园绿地面积和每百万人轨道交通里程均明显超过区域内其他城市。南京的外资金融机构在本地的营业性机构数量达到了 47 家,领先区域内其他城市。

杭州在国际影响力、医疗卫生、政策环境和专业服务等方面具有突出的比较优势。2019 年,杭州在全球金融中心指数(GFCI)中的评估得分为 612 分,是区域内唯一入选 GFCI 的城市;2018 年度,杭州接待入境旅游者人数达到 420.5 万人次,远超区域内其他城市;2018 年度,杭州国际航班起降达到 30511 架次,同样远超区域内其他城市。截至 2018 年底,杭州每万人医院病床数量达到 76.7 张,每万人执业医师数量达到 45.8 人,均明显超过区域内其他城市;还拥有 6 家具备器官移植资质的医院,这代表着杭州的顶尖医疗资源要远超其他城市。2019 年度,杭州金融业发展促进政策支撑力度的评估得分为 4.9 分,产业政策的友好度为 7.6 分,均高于区域内其他城市。截至 2019 年底,杭州市注册会计师人数达到 3753 人;截至 2018 年底,杭州市执业律师人数达到 7242 人,均领先区域内其他城市。

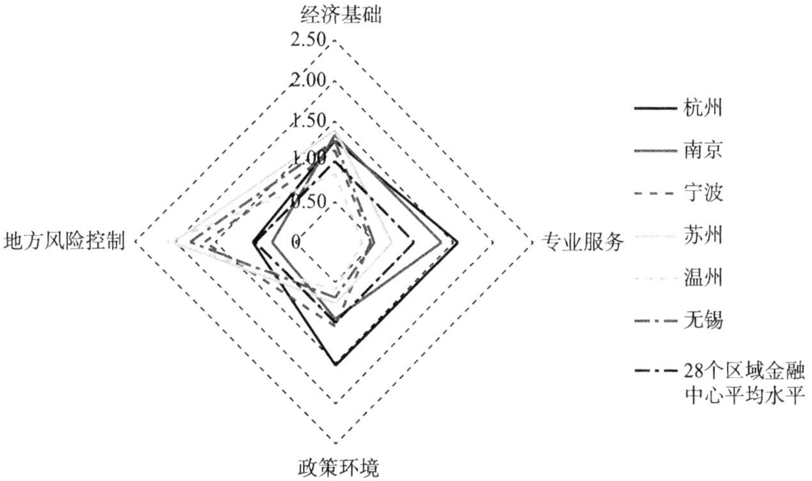

图 3－25　东部沿海地区金融中心商业环境分领域比较

温州在地方风险控制方面领先区域内其他城市。截至 2019 年底，温州地方政府负债率仅为 6.2%，远低于区域内其他城市，这一数字在全国 31 个区域金融中心城市中是最低的。截至 2019 年底，温州地方政府债务率为 71.0%，这一数据同样低于区域内其他城市。

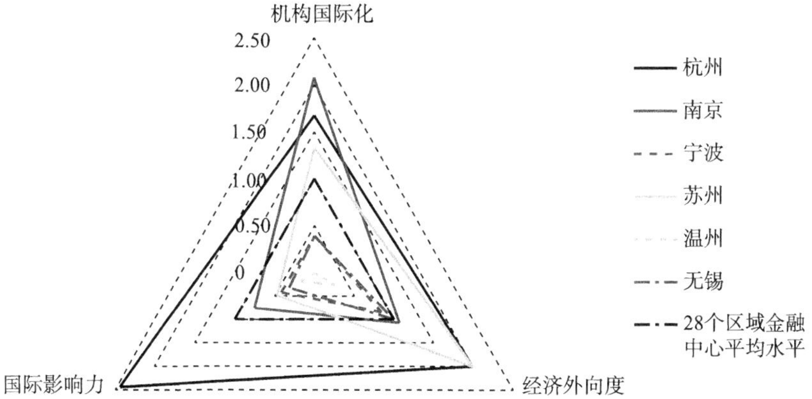

图 3－26　东部沿海地区金融中心国际化程度分领域比较

苏州在经济外向度方面与杭州的水平相当，2019 年度苏州进出口总额达到 3190 亿美元，远超区域内其他城市。

3.4 南部沿海地区:广州大幅领先,厦门、福州旗鼓相当

南部沿海地区包括广东、福建与海南三省,区域内有粤港澳大湾区和海峡西岸城市群两大经济圈,是我国经济社会发展水平和对外开放程度最高的地区之一。除了深圳居于三大全国性金融中心外,南部沿海地区另有广州、厦门、福州3个城市进入CFCI评价体系。

1. 南部沿海地区金融中心综合竞争力表现

见表3-12、图3-27,南部沿海地区尽管入选金融中心的城市不多,但是总体实力强劲,金融中心综合竞争力平均得分达到52.67分,比28个区域金融中心的平均得分(44.84分)高出7.83分,居于全部地区首位。

广州的综合竞争力得分为78.62分,不仅大幅领先厦门和福州,同时与杭州、成都拉开了9分以上的距离,排在28个区域金融中心第1位,仅次于三大全国性金融中心。然而,由于缺少全国性金融市场,广州作为金融中心的影响力受到极大制约,与上海、北京、深圳的分差分别达到215.20分、166.81分、74.08分,短时间内进一步提升排名的难度较大。

表3-12　南部沿海地区金融中心在CFCI 12中的评价结果

城市	综合竞争力		金融产业绩效		金融机构实力		金融市场规模		金融生态环境	
	得分	排名	得分	排名	得分	排名	得分	排名	得分	排名
广州	78.62	4	113.94	4	52.60	7	21.55	4	136.88	3
厦门	40.12	18	61.98	21	18.61	22	6.27	19	81.66	14
福州	39.28	19	56.12	29	30.39	12	7.39	16	67.65	23

厦门的综合竞争力得分从上一期的39.06分上升至40.12分,福州的综合竞争力得分从上一期的36.80分上升至39.28分,分列南部沿海地区第2位、第3位。厦门与福州作为福建省两强,综合竞争力得分和排名相近,在历期CFCI评价中交替领先,但又同时低于28个区域金融中心的平均水平,这反映出福建省虽为沿海发达省份,但金融资源集聚特征并不明显。

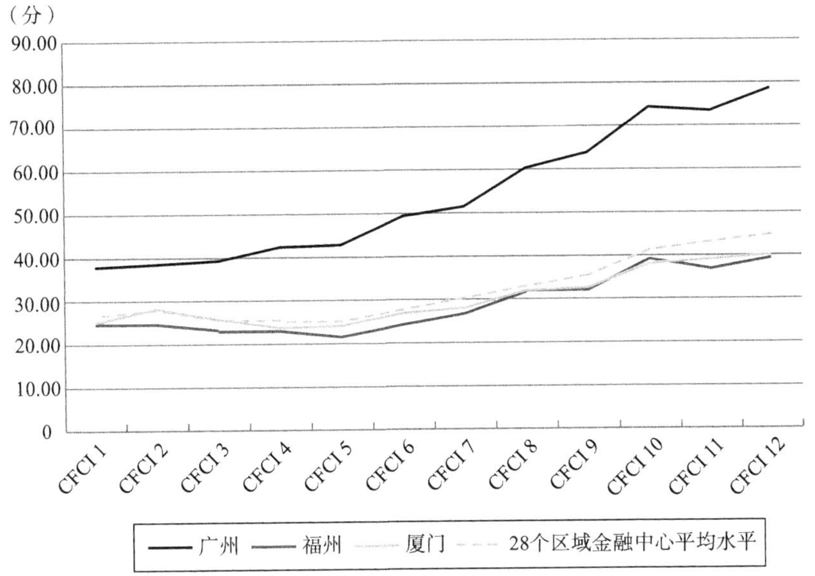

图 3－27　南部沿海地区金融中心 CFCI 综合竞争力历期得分

2. 南部沿海地区金融中心金融产业绩效表现

见图 3-28、表 3-13、图 3-29，广州的金融产业绩效得分增长由负转正，提升 12. 41 分至 113. 94 分；在 28 个区域金融中心中排名保持第 1 位，全国排名上升 1 位至第 4 位，继续与本地区其他金融中心拉开差距。广州的金融业务规模在 28 个区域金融中心中具有明显优势。2019 年，广州金融机构本外币存、贷款余额分别为 59131. 2 亿元、47103. 3 亿元，均排全国第 4 位，实现保费收入 1424. 8 亿元，居全国第 3 位，仅次于北京、上海。

厦门的金融产业绩效得分下降 3. 12 分至 61. 98 分，已连续两期低于 28 个区域金融中心的平均水平，全国排名从第 15 位大幅下滑至第 21 位。

福州的金融产业绩效排名下滑 7 位，排全国第 29 位，居于南部沿海地区末位，得分小幅下降 0. 74 分至 56. 12 分，仍徘徊于 28 个区域金融中心的平均水平以下。福州金融产业绩效下滑的原因，一方面是近三年金融从业人员平均增长率比上一期下降 47%，保险深度下降 27%；另一方面是福州个别产业绩效指标公布较晚，数据未能更新。

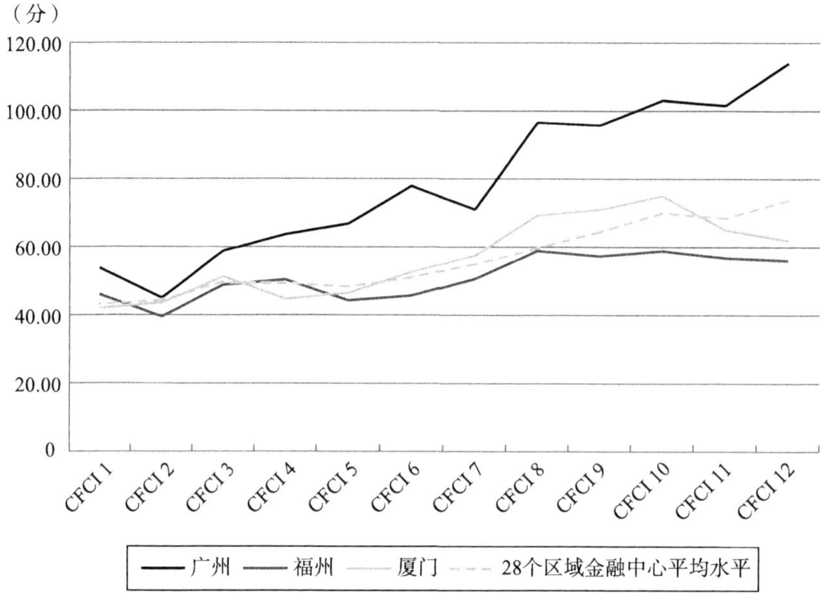

图 3-28　南部沿海地区金融中心历期 CFCI 金融产业绩效得分

表 3-13　南部沿海地区金融中心 CFCI 金融产业绩效评价比较

城市	CFCI 12		CFCI 11		变化	
	得分	排名	得分	排名	得分	排名
广州	113.94	4	101.53	5	▲12.41	▲1
厦门	61.98	21	65.10	15	▼3.12	▼6
福州	56.12	29	56.86	22	▼0.74	▼7

厦门、福州的金融产业绩效得分持续走低的原因,在于金融业增加值和金融业务规模劣势被放大。2019 年,厦门、福州实现金融业增加值分别居全国第 20 位、第 21 位,金融机构本外币存款余额分别居全国第 29 位、第 21 位,金融机构本外币贷款余额分别居全国第 19 位、第 28 位,实现保费收入分别居全国第 24 位、第 28 位。

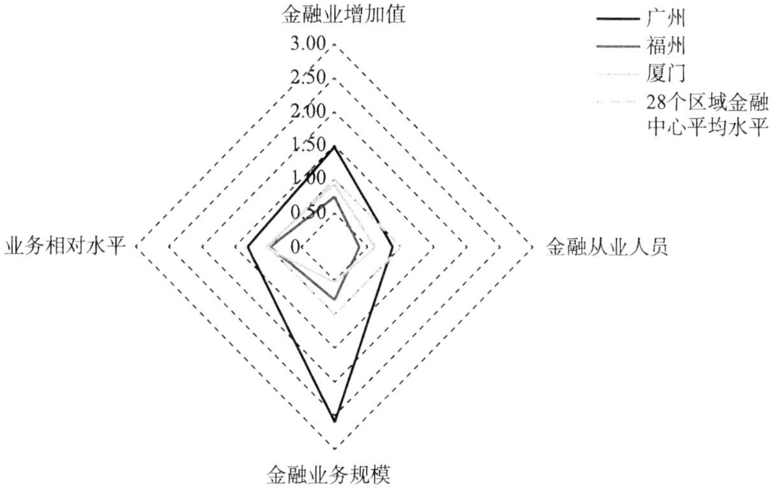

图 3-29　南部沿海地区金融中心金融产业绩效分领域比较

3. 南部沿海地区金融中心金融机构实力表现

见图 3-30、表 3-14、图 3-31，广州的金融机构实力继续保持南部沿海地区领先位置，但本期得分有所下降。对于银行类、证券类、保险类、地方性四大类金融机构，无论机构数量还是资产规模，广州均远超其他两个城市。本期广州的金融机构实力得分下降 2.16 分至 52.60 分，不仅与福州、厦门的差距有所减小，而且全国排名继重庆之后又被杭州超越，下滑至第 7 位。

福州的金融机构实力得分大幅增加 6.34 分至 30.39 分，全国排名上升 1 位至第 12 位，自第二期以来首次高于 28 个区域金融中心的平均水平，为其排名最高的一级分项指标。这主要得益于银行类机构和证券类机构的有力支撑。2019 年，福州法人商业银行资产规模 74302.6 亿元（其中兴业银行 71456.8 亿元），全国排第 4 位；法人证券公司资产规模 2189.1 亿元（其中兴业证券 1705.7 亿元），全国排第 6 位；公募基金管理公司资产管理规模 2244.0 亿元（其中兴业基金 1930.7 亿元），全国排第 5 位。

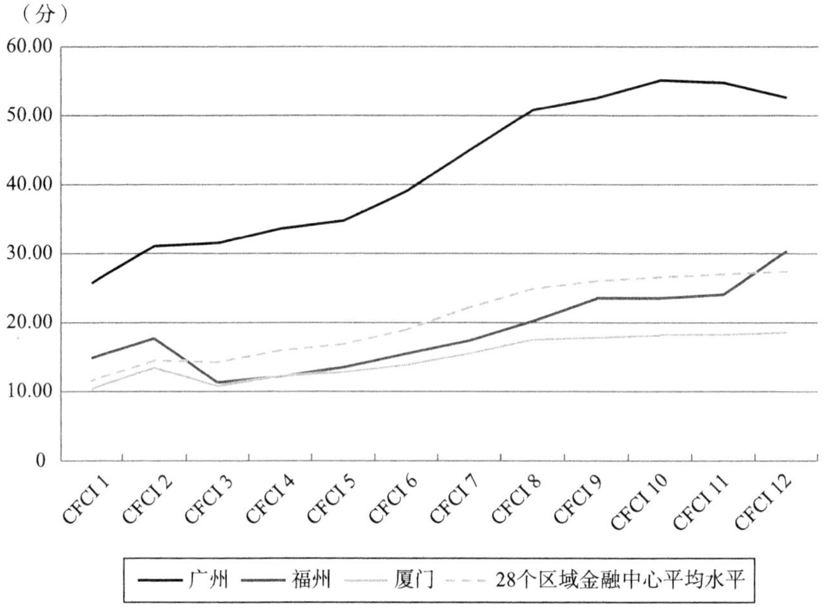

图 3－30　南部沿海地区金融中心 CFCI 金融机构实力历期得分

厦门的金融机构实力得分小幅增加 0.31 分至 18.61 分,与 28 个区域金融中心平均水平的差距进一步拉大,全国排名没有发生变化,仍保持在第 22 位。

表 3－14　南部沿海地区金融中心金融机构实力评价比较

城市	CFCI 12		CFCI 11		变化	
	得分	排名	得分	排名	得分	排名
广州	52.60	7	54.76	7	▼2.16	—
福州	30.39	12	24.05	13	▲6.34	▲1
厦门	18.61	22	18.30	22	▲0.31	—

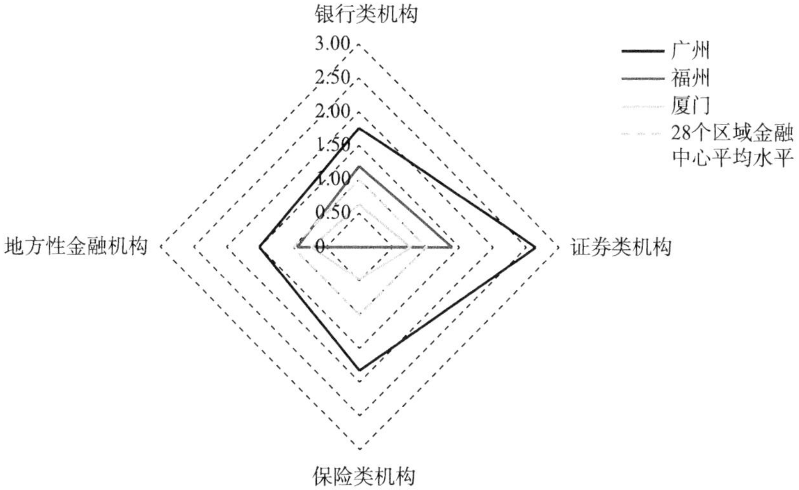

图 3-31　南部沿海地区金融中心金融机构实力分领域比较

4. 南部沿海地区金融中心金融市场规模表现

见表 3-15、图 3-32，在本期，南部沿海地区的金融市场规模得分均有所上升，与全国总体趋势一致，但广州的拉升幅度较大，相较于福州、厦门的领先优势进一步扩大。

广州的金融市场规模得分大幅上升 10.24 分至 21.55 分，全国排名上升 4 位至第 4 位，其中上市水平与区域股权表现良好。2019 年，广州境内上市公司 107 家，新增 IPO 公司 9 家，均排全国第 6 位；“新三板”挂牌公司 322 家，居全国第 5 位；区域股权市场挂牌公司 18870 家，居全国第 1 位。

表 3-15　南部沿海地区金融中心金融市场规模评价比较

城市	CFCI 12		CFCI 11		变化	
	得分	排名	得分	排名	得分	排名
广州	21.55	4	11.31	8	▲10.24	▲4
福州	7.39	16	5.90	15	▲1.49	▼1
厦门	6.27	19	5.48	17	▲0.79	▼2

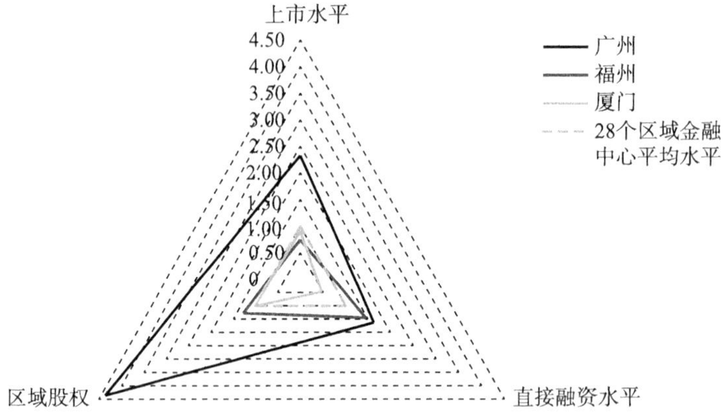

图3-32　南部沿海地区金融中心金融市场规模分领域比较

福州的金融市场规模得分上升1.49分至7.39分,全国排名下降1位至第16位,主要原因在于新增上市公司数量较少。2019年,福州新增IPO公司仅1家,与长沙、合肥、郑州、哈尔滨、沈阳、石家庄并列全国第21位。

厦门的金融市场规模得分小幅增长0.79分至6.27分,全国排名下滑2位至第19位,上市水平和直接融资水平为其主要短板。2019年,厦门境内上市公司49家,新增IPO公司2家;境内股票市场累计融资额625.7亿元,新增股票融资额404.0亿元。

5. 南部沿海地区金融中心金融生态环境表现

见图3-33、表3-16,在本期,南部沿海地区的金融生态环境得分均有所上升,与全国各大城市主动作为改善金融发展生态的趋势相当。

广州的金融生态环境得分小幅增长1.10分至136.88分,仍保持全国第3位,仅次于北京、上海,金融人才环境、金融商业环境、国际化程度均较其他区域金融中心有明显领先优势。

福州的金融生态环境得分上升2.07分至67.65分,全国排名上升1位至第23位,专业服务、教育环境、经济外向度短板较为明显。

厦门的金融生态环境得分上升6.96分至81.66分,全国排名上升3位至第14位,政策环境、地方风险控制表现优异,教育环境、经济基础与专业服务方面有待提升。

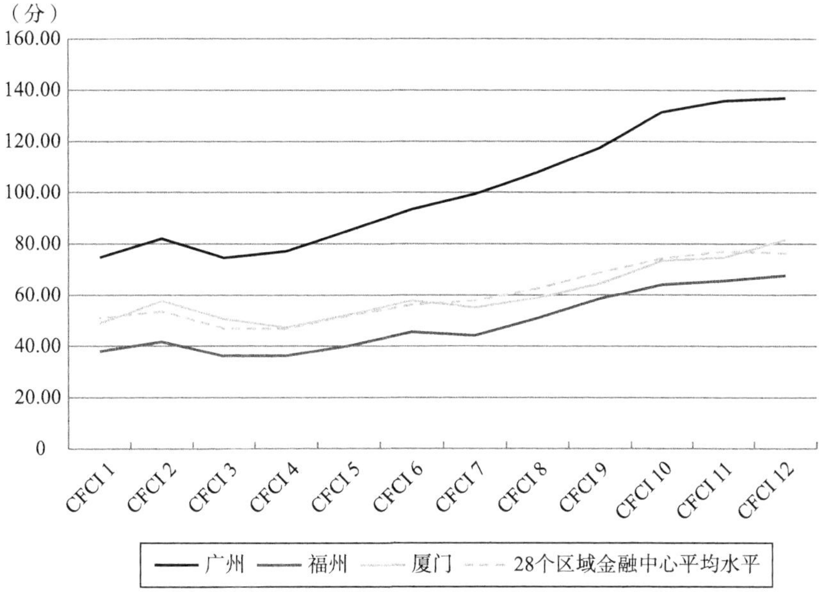

图 3-33　南部沿海地区金融中心 CFCI 金融生态环境历期得分

表 3-16　南部沿海地区金融中心金融生态环境评价比较

城市	CFCI 12		CFCI 11		变化	
	得分	排名	得分	排名	得分	排名
广州	136.88	3	135.78	3	▲1.10	—
厦门	81.66	14	74.70	17	▲6.96	▲3
福州	67.65	23	65.59	24	▲2.06	▲1

见图 3-34，在金融人才环境方面，南部沿海地区尽管金融业在岗职工年均收入较高，但由于房价高企导致生活成本压力较大，生活质量表现普遍不佳。2018 年，广州、福州、厦门住宅房价收入比分别为 6.43、5.76、13.20。

在教育环境和医疗卫生方面，广州具有明显优势。作为全国一线城市和广东省省会，2018 年广州拥有普通高等学校 82 所，居全国第 3 位，普通高等学校在校学生 108.64 万人，居全国第 2 位，仅次于武汉；2019 年，广州拥有具备器官移植资质的医院 15 家，居全国第 2 位，仅次于北京。

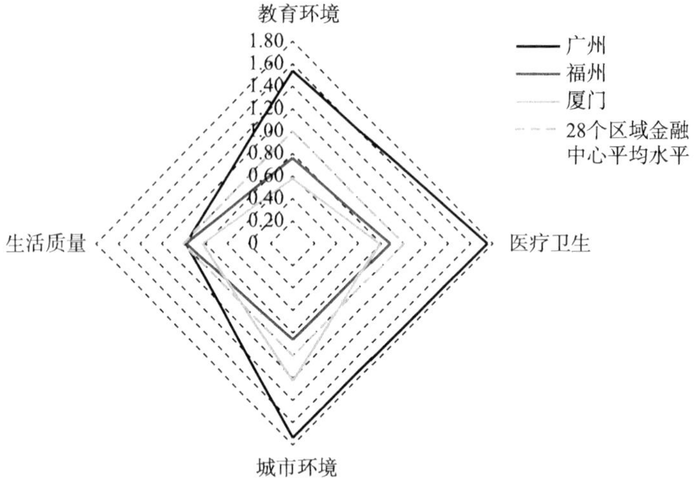

图 3-34　南部沿海地区金融中心金融人才环境分领域比较

见图 3-35,在金融商业环境方面,广州的专业服务发展良好,福州、厦门的专业服务表现并不理想。2018 年,广州拥有执业律师 13450 人,约是福州(3429 人)的 4 倍、厦门(2955 人)的 5 倍;2019 年,广州拥有注册会计师 3912 人,约是福州(1238 人)和厦门(1261 人)的 3 倍。

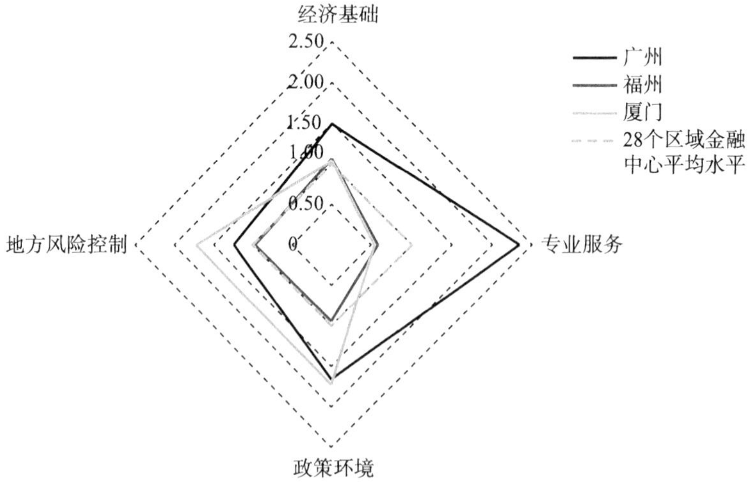

图 3-35　南部沿海地区金融中心金融商业环境分领域比较

在地方风险控制和政策环境方面,厦门具有比较优势。2019 年,厦门金融产业政策友好度居全国第 2 位,仅次于深圳;地方政府负债率 19.3%,地方政府债务率 150.9%,均居全国第 6 位。

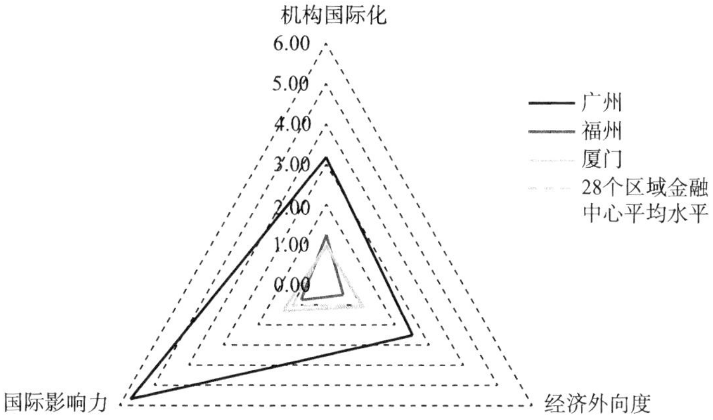

图 3-36　南部沿海地区金融中心国际化程度分领域比较

见图 3-36,在国际影响力和经济外向度方面,广州、厦门具有比较优势。广州是南部沿海区域金融中心中唯一入选 GFCI 排名的城市。2018 年,广州、厦门分别接待入境旅游者 900.3 万人次、282.2 万人次,分别居全国第 2 位、第 8 位;分别实现国际旅游(外汇)收入 64.82 亿美元、39.40 亿美元,分别居全国第 2 位、第 5 位;分别起降国际航班 103947 架次、27136 架次,分别居全国第 3 位、第 8 位。

3.5　中部地区:综合实力偏弱,武汉、郑州齐头并进

中部地区包括山西、安徽、江西、河南、湖北、湖南 6 个省份,进入本期 CFCI 评价榜单的金融中心城市分别是武汉、郑州、长沙、合肥和南昌。

1. 中部地区金融中心综合竞争力表现

见表 3-17、图 3-37,中部地区武汉、郑州、长沙、合肥、南昌的金融中心综合竞争力分别为第 10 位、第 11 位、第 15 位、第 21 位和第 26 位。区域综合竞争力平均得分为 44.09 分,稍低于全国 28 个区域金融中心的平均得分(44.84 分)。5 个城市整体仍呈现两大梯队发展态势,武汉和郑州属于第一

梯队,保持中部地区领先地位,两者综合竞争力得分相差在5%以内。

表3-17　中部地区金融中心在CFCI 12的评价结果

城市	综合竞争力		金融产业绩效		金融机构实力		金融市场规模		金融生态环境	
	得分	排名	得分	排名	得分	排名	得分	排名	得分	排名
武汉	52.81	10	76.01	13	31.97	10	11.14	9	100.64	6
郑州	51.66	11	92.18	10	23.82	17	19.46	6	79.16	15
长沙	42.79	15	64.05	20	25.22	16	7.13	17	81.81	13
合肥	38.79	21	64.67	17	22.84	19	7.58	13	65.69	24
南昌	34.38	26	57.10	28	16.01	25	6.39	18	64.40	25

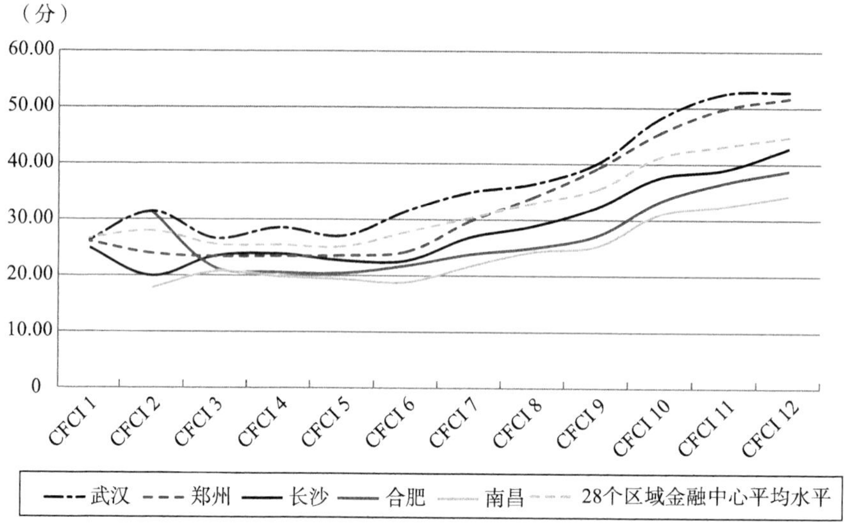

图3-37　中部地区金融中心CFCI综合竞争力历期得分

本期郑州的金融中心综合竞争力有较大提升,居全国第11位,较上一期上升1位,发展提速明显,这与郑州大力推进“引金入豫”和区域性现代金融中心建设关系密切。

本期武汉的金融中心综合排名不变,维持全国十强和中部地区第1。

2. 中部地区金融中心金融产业绩效表现

见表3-18、图3-38、图3-39，中部地区金融中心金融产业绩效排名大幅上升。本期中部地区的金融产业绩效排名变化较大，合肥、长沙、南昌分别上升7个、5个和2个位次，武汉不变，郑州下降3个位次。郑州、武汉、合肥、长沙、南昌的金融产业绩效在全国31个金融中心中分别居第10位、第13位、第17位、第20位和第28位。

表3-18　中部地区金融中心金融产业绩效评价比较

城市	CFCI 12		CFCI 11		变化	
	得分	排名	得分	排名	得分	排名
郑州	92.18	10	96.31	7	▼4.13	▼3
武汉	76.01	13	73.15	13	▲2.85	—
合肥	64.67	17	56.48	24	▲8.19	▲7
长沙	64.05	20	54.21	25	▲9.84	▲5
南昌	57.10	28	46.54	30	▲10.56	▲2

郑州的金融产业绩效得分仍远高于区域平均水平和中部地区其他4个城市，武汉略高于区域平均水平，长沙、合肥和南昌均低于区域平均水平。郑州的金融产业绩效突出得益于金融产业规模较大，但金融从业人员增速有所下降。2019年，郑州金融业增加值为1231.4亿元，占当地GDP的比重为10.6%，居中部地区第1位；郑州的保险密度为7323元/人，保险深度为6.5%，均大幅领先同区域其他金融中心，分别居全国第5位和第3位，居中部地区第1位。

合肥的金融产业绩效跃升7位。本期合肥的得分增长8.19分，主要得益于金融业增加值和金融从业人员大幅增加。2019年，合肥金融业增加值达到869.07亿元，近三年平均增长率达到8.2%。2018年，金融从业人员达到9.5万人，在全国31个金融中心城市中居第11位。

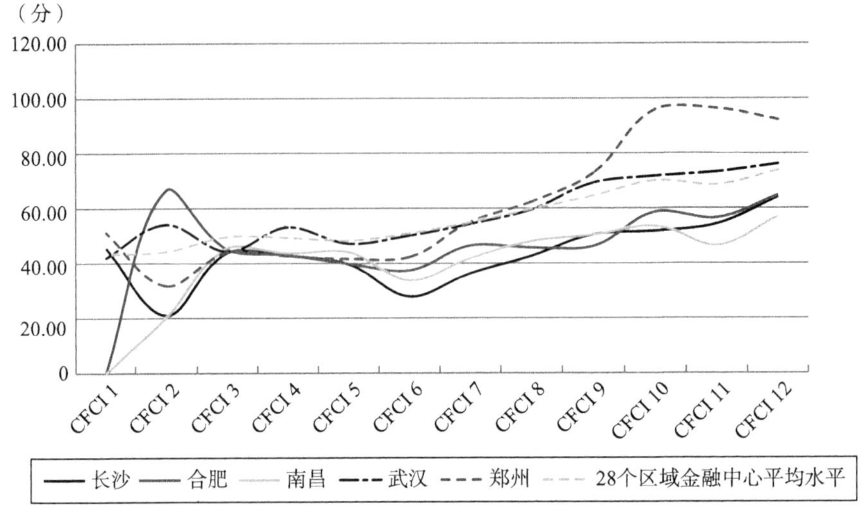

图 3-38　中部地区金融中心 CFCI 金融产业绩效历期得分

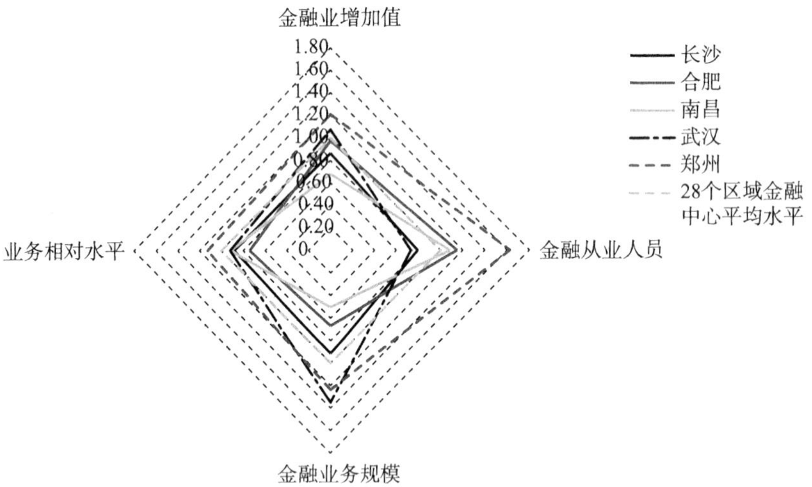

图 3-39　中部地区金融中心金融产业绩效分领域比较

3. 中部地区金融中心金融机构实力表现

见表 3-19、图 3-40、图 3-41、图 3-42,中部地区的金融机构实力整体偏弱,平均得分为 23.97 分,低于全国 28 个区域金融中心的平均水平(27.44

分），仅武汉高于区域平均水平。武汉、长沙、郑州、合肥、南昌的金融机构实力排名分别为第 10、第 16、第 17、第 19 和第 25。其中，郑州和长沙分别上升 4 个和 1 个位次，合肥、南昌和武汉分别下降 5 个、1 个和 1 个位次。

表 3-19　中部地区金融中心金融机构实力评价比较

城市	CFCI 12		CFCI 11		变化	
	得分	排名	得分	排名	得分	排名
武汉	31.97	10	36.28	9	▼4.31	▼1
长沙	25.22	16	22.18	17	▲3.04	▲1
郑州	23.82	17	18.31	21	▲5.51	▲4
合肥	22.84	19	23.63	14	▼0.79	▼5
南昌	16.01	25	17.97	24	▼1.96	▼1

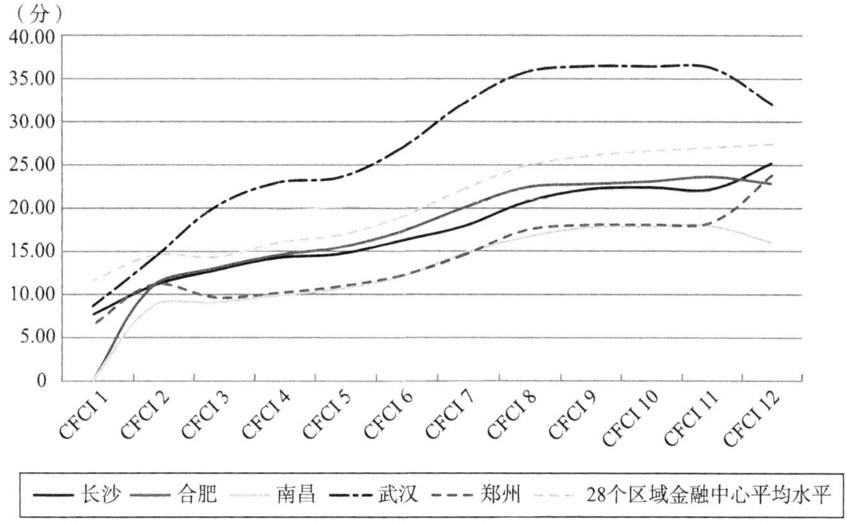

图 3-40　中部地区金融中心 CFCI 金融机构实力历期得分

武汉在证券类机构、保险类机构和地方性金融机构方面具有相对优势。2019 年，武汉拥有法人证券公司 2 家，总资产规模达到 1693 亿元，私募基金数量为 668 家，中部地区排第 1 位；法人保险公司 2 家，总资产规模 1046 亿元，中部地区排第 1 位；小额贷款机构数量达 114 家，全国排第 5 位，中部地区排第 1 位。

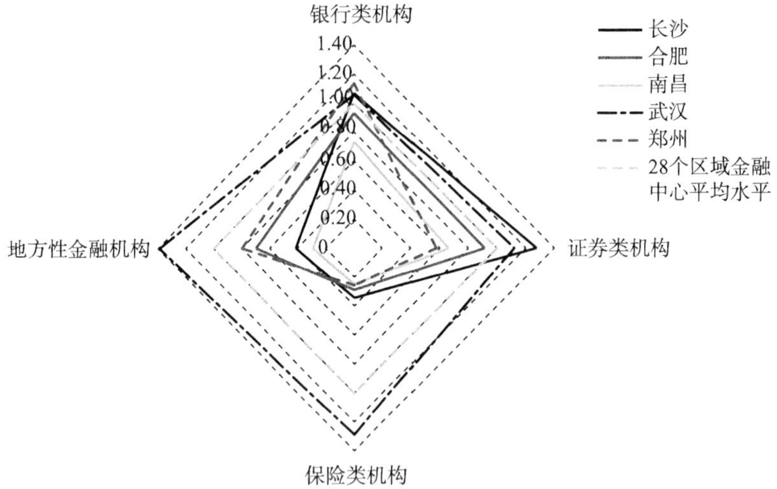

图 3-41　中部地区金融中心金融机构实力分领域比较

郑州的金融机构实力大幅提升,2019 年地方法人商业银行资产规模达到 13418 亿元,居中部地区第 1 位。

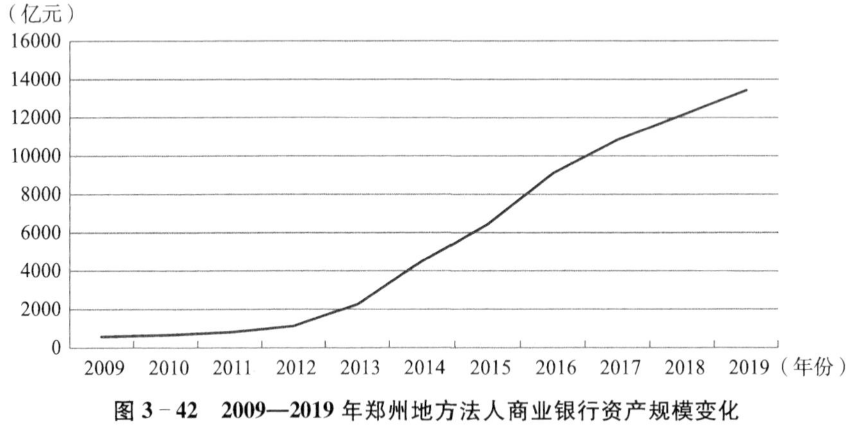

图 3-42　2009—2019 年郑州地方法人商业银行资产规模变化

4. 中部地区金融中心金融市场规模表现

表 3-20、图 3-43,在金融市场规模方面,郑州、武汉、合肥、长沙、南昌分别居全国第 6 位、第 9 位、第 13 位、第 17 位和第 18 位。其中,长沙的排名下降 6 位,得分下降 0.86 分;南昌排名下降 4 位,但得分上升 0.11 分;合肥排

名上升 3 位，得分增长 1.81 分；武汉的排名保持不变，得分增长 0.13 分。

表 3－20　中部地区金融中心金融市场规模评价比较

城市	CFCI 12		CFCI 11		变化	
	得分	排名	得分	排名	得分	排名
郑州	19.46	6	17.80	4	▲1.66	▼2
武汉	11.14	9	11.01	9	▲0.13	—
合肥	7.58	13	5.77	16	▲1.81	▲3
长沙	7.13	17	7.99	11	▼0.86	▼6
南昌	6.39	18	6.29	14	▲0.10	▼4

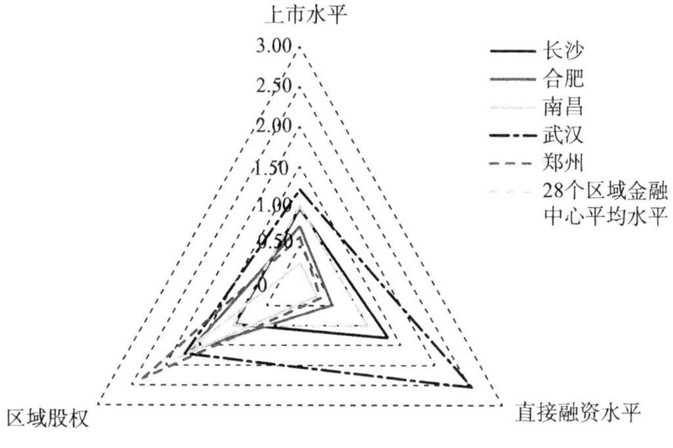

图 3－43　中部地区金融中心金融市场规模分领域比较

郑州的金融市场规模在中部地区有显著优势，除了有郑州商品交易所的因素外，郑州在区域股权交易市场建设方面成效突出。截至 2019 年底，郑州区域股权挂牌公司达 8225 家，居全国第 4 位。

合肥的金融市场规模排名上升 3 个位次，区域股权市场挂牌企业大幅增加。截至 2019 年底，合肥区域股权市场拥有的挂牌公司达 6033 家，在中部地区仅次于郑州，居全国第 6 位。

5. 中部地区金融中心金融生态环境表现

见表3-21、图3-44,中部地区金融中心金融生态环境得到较大改善,金融生态环境平均得分为78.34分,高于全国28个区域金融中心平均水平的76.39分,武汉、长沙、郑州均高于平均水平。长沙、郑州、合肥、南昌的金融生态环境分别排在全国第13位、第15位、第24位和第25位,长沙和郑州分别上升1个位次,武汉和南昌不变,合肥下降1个位次。武汉的金融生态环境得分远高于中部地区其他城市,一直处于优势地位,居国内第6位、区域金融中心第3位、中部地区第1位。

表3-21 中部地区金融中心金融生态环境评价比较

城市	CFCI 12		CFCI 11		变化	
	得分	排名	得分	排名	得分	排名
武汉	100.64	6	97.03	6	▲3.61	—
长沙	81.81	13	78.57	14	▲3.24	▲1
郑州	79.16	15	75.59	16	▲3.57	▲1
合肥	65.69	24	66.19	23	▼0.50	▼1
南昌	64.40	25	65.31	25	▼0.91	—

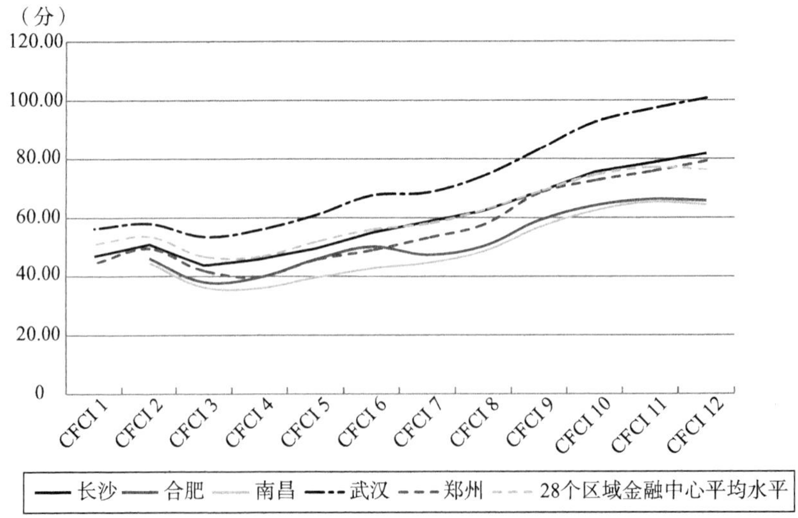

图3-44 中部地区金融中心CFCI金融生态环境历期得分

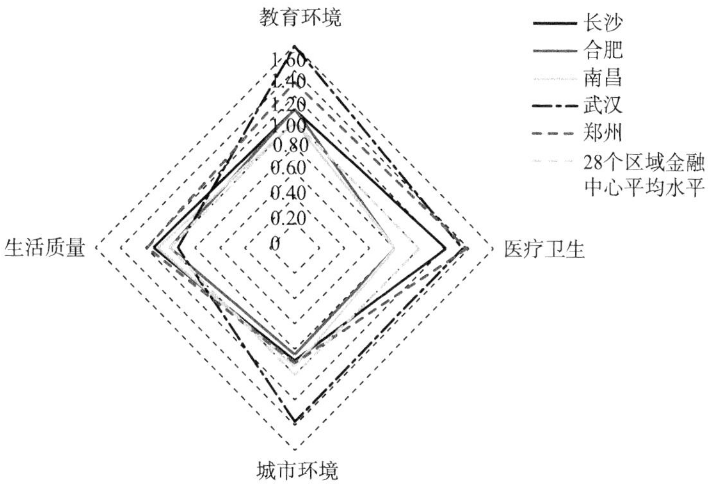

图 3-45　中部地区金融中心人才环境分领域比较

见图 3-45，在人才环境方面，武汉的教育环境和城市环境优势明显，拥有 83 所普通高等院校，其中 9 家“双一流”高校，在校大学生人数达到 110.7 万人，高校数量和学生人数分别居全国第 2 位和第 1 位，远高于同区域的其他城市。郑州在医疗卫生和生活质量环境方面优势比较突出，每万人拥有的执业医师数量为 41.5 人，金融业在岗职工年均收入 19.24 万元，均高于中部地区其他城市。

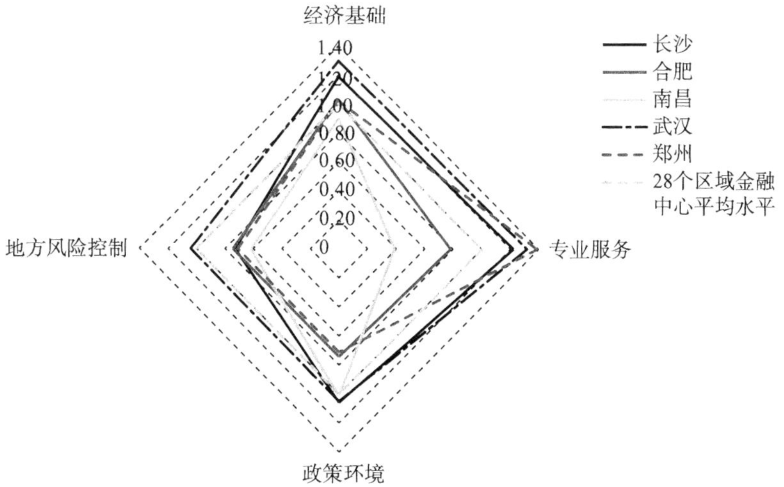

图 3-46　中部地区金融中心商业环境分领域比较

见图 3-46、图 3-47,在商业环境方面,武汉在经济基础、政策环境和地方风险控制上表现优异;郑州的专业服务能力相对较强,2019 年郑州执业律师人数达到 7371 人,注册会计师人数达到 3001 人。

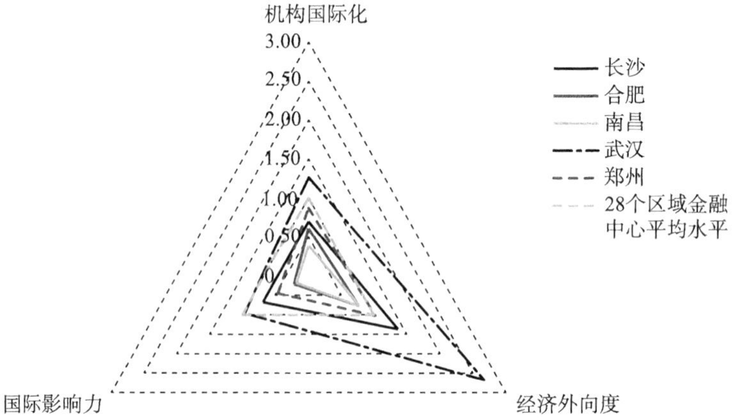

图 3-47　中部地区金融中心金融生态国际化程度分领域比较

在国际化程度方面,武汉的经济外向度、机构国际化、国际影响力区域排名均为首位。2019 年,武汉的外资金融机构营业性机构 29 家、国际航班起降 18067 架次,均居中部地区第 1 位;实际利用 FDI 总额 123.1 亿美元,全国排第 3 位、中部地区排第 1 位。

3.6　西部地区:中心特征强化,成都、重庆双城领跑

西部地区主要包括我国的西南地区和西北地区,进入本期 CFCI 评价榜单的金融中心城市分别是成都、重庆、西安、昆明、南宁和乌鲁木齐。

1. 西部地区金融中心综合竞争力表现

见表 3-22、图 3-48,本期西部地区综合竞争力平均得分 45.58 分,高于 28 个区域金融中心的平均得分,可见西部地区金融中心集聚与辐射能力逐步增强。

表 3-22 西部地区金融中心在 CFCI 12 中的评价结果

城市	综合竞争力		金融产业绩效		金融机构实力		金融市场规模		金融生态环境	
	得分	排名	得分	排名	得分	排名	得分	排名	得分	排名
成都	63. 12	6	108. 62	6	39. 97	8	9. 95	11	102. 11	5
重庆	59. 73	8	95. 21	9	57. 10	5	5. 85	21	83. 62	11
昆明	34. 93	25	59. 24	25	14. 91	28	2. 30	29	70. 48	19
西安	49. 67	12	84. 51	11	31. 42	11	5. 95	20	83. 54	12
南宁	35. 34	24	70. 65	15	14. 94	27	2. 96	25	59. 00	26
乌鲁木齐	30. 69	29	61. 62	24	12. 82	31	2. 70	27	51. 00	31

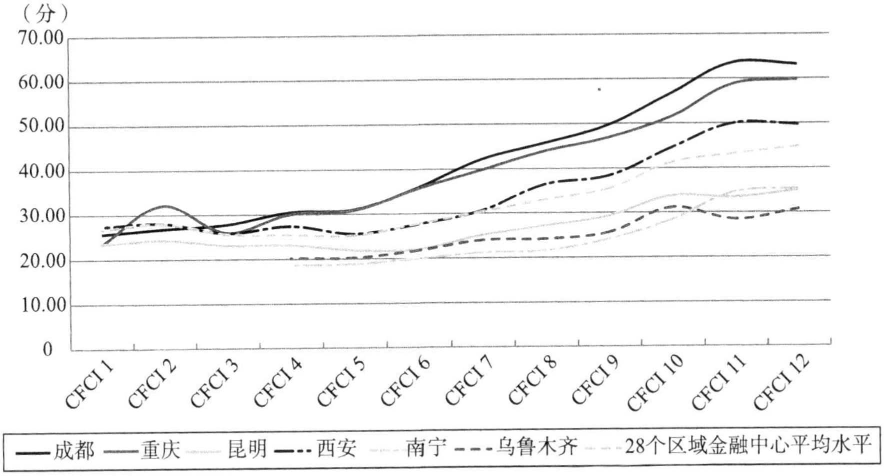

图 3-48 西部地区金融中心 CFCI 综合竞争力历期得分

成都的综合竞争力西部地区排第 1 位、全国排第 6 位。成都的综合竞争力得分为 63. 12 分，较大幅度领先西部地区其他城市。成都作为国家中心城市和西部地区门户城市，着力增强西部金融中心核心功能，使金融中心发展能级全面提升。但由于缺少全国性金融市场，成都的金融机构实力偏弱，与全国性金融中心相比还存在较大差距。

重庆的综合竞争力西部地区排第 2 位、全国排第 8 位。重庆的综合竞争力得分为 59. 73 分，较上一期略有上升。随着成渝地区双城经济圈建设战略的推进，重庆与成都共同打造西部金融“第四极”蓄势待发。

西安、南宁、昆明和乌鲁木齐在本期综合竞争力全国排名分别为第 12、第 24、第 25 和第 29,乌鲁木齐上升 2 个位次,西安下降 1 个位次,南宁和昆明保持不变。

2. 西部地区金融中心金融产业绩效表现

见表 3-23、图 3-49、图 3-50,本期西部地区金融中心金融产业绩效得分均有不同程度上升。整体来看,成都、重庆和西安的得分均高于全国区域金融中心的平均水平,南宁、昆明和乌鲁木齐均低于全国区域金融中心的平均水平,两极分化差距较大。

表 3-23　西部地区金融中心金融产业绩效评价比较

城市	CFCI 12		CFCI 11		变化	
	得分	排名	得分	排名	得分	排名
成都	108.62	6	107.93	4	▲0.69	▼2
重庆	95.21	9	91.56	8	▲3.65	▼1
昆明	59.24	25	54.05	26	▲5.19	▲1
西安	84.51	11	80.57	11	▲3.94	—
南宁	70.65	15	64.19	16	▲6.46	▲1
乌鲁木齐	61.62	24	50.40	29	▲11.22	▲5

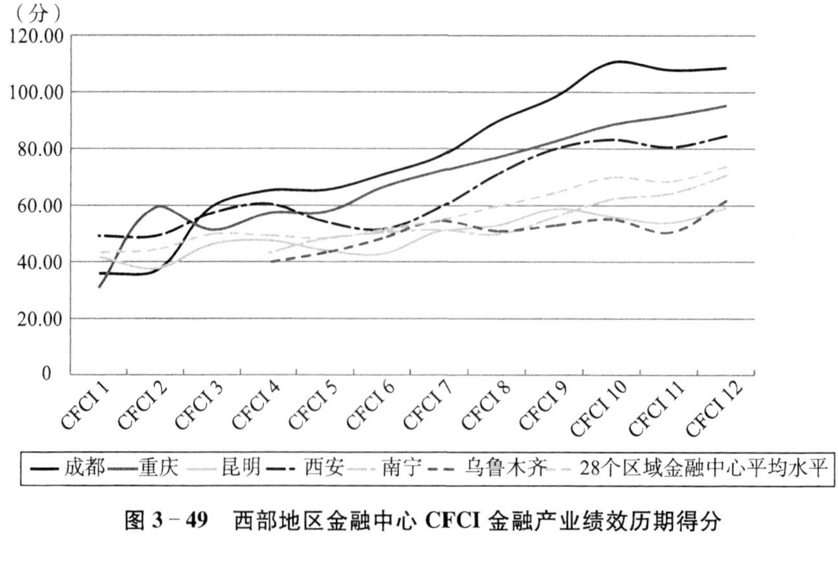

图 3-49　西部地区金融中心 CFCI 金融产业绩效历期得分

成都的金融产业绩效排名下降 2 个位次,居全国第 6 位。成都的金融产业绩效得分为 108. 62 分,仍远高于 28 个区域金融中心的平均水平和西部地区其他城市的得分,但增速相对有所放缓。成都的金融产业绩效在西部地区具有明显优势,主要体现在金融业务规模方面。2019 年,成都的金融业增加值为 1893. 7 亿元,占 GDP 的比重为 11. 1%;金融机构本外币存款余额为 39828. 0 亿元,全国排第 6 位,西部地区排第 1 位;金融机构本外币贷款余额为 36464. 0 亿元,全国排第 7 位,西部地区排第 2 位,略低于重庆;保险深度和保险密度分别为 6. 1%和 6257 元/人,均大幅领先于同区域的其他金融中心,全国排名分别为第 3 和第 10。

乌鲁木齐的金融产业绩效得分上升幅度较大,全国排第 24 位,提高了 5 个位次,主要得益于金融业增加值的大幅提升。2019 年,乌鲁木齐的金融业增加值达到 520. 54 亿元,比 2018 年增加了 207. 63 亿元。

重庆、西安、南宁和昆明在本期金融产业绩效的排名分别为第 9、第 11、第 15 和第 25,昆明和南宁分别上升 1 个位次,重庆下降 1 个位次,西安保持不变。

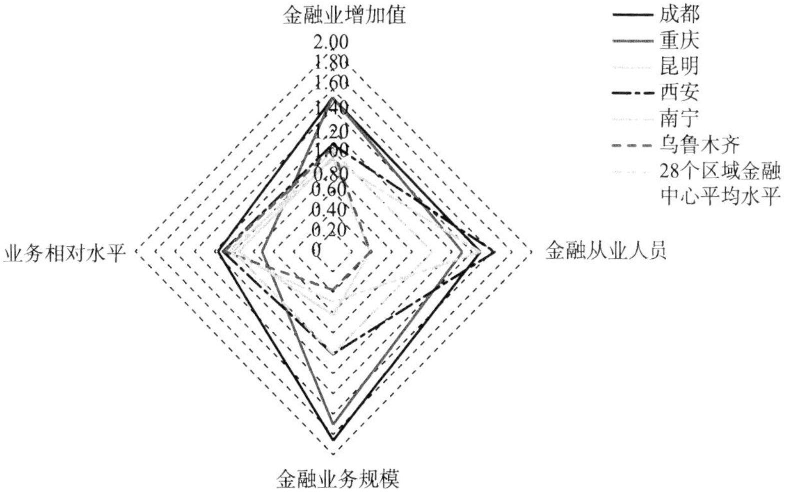

图 3－50　西部地区金融中心金融产业绩效分领域比较

南宁和西安的金融从业人员人数增长较快,近三年平均增速分别达到 15. 3%和 12. 8%,分别居西部地区第 1 位和第 2 位。

3. 西部地区金融中心金融机构实力表现

见表3-24、图3-51、图3-52,重庆的金融机构实力得分为57.10分,远高于全国区域金融中心的平均水平(27.44分),在西部地区处于绝对优势地位,全国排名仍保持第5。重庆在地方性金融机构方面具有绝对优势。2019年,重庆拥有小额贷款机构数量达273家,全国排第1位;融资租赁机构数量达84家,居西部地区第1位;融资担保机构数量达116家,全国排第1位;商业保险机构53家,居西部地区第1位,全国第2位。

表3-24 西部地区金融中心金融机构实力评价比较

城市	CFCI 12		CFCI 11		变化	
	得分	排名	得分	排名	得分	排名
成都	39.97	8	42.73	8	▼2.76	—
重庆	57.10	5	56.72	5	▲0.38	—
昆明	14.91	28	13.16	30	▲1.75	▲2
西安	31.42	11	33.91	11	▼2.49	—
南宁	14.94	27	14.38	28	▲0.56	▲1
乌鲁木齐	12.82	31	12.69	31	▲0.13	—

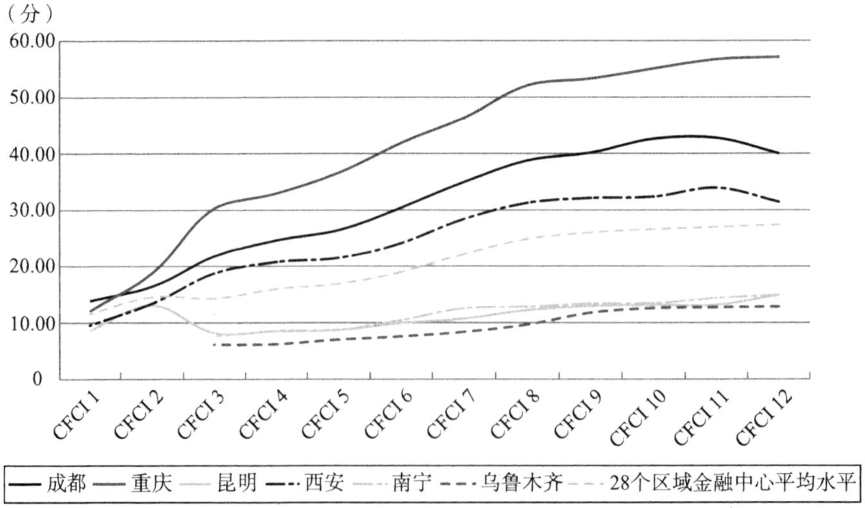

图3-51 西部地区金融中心CFCI金融机构实力历期得分

成都的金融机构实力得分为 39.97 分，较重庆还存在一定的差距，全国排名第 8。成都在保险类机构和证券类机构方面有较强的区域比较优势。截至 2019 年底，成都有 4 家法人保险公司，资产规模为 2575 亿元；有 4 家法人证券公司，资产规模为 1329 亿元；成都地方性金融机构实力偏弱，加上地方金融组织清理整顿，对比重庆还有待增强。

昆明和南宁的金融机构实力得分均小幅上扬，排名分别上升 2 个和 1 个位次，分别居全国第 28 位和第 27 位。2019 年，昆明年度新增直接融资规模达到 72.9 亿元，是 2018 年的近 2 倍。

西安和乌鲁木齐的金融机构实力在本期排名保持不变，分别为第 11 和第 31。

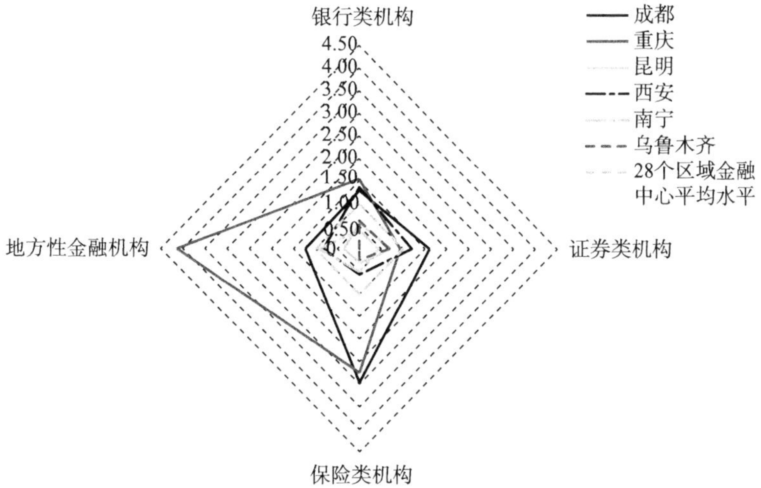

图 3-52　西部地区金融中心金融机构实力分领域比较

4. 西部地区金融中心金融市场规模表现

见表 3-25、图 3-53，西部地区缺乏全国性的金融市场，各城市的金融市场规模整体实力偏弱。成都、西安、重庆、南宁、乌鲁木齐和昆明的金融市场规模分别居全国第 11 位、第 20 位、第 21 位、第 25 位、第 27 位和第 29 位，成都、昆明和南宁均上升 1 个位次，乌鲁木齐下降 4 个位次，重庆保持不变。

表 3-25 西部地区金融中心金融市场规模评价比较

金融市场规模	CFCI 12		CFCI 11		变化	
	得分	排名	得分	排名	得分	排名
成都	9.95	11	7.68	12	▲2.27	▲1
重庆	5.85	21	3.82	21	▲2.03	—
昆明	2.30	29	1.67	30	▲0.63	▲1
西安	5.95	20	4.88	19	▲1.07	▼1
南宁	2.96	25	2.44	26	▲0.52	▲1
乌鲁木齐	2.70	27	3.57	23	▼0.87	▼4

成都的金融市场规模远高于西部地区其他城市,主要得益于上市水平与区域股权市场的良好表现。截至 2019 年底,成都 A 股上市公司有 82 家(近三年 IPO 有 15 家),市值 7855.73 亿元;“新三板”挂牌公司达到 196 家,居西部地区第 1 位。截至 2019 年底,成都区域股权市场拥有挂牌公司 5207 家,居西部地区第 1 位。

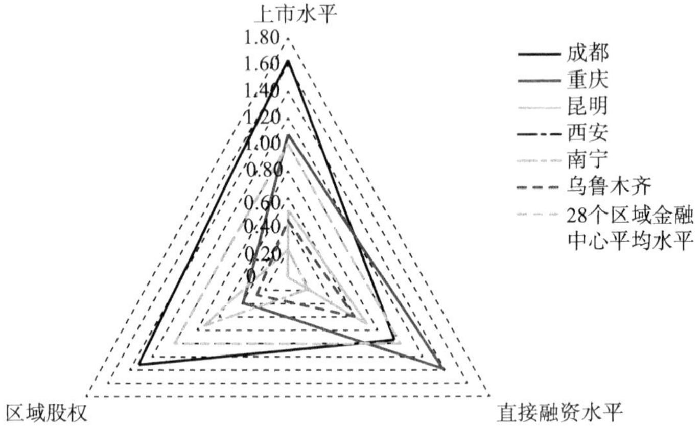

图 3-53 西部地区金融中心金融市场规模分领域比较

5. 西部地区金融中心金融生态环境表现

见表 3-26、图 3-54,在金融生态环境方面,本期西部地区金融中心城市成都、重庆、西安、昆明、南宁和乌鲁木齐分别居全国第 5 位、第 11 位、第 12 位、第 19 位、第 26 位和第 31 位。成都、重庆、昆明、南宁和乌鲁木齐的名次维持不变,西安下降2个位次。得分除成都外均有所下降,成都、重庆和西安的金融生态环境得分高于全国区域金融中心的平均水平,昆明、南宁和乌鲁木齐的金融生态环境仍有待改善。

表3-26　西部地区金融中心金融生态环境评价比较

金融生态环境	CFCI 12		CFCI 11		变化	
	得分	排名	得分	排名	得分	排名
成都	102.11	5	99.51	5	▲2.60	—
重庆	83.62	11	86.50	11	▼2.88	—
昆明	70.48	19	72.26	19	▼1.78	—
西安	83.54	12	87.33	10	▼3.79	▼2
南宁	59.00	26	64.04	26	▼5.04	—
乌鲁木齐	51.00	31	52.33	31	▼1.33	—

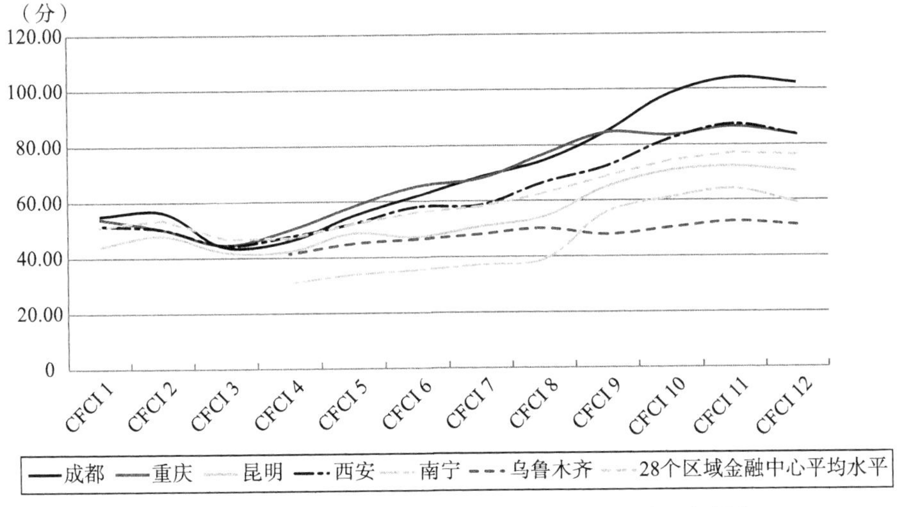

图3-54　西部地区金融中心CFCI金融生态环境历期得分

见图3-55,在金融人才环境方面,西部地区城市各有千秋。西安、成都在教育环境方面具有比较优势。2019年,西安共有普通高校63所,其中11所“双一流”高校,区域排名第1;成都的普通高等学校在校学生人数达84万人,居西部地区第1位。

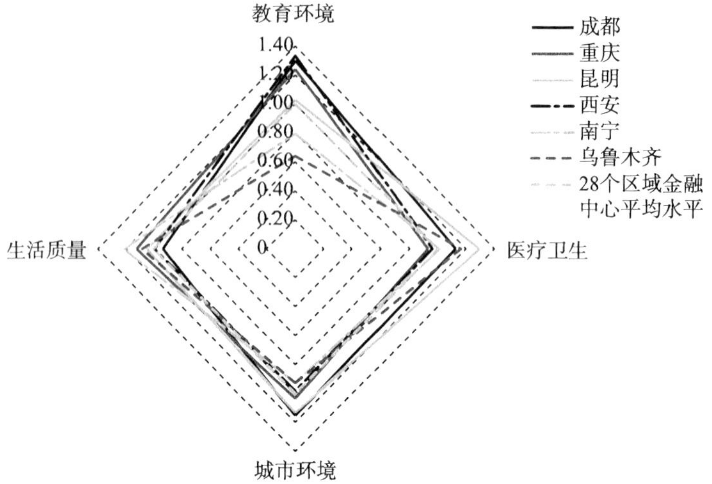

图 3－55　西部地区金融人才环境分领域比较

在城市环境方面,成都和昆明表现良好,成都每百万人城市轨道交通里程为 18.2 公里,日航班次数为 1005 架次,均居西部地区第 1 位;昆明的空气质量优良率达 97.5%,居全国第 2 位、西部地区第 1 位。

在生活质量方面,南宁和重庆表现较好,相对于西部地区其他城市收入更高的同时,房价、生活成本等更低。

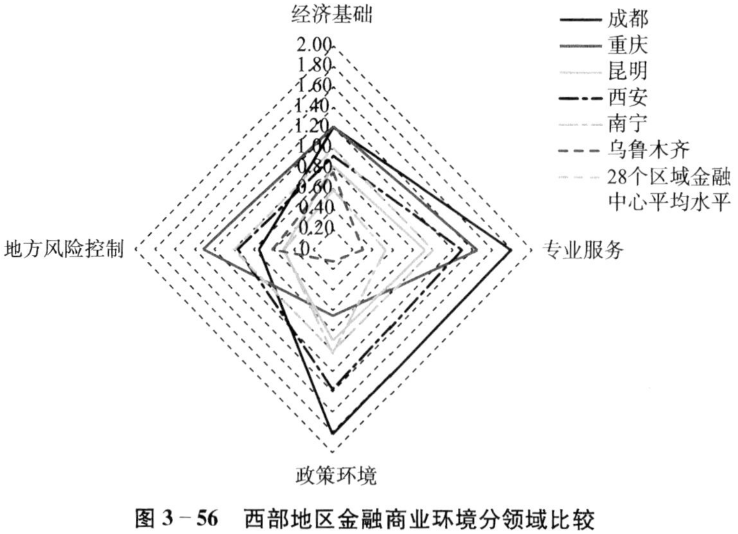

图 3－56　西部地区金融商业环境分领域比较

见图 3-56,在金融商业环境方面,成都的专业服务、政策支持在西部地区表现最佳;重庆则在地方风险控制方面表现优秀,地方政府负债率为 41.00%,银行不良贷款率为 1.12%。

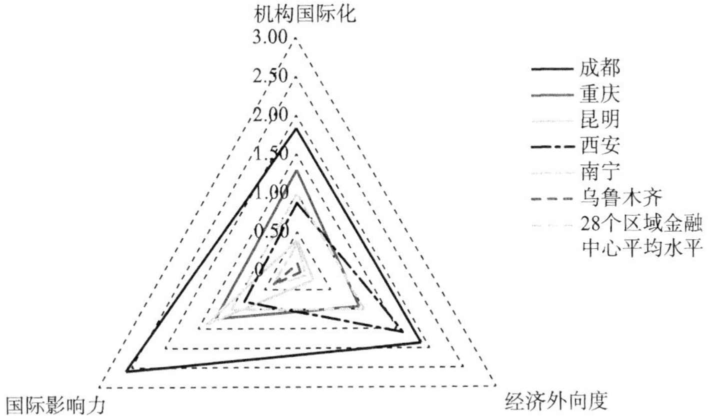

图 3-57　西部地区国际化发展分领域比较

见图 3-57,在国际化发展方面,成都在经济外向度、机构国际化、国际影响力等方面均保持领先优势。2019 年,外资金融机构营业性机构数量为 39 家,居全国第 7 位、西部地区第 1 位;国际航班起降 36710 架次,居全国第 4 位、西部地区第 1 位;实际利用 FDI 总额 77.6 亿美元,居全国第 4 位、西部地区第 1 位。

第四章 2020年中国金融中心专项十强排名

4.1 法人金融机构发展十强:北京、上海领头实力最强

根据CDI金融中心“钱才集聚论”和“法市辐射论”,法人金融机构既是金融中心集聚人才、资金的重要载体,也是金融中心服务本地市场和辐射腹地市场的重要主体。法人金融机构的数量和规模实力直接影响金融中心的发展水平,所以培育支持法人金融机构至关重要。本期CDI CFCI报告,选取法人金融机构的数量和规模两个维度,对31个金融中心城市的法人金融机构培育支持成效做专项评价,为研究认识我国金融中心建设提供一个新的视角。

2020年,中国金融中心法人金融机构发展十强依次是北京、上海、深圳、天津、杭州、广州、南京、成都、福州和重庆(见表4-1)。

表4-1 2020年度中国金融中心法人金融机构发展十强

城市	排名
北京	1
上海	2
深圳	3
天津	4
杭州	5
广州	6
南京	7
成都	8
福州	9
重庆	10

该榜单中，各金融中心的具体排名呈现两大特征：一是法人金融机构实力与金融中心综合竞争力高度相关，如北京、上海和深圳作为全国三大金融中心城市位列年度法人金融机构发展十强的前三；二是实力雄厚的重量级法人金融机构将显著提升金融中心城市的法人金融机构发展水平，如福州在本期指数综合排名虽为第 19，但因为拥有兴业银行这一重量级股份制商业银行，使其得以跻身 2020 年度法人金融机构发展十强第 9 位（见表 4–2）。

表 4 – 2　2020 年度法人金融机构发展十强主要数据对比

指标	北京	上海	深圳	天津	杭州	广州	南京	成都	福州	重庆
法人持牌金融机构数/家	241	241	115	35	43	34	25	20	18	24
法人商业银行数/家	17	24	9	7	11	3	9	4	7	4
法人证券公司数/家	18	20	18	1	3	3	2	4	2	1
法人保险公司数/家	63	49	21	7	3	5	3	4	0	5
法人公募基金数/家	19	58	31	1	1	2	0	0	2	2
法人商业银行资产规模/亿元	252317	125552	124689	23384	36142	40882	37339	11628	74303	17846
法人证券公司资产规模/亿元	13080	21704	20027	529	1325	4598	5982	1329	2189	659
基金资产管理规模/亿元	19268	53850	38865	12718	266	488	0	0	2244	249
法人保险公司资产规模/亿元	84142	34430	43280	7026	645	879	508	2575	0	2022

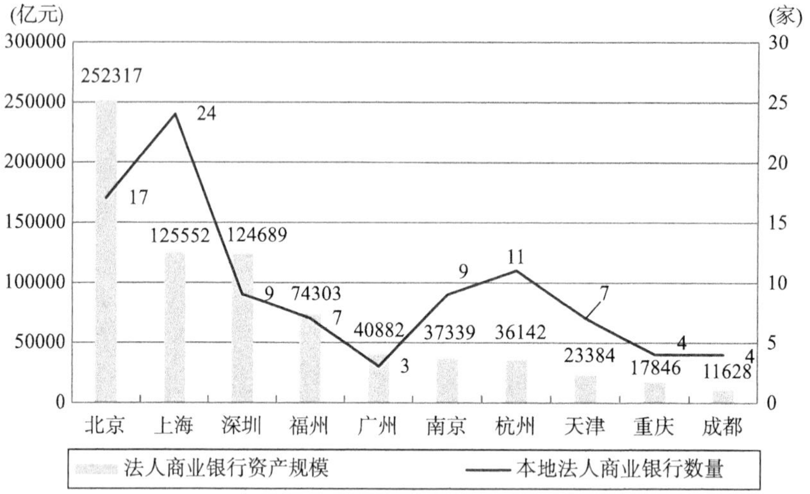

图 4-1　十强金融中心的法人商业银行规模与数量比较

见图 4-1,法人商业银行发展最好的城市是北京。从本地法人商业银行发展的维度来看,即使不考虑全国性金融机构①等因素,北京本地法人商业银行的总资产规模也在全国排第 1 位,达到 25.23 万亿元,与上海和深圳的法人商业银行总资产规模的总和相差无几。上海本地法人商业银行数量最多,达到 24 家。深圳尽管数量上不如杭州,但凭借 12.50 万亿元的资产规模优势居本地法人商业银行实力第 3 位。单凭兴业银行 1 家,福州本地法人商业银行资产总规模就达到了 7.43 万亿元,仅次于北京、上海和深圳。

见图 4-2,法人证券公司发展最好的金融中心是上海。从本地法人证券公司发展维度来看,上海、深圳、北京 3 个金融中心大幅超过其他金融中心城市,上海拥有多达 20 家本地法人证券公司,深圳、北京均拥有 18 家本地法人证券公司,但上海、深圳的规模实力最强,本地法人证券公司资产总规模均超过 2.0 万亿元,北京的也超过 1.3 万亿元。其他十强城市中法人证券公司数量均不超过 5 家,资产总规模均不超过 6000.0 亿元,这表明证券行业"马太效应"十分显著。

① 本专项主要考察各地方在培育支持本地法人金融机构方面的成效,因此中、农、工、建、交五大全国性金融机构、政策性银行、国家开发性金融机构、邮政储蓄银行以及全国性金融交易所,均不考虑在地方法人金融机构统计范畴内。

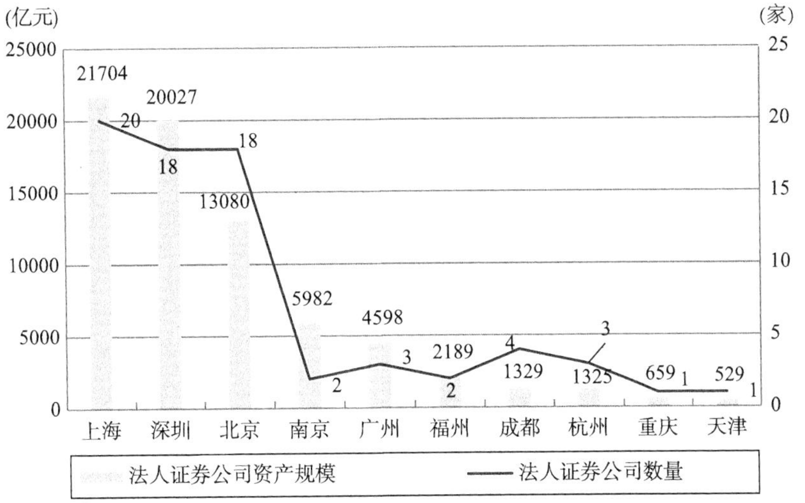

图 4－2　十强金融中心的法人证券公司规模与数量比较

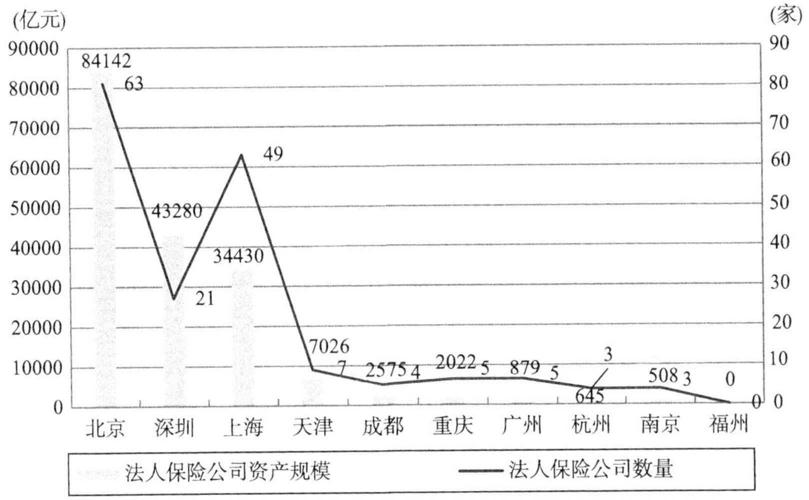

图 4－3　十强金融中心的法人保险公司规模与数量比较

见图 4-3，法人保险公司发展最好的金融中心是北京。截至 2019 年底，北京拥有多达 63 家法人保险公司，资产总规模达到 8.4 万亿元，二者均远远超过了其他 9 个金融中心城市。上海和深圳在法人保险公司的发展上互有胜负，上海本地法人保险公司数量虽多但平均资产规模小，深圳本地法人保险公司数量虽少但平均资产规模大。北京、上海、深圳 3 个城市的法人保险公司数量总和与总资产规模总和分别占十强城市的83%与93%,保险行业发展城市分布的“马太效应”更为明显。

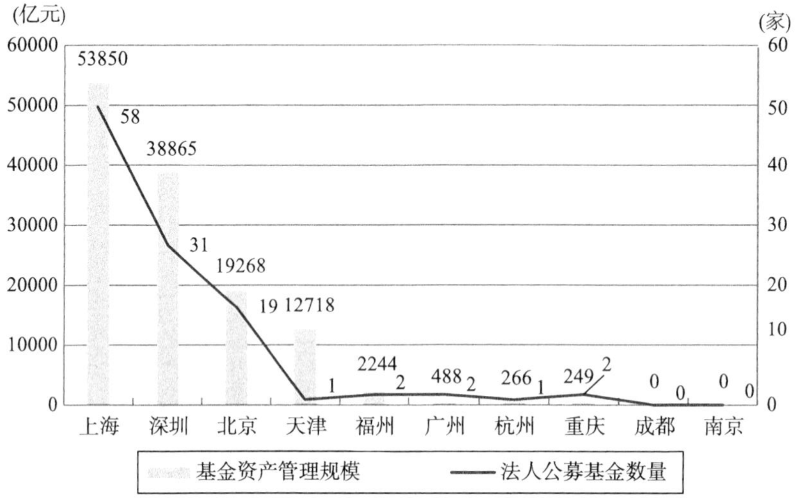

图4-4 十强金融中心的法人公募基金管理机构规模与数量比较

见图4-4,法人公募基金发展最好的金融中心是上海。截至2019年底,上海公募基金管理机构数量多达58家,几乎占到全国的一半。深圳的本地法人公募基金公司数量也达到了31家,且资产总规模达到38865亿元,占上海的70%以上,说明深圳法人公募基金管理公司的平均资产总规模更大。值得一提的是,天津仅靠1家法人公募基金管理机构的资产管理规模就超过了万亿元,排名全国第4,这应归功于天弘基金管理公司。2013年,天弘基金通过推出首只互联网基金——余额宝,改变了整个公募基金行业,也对天津的财富管理行业和金融中心建设产生了积极的促进作用,这充分体现了法人金融机构对城市金融业发展的巨大引领带动作用。

法人持牌金融机构最齐全的金融中心是上海。从法人持牌金融机构的完整程度看,上海是唯一同时拥有法人商业银行、汽车金融公司、消费金融公司、法人证券公司、证券类资产管理公司、法人公募基金、法人期货公司、法人信托公司、法人财务公司、法人保险公司、保险类资产管理公司全牌照的金融中心,体现了上海作为全国首屈一指的金融中心在金融机构集聚方面的突出优势。北京、深圳、天津和杭州的法人持牌金融机构相对齐全,其中北京和天津仅缺少证券类资产管理公司，深圳仅缺少汽车金融公司，杭州仅缺少保险类资产管理公司。

4.2　地方金融机构发展十强：深圳领先优势突出

我国经济发展到今天，银行、证券、保险等传统金融机构体系，已经越来越难以全面覆盖日益复杂多样的各类金融需求，小额贷款、融资担保、融资租赁等地方金融业态，正日益成为我国金融服务普惠、小微和“三农”发展的有力补充，地方金融业态已成为金融中心发展中必不可少的重要环节。本期 CDI CFCI 报告选取了地方金融组织中比较具有代表性的小额贷款、融资租赁、融资担保、商业保理、2019 年区域股权交易平台的挂牌公司数等指标数据，对 31 个金融中心城市的地方金融组织发展情况做出专项评价。

2020 年度中国金融中心地方金融机构发展十强依次是深圳、重庆、上海、北京、广州、杭州、天津、武汉、南京和苏州（见表 4-3）。

表 4-3　2020 年度中国金融中心地方金融发展十强

城市	排名	小额贷款/家	融资租赁/家	融资担保/家	商业保理/家	2019 年区域股权交易平台的挂牌公司数/家
深圳	1	129	2640	100	—	7063
重庆	2	273	84	116	53	1626
上海	3	125	2171	30	—	10156
北京	4	130	228	62	63	6371
广州	5	112	456	33	—	17524
杭州	6	54	217	153	—	8443
天津	7	95	1730	—	—	4751
武汉	8	114	10	58	—	5571
南京	9	65	53	26	20	7926
苏州	10	96	96	26	39	0

小额贷款发展最好的金融中心是重庆。截至 2019 年底，重庆拥有多达

273家小额贷款公司,数量尤为突出,比北京(130家)和深圳(129家)的总和还多,堪称“小额贷款发展第一城”。突出的政策和财税优势是重庆小额贷款公司扎堆的关键原因,重庆明确规定小额贷款公司的融资比例可达到公司资本净额的230%,而且准入条件较低,还提供了优惠的税收政策,这些吸引了蚂蚁金服等大批互联网金融公司纷纷在重庆设立互联网小贷。截至2019年底,北京、深圳、上海分别拥有130家、129家和125家小额贷款公司,在除重庆以外的金融中心城市中数量相对突出。

深圳、上海、天津是我国融资租赁发展的三只“领头羊”,机构数量远超其他城市。截至2019年底,深圳、上海、天津分别拥有多达2640家、2171家、1730家融资租赁公司。深入分析可以发现,这些城市融资租赁行业的突出,均与港口天然优势、自贸区政策优势和海运航空产业发达相关。以天津为例,作为北方最大的港口城市,天津港拥有领先全国的融资租赁发展政策和市场环境,融资租赁已成为中国(天津)自由贸易试验区的一大亮点。目前,天津在全国融资租赁行业中处于领先地位,如飞机租赁、船舶租赁业务分别占全国的90%和80%,特别是飞机租赁,在世界范围内仅次于爱尔兰,是全球第二大飞机租赁聚集地。

融资担保发展最好的金融中心是杭州、重庆、深圳,分别拥有153家、116家和100家融资担保公司。3个城市在融资担保机构发展方面的良好表现,均得益于其完善的行业政策支持和引导。其中,杭州市于2017年6月出台《关于推进政策性融资担保体系建设的实施意见》(杭政函〔2017〕82号),提出市财政每年安排一定规模的专项资金支持该行业发展;重庆市于2016年4月出台《重庆市促进融资担保行业加快发展实施方案》,强调对担保费补贴、西部大开发所得税优惠及免征营业税等政策落实到位。

融资保理发展相对较好的中心是北京。受限于各地方统计数据公布,在已公开的数据中,北京在商业保理的规范、引导发展方面已经较国内其他金融中心领先一步。

广州、上海地方要素平台发展相对领先。截至2019年底,广州、上海区域股权交易平台挂牌公司数分别为17524家、10156家,挂牌公司总数全国领先。

4.3　资本市场利用水平十强：北京包揽三个分项第一

近年来，加快建立规范、透明、开放、有活力、有韧性的资本市场，推动更多资金通过资本市场直达实体经济，成为解决企业"融资难、融资贵"问题和拓宽居民投资渠道的重要途径之一。尤其在中美贸易摩擦、经济增速换挡和新冠肺炎疫情冲击的大背景下，作为要素配置和政策传导的重要枢纽，资本市场的改革节奏在加快、力度在加大、范围在拓展。对于金融中心城市而言，提高资本市场利用水平和能力，为实体经济提供强有力的机制保障和动力支持，是其资源集聚和服务辐射核心功能的集中体现。CDI CFCI 报告选取本地 A 股上市公司数、"新三板"挂牌公司数、年度新增 IPO 公司数、A 股市场累计融资额以及年度新增直接融资规模作为核心指标，对 31 个金融中心城市的资本市场利用水平开展专项评价。

2020 年度资本市场利用十强金融中心依次是北京、上海、深圳、杭州、苏州、广州、南京、武汉、成都及宁波。除了成都位于西部内陆地区外，其余城市均位于东部或南部沿海地区，表明当前资本市场利用水平总体呈现"东强西弱"的格局（见表 4-4）。

表 4-4　2020 年度资本市场利用十强金融中心

城市	排名	本地 A 股上市公司数/家	"新三板"挂牌公司数/家	年度 A 股市场新增 IPO 公司数/家	本地 A 股市场累计融资额/亿元	年度新增直接融资规模/亿元
北京	1	344	1187	29	20921.2	1541.5
上海	2	307	714	21	11987.3	776.9
深圳	3	298	490	15	7414.0	555.2
杭州	4	146	245	14	2561.1	274.1
苏州	5	120	341	14	2751.0	188.3
广州	6	107	322	9	2865.1	75.0
南京	7	90	180	3	3356.3	164.3
武汉	8	59	214	3	1721.1	391.8
成都	9	80	196	6	1660.1	43.5
宁波	10	80	115	5	1488.0	85.8

见图4-5,本地A股上市公司数量最多的是北京。北京、上海、深圳分别为全国中小企业股份转让系统、上海证券交易所、深圳证券交易所三大全国性金融市场所在地,作为三大全国性资源集聚和资本形成中心,其A股上市公司数量和融资规模遥遥领先其他城市。截至2019年底,北京、上海、深圳A股上市公司数量分别为344家、307家、298家,A股市场累计融资额分别为20921.2亿元、11987.3亿元、7414.0亿元。另外,有杭州、苏州、广州3个城市的A股上市公司数量超过100家,分别为146家、120家、107家。

年度A股市场新增IPO公司数量最多的是北京。2019年,由于科创板和注册制等资本市场改革落地,境内IPO市场明显回暖。2019年度发审委共审核155家企业,其中138家通过,过会率高达89.03%,较2018年度大幅增长。其中,北京和上海分别新增A股IPO上市公司29家和21家,分列全国第1位和第2位。此外,深圳、杭州、苏州分别新增A股IPO上市公司15家、14家、14家,分列全国第3位、第4位和第5位。

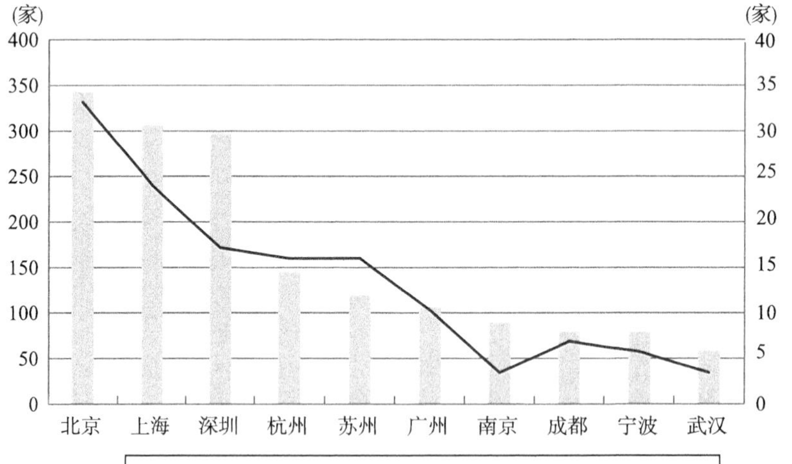

图4-5 资本市场利用水平十强的A股上市公司数和新增IPO公司数

见图4-6,“新三板”挂牌公司数量最多的是北京。得益于活跃的本地创投市场和数量可观的中小型科技企业,截至2019年底,北京“新三板”挂牌公司数量达到1187家,高居全国首位,接近其后两位上海(714家)和深圳

(490 家)的总和。苏州“新三板”挂牌公司数量达到 341 家,紧随北京、上海、深圳之后排第 4 位,广州、杭州、武汉分别排第 5 位、第 6 位和第 7 位。

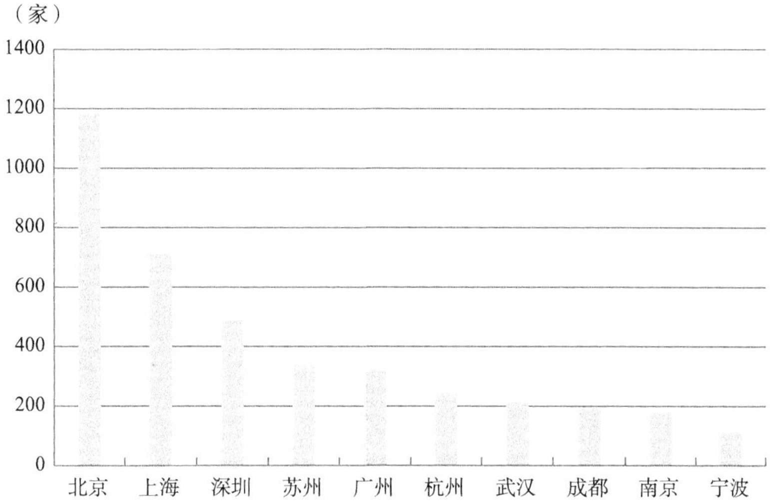

图 4－6　资本市场利用十强的“新三板”挂牌公司数

4.4　基金业发展水平十强:天津、福州和杭州异军突起

相比银行、信托等传统资产管理机构,基金类机构因其中长期投资属性具有更灵活的风险偏好,有助于维护市场稳定运行、增加市场流动性和活跃度以及支撑市场化融资功能,成为资本市场的重要参与力量和金融体系建设不可或缺的组成部分。伴随居民财富管理需求的不断增加和资本市场基础性制度建设的稳步推进,大力发展包括私募、公募在内的各类型基金类机构,构建资金、资本、资产、资管对接通道和流转体系,对于全国性金融市场分布基本定型的金融中心竞争格局而言,具有更为关键性的作用。CDI CFCI 报告选取公募基金和私募基金两组指标,从机构数量和管理规模双重维度,综合评估 31 个金融中心的基金业发展水平。

2020 年度基金业发展水平十强城市依次是上海、深圳、北京、杭州、天津、广州、宁波、苏州、福州和厦门。值得注意的是,以上十强城市全部位于我国东部地区(见表 4-5)。

表 4-5 2020 年度基金业发展水平十强金融中心

城市	排名	公募基金管理机构数量/家	公募基金资产管理规模/亿元	私募基金管理人数量/家	私募基金产品数量/只
上海	1	58	53850.0	4686	23730
深圳	2	31	38864.8	4527	14918
北京	3	19	19268.1	4358	14749
杭州	4	1	265.7	1539	5401
天津	5	1	12718.1	473	1750
广州	6	2	488.1	865	2935
宁波	7	1	1574.4	857	2802
苏州	8	0	0	409	1421
福州	9	2	2244.0	184	808
厦门	10	1	127.5	355	1082

公募基金资源高度集中在三大全国性金融中心。截至 2019 年底,全国审批通过的公募基金管理机构数量达到 143 家,其中上海、深圳和北京分别占全国的 40.6%、21.7%和 13.3%,合计 75.6%;全国审批通过的公募基金资产管理规模达到 14.77 万亿元,其中上海、深圳和北京分别占全国的 36.5%、26.3%和 13.0%,合计 75.8%。其他城市注册的公募基金管理机构均未超过 2 家,有些城市只是公募基金的注册地,团队办公所在地多在上海、深圳和北京(见图 4-7、图 4-8)。

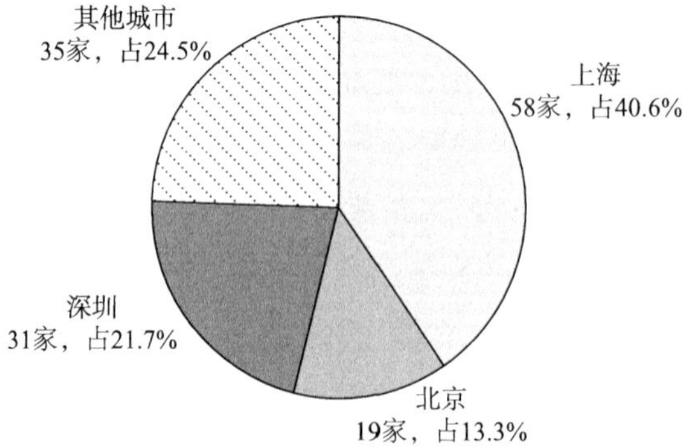

图 4-7 全国公募基金管理公司数量分布及占比

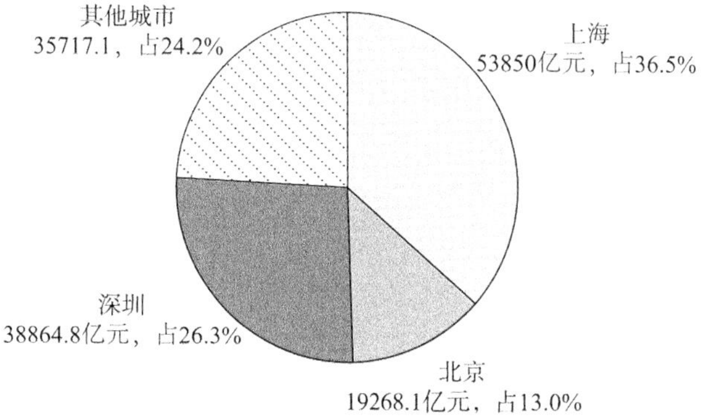

图 4-8　全国公募基金资产管理规模

私募基金资源主要集中在三大全国性金融中心。截至 2019 年底，全国登记备案的私募基金管理人数量达到 24471 家，其中上海、深圳和北京分别占全国的 19.1%、18.5%和 17.8%，合计 55.4%；全国登记备案的私募基金产品数量达到 81739 只，其中上海、深圳和北京分别占全国的 29.0%、18.3%和 18.0%，合计 65.3%。值得注意的是，三地私募基金产品数量的全国占比高于私募基金管理人数量的全国占比近 10 个百分点，表明三地私募基金业发展不仅数量绝对领先，而且单位活跃度也明显高于全国其他城市（见图 4-9、图 4-10）。

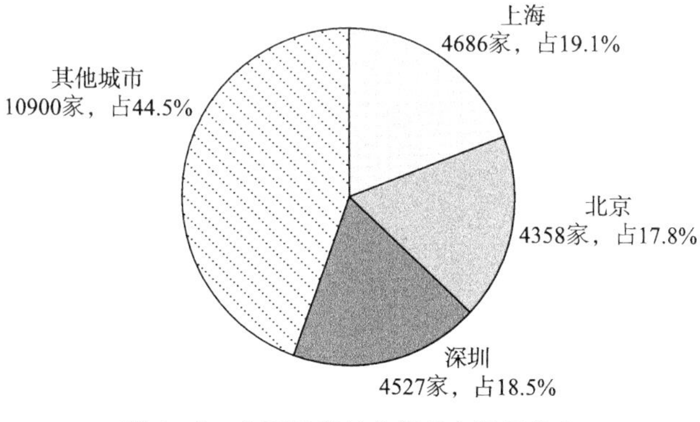

图 4-9　全国私募基金管理人数量分布

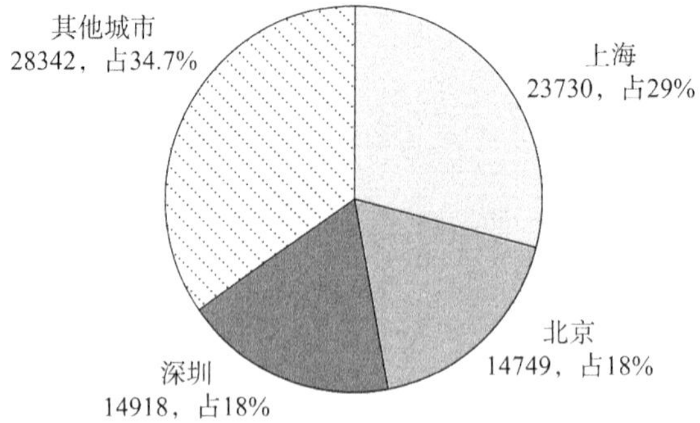

图 4-10　全国私募基金产品数量分布

天津、福州和杭州的基金业发展较为突出。其中,天津仅凭一家天弘基金,公募资产管理规模就达到 1.27 万亿元,在全国占比 8.6%,仅次于上海、深圳和北京;福州公募基金管理规模达到 2244.0 亿元,居全国第 5 位,比第 6 位的宁波(1574.4 亿元)高出 600 多亿元;杭州私募基金管理人数量达到 1539 家,是除了上海、深圳和北京之外唯一达到 1000 家以上的城市,私募基金产品数量达到 5401 只,稳居全国第 5 位,比第 6 位的广州(2935 只)高出 2400 多只。

见图 4-11,重庆、成都虽未进入基金业发展十强,但潜在市场需求十分可观。从居民财富管理需求角度来看,若以家庭人均可支配收入与家庭人均消费性支出之差乘以常住人口规模计算,重庆、成都潜在财富管理需求分别为 3797.3 亿元、2679.2 亿元,全国排名分别为第 3、第 6。从金融机构资金存量角度来看,重庆、成都的金融机构本外币存贷款分别为 39828.0 亿元、39843.2 亿元,全国排名分别为第 6、第 7。重庆、成都上述两项指标均进入全国前十,但基金业发展水平全国排名仅第 12、第 13,表明本地基金业发展相对滞后,仍有巨大的成长空间。

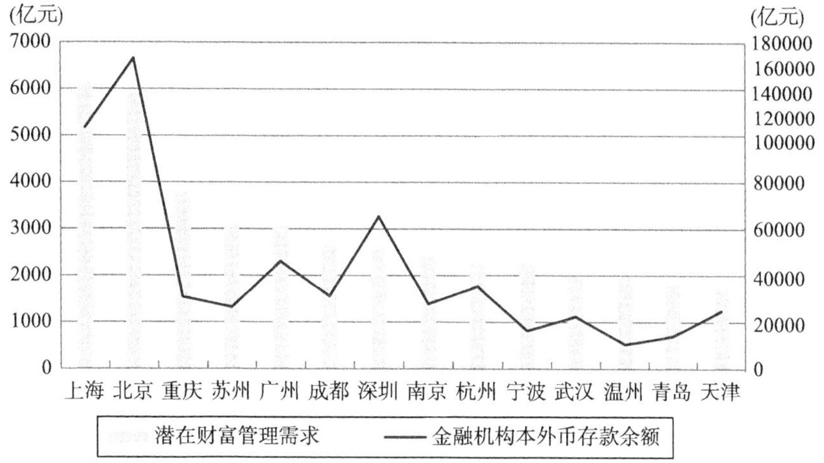

图 4－11　主要城市潜在财富管理需求和金融机构本外币存款余额

注:潜在财富管理需求=(家庭人均可支配收入−人均消费性支出)×常住人口。

4.5　金融人才集聚能力十强:深圳、北京和天津是最受金融人才欢迎城市

按照 CDI CFCI 研究提出的金融中心“钱、才”集聚模型,金融中心的形成和发展最终可以归结为金融资本和金融人才两类资源集聚。而资本最终为人所掌控,因此金融人才可以视为最核心的金融资源。为此,本期 CDI CFCI 选取金融从业人员数量、人数增长、从业待遇 3 类指标,针对 31 个金融中心的金融人才聚集情况给出专项评价,为金融中心竞争力分析提供另一个视角。

CDI CFCI 评价显示,2020 年度中国金融中心金融人才集聚能力十强城市依次是北京、上海、深圳、天津、重庆、广州、杭州、成都、郑州和西安。较上一期金融人才集聚能力排名来看,排名前十的城市得分均有所上升,其中深圳上升 5 位跻身全国前三,郑州首次跻身全国十强(见表 4−6)。

表 4－6　第十二期 CFCI 金融人才集聚能力十强金融中心排名及变化情况

城市	CFCI 12	排名变化	得分变化
北京	1	—	▲2.20

续表

城市	CFCI 12	排名变化	得分变化
上海	2	—	▲1.17
深圳	3	▲5	▲2.82
天津	4	▼1	▲1.01
重庆	5	▼1	▲1.27
广州	6	—	▲1.02
杭州	7	—	▲0.96
成都	8	▼3	▲0.76
郑州	9	▲3	▲1.07
西安	10	▼1	▲0.75

整体而言,各金融中心对人才的吸引力与其综合实力体现出高度相关性。本期金融人才集聚能力十强城市中,除第9位和第10位的郑州与西安外,其余8个城市均是金融中心综合竞争力十强城市。统计数据显示,北京、上海、深圳、天津4个城市的金融从业人员总数突破20万人,其中北京达到了56.7万人,远超其他金融中心城市。

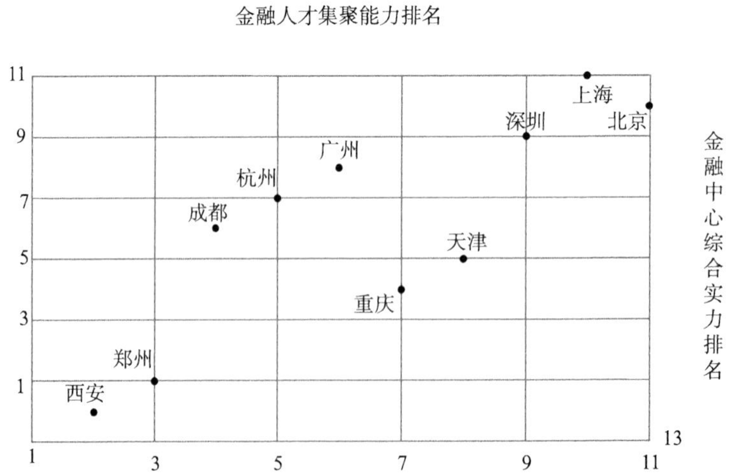

图4-12 金融人才集聚能力十强名次与综合竞争力名次间的关系

见图 4-12、图 4-13，在本期金融中心指数中，深圳、北京和天津是最受金融人才欢迎的城市，成都、西安、郑州等中西部地区金融中心近年来对金融人才的吸引力也在迅速增强，近三年的净增长均超过 3 万人，远高于上海、广州等东部沿海地区金融中心。

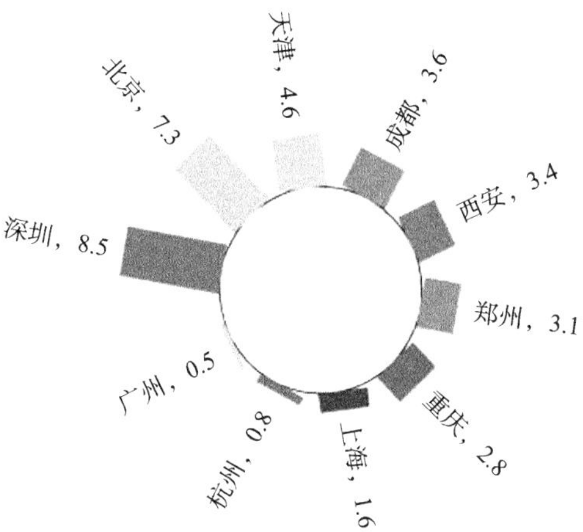

图 4-13　金融人才集聚能力十强城市近三年金融从业人员净增长比较（万人）

见图 4-14，从本期金融人才集聚能力十强城市来看，相对较高的收入水平、较低的生活成本，尤其是居住成本是吸引金融人才快速集聚的重要因素，这也进一步印证了课题组编制金融中心指数时所提出的“钱才集聚论”中“才”往“两高”流的基本逻辑框架，即人才流向高收入和高生活质量的地方。而对于高生活质量的定义，很重要的一个方面就是指生活成本低，表现在房价因素方面尤为敏感。

截至 2018 年，本期金融人才集聚能力十强城市中，金融行业收入水平最高的城市是北京，达到了年均 33.0 万元。深圳的金融人士人均年收入虽然以 27.8 万元排名全国第 2，但其远超其他城市的住宅房价收入比也对其金融人才集聚能力造成一定的负面影响。相较而言，郑州、重庆、西安、成都等中西部地区城市金融从业人员的收入水平在各大金融中心城市虽不具优势，但其较低的消费居住水平在金融人才资源争夺中发挥了重要优势。

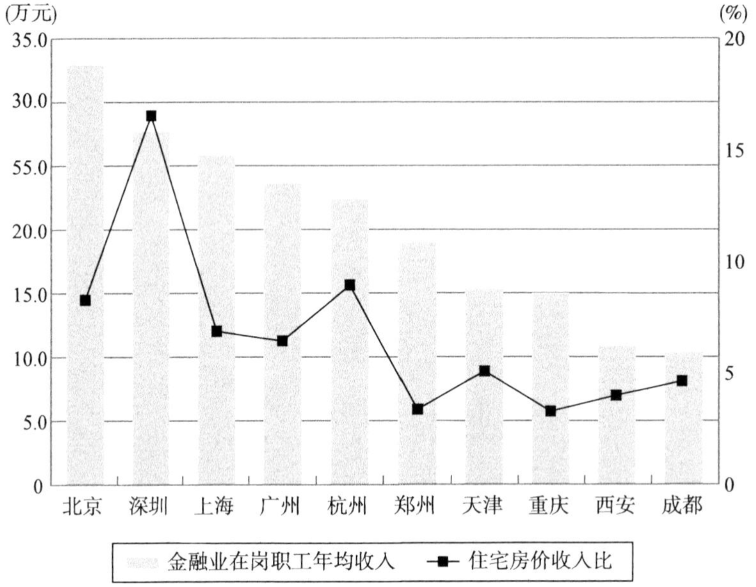

图 4-14　高收入与低生活成本因素比较

4.6　金融开放发展水平十强:长三角城市占据四席

见表 4-7,金融开放发展水平直接影响金融中心对外部金融资源的吸引能力,而强大的金融资源集聚能力则有助于金融中心综合竞争力的提升。本期 CDI CFCI 报告选取了外资类金融机构营业性机构及其代表处数量作为核心指标,运用 CDI CFCI 评价模型,对 31 个金融中心的金融开放发展水平开展专项评价,以期更好地了解各城市的金融开放发展水平。

CDI CFCI 评价显示,2020 年度金融开放发展水平十强金融中心依次是上海、北京、深圳、广州、南京、天津、成都、杭州、青岛和苏州。较上一期排名来看,金融开放发展水平前十强的排名并未发生显著变化,但由于中美贸易摩擦所导致的国际政治经济环境紧张,使多数城市金融开放发展水平出现小幅下降,仅南京较上一期排名上升 1 位。

表 4-7　第十二期 CFCI 金融开放发展水平十强金融中心排名及变化情况

城市	CFCI 12	排名变化	得分变化
上海	1	—	▲0.01
北京	2	—	▲0.01
深圳	3	—	▼0.02
广州	4	—	▲0.02
南京	5	▲1	▲0.02
天津	6	▼1	▼0.02
成都	7	—	▼0.02
杭州	8	—	▼0.04
青岛	9	—	—
苏州	10	—	▼0.02

总体而言，本期金融开放发展水平榜单中，各金融中心的具体排名呈现两大特征：一是地区金融开放程度与城市国际化程度高度相关，排名前四的上海、北京、深圳、广州均为国内重要的对外交流窗口以及对外贸易重镇；二是国内外资金融机构分布仍高度集聚，超过 2/3 的外资金融机构集中在金融开放发展十强城市，其中又有 2/3 位于排名前四的金融中心城市，其他区域性金融中心城市的外资金融机构集聚度仍有较大的提升空间。

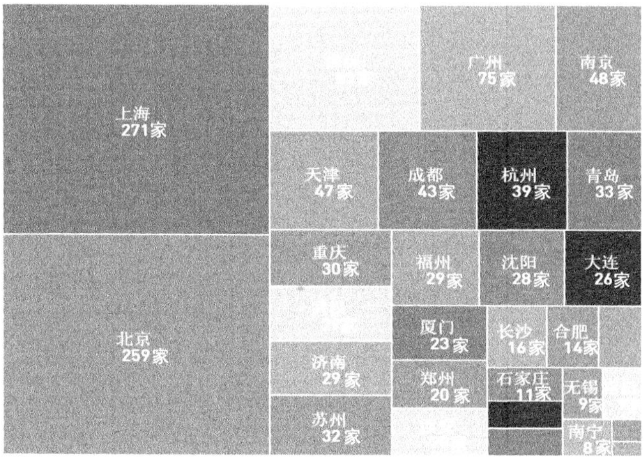

图 4-15　第十二期 CFCI 金融开放发展水平十强金融中心外资金融机构数量

从外资金融机构业态的多样性看,仅上海、北京、深圳3个全国金融中心拥有较为完整的外资金融机构体系,广州虽然也有大量外资金融机构集聚,但在外资法人金融机构以及合资公募基金等总部型外资金融机构数量上,与北京、上海、深圳3个全国性金融中心仍存在较大差距。

从区域分布来看,珠三角地区的外资金融机构集聚程度要远高于国内其他地区,上海、南京、杭州3个区域核心城市均跻身本期金融开放发展水平前十强,其中南京较上一期上升1位,排名仅次于北京、上海、广州、深圳4个城市(见图4-15)。

4.7 金融风险管理水平十强:重庆是唯一的中西部城市

随着金融下行压力不断加大,金融风险防控成为国内"三大攻坚战"与"六稳""六保"工作的重中之重,而地方金融风险管理水平的高低,不仅直接影响国内金融体系的整体稳定性,而且是金也融中心城市可持续健康发展的重要基础。本期CDI CFCI报告选取地方政府负债率、地方政府债务率、地区银行业不良贷款率等指标,运用CDI CFCI评价模型,对31个金融中心的金融风险管理水平进行专项评价。

CDI CFCI评价显示,2020年度中国金融中心金融风险管理水平十强金融中心依次是深圳、温州、苏州、上海、无锡、北京、厦门、宁波、青岛和重庆(见表4-8)。

较上一期排名来看,金融风险管理水平前十强的排名并未发生变化,但各城市得分情况呈现一定分化趋势,其中深圳、温州、厦门、宁波的金融风险防控水平小幅提升,但苏州、上海、无锡、青岛和重庆的金融风险防控综合得分有所下降。

表4-8 第十二期CFCI金融风险管理十强金融中心排名及变化情况

城市	CFCI 12	排名变化	得分变化
深圳	1	—	▲0.04
温州	2	—	▲0.09
苏州	3	—	▼0.02
上海	4	—	▼0.05
无锡	5	—	▼0.01

续表

城市	CFCI 12	排名变化	得分变化
北京	6	—	—
厦门	7	—	▲0.09
宁波	8	—	▲0.05
青岛	9	—	▼0.05
重庆	10	—	▼0.04

从区域分布来看，东部地区金融中心的风险管理能力显著优于中西部地区金融中心的风险管理能力，在本期金融风险管理水平十强金融中心中，仅排名第10的重庆属于中西部地区城市。造成此种现象的主要原因：一是中西部地区金融中心城市财政状况相对较差，应对金融风险的能力相对较弱；二是近年来中西部地区在扶贫攻坚以及基础设施建设方面投入较大，虽然中央政府在同步加大转移支付支持力度，但也给中西部地区城市带来了一定的债务压力（见图4-16）。

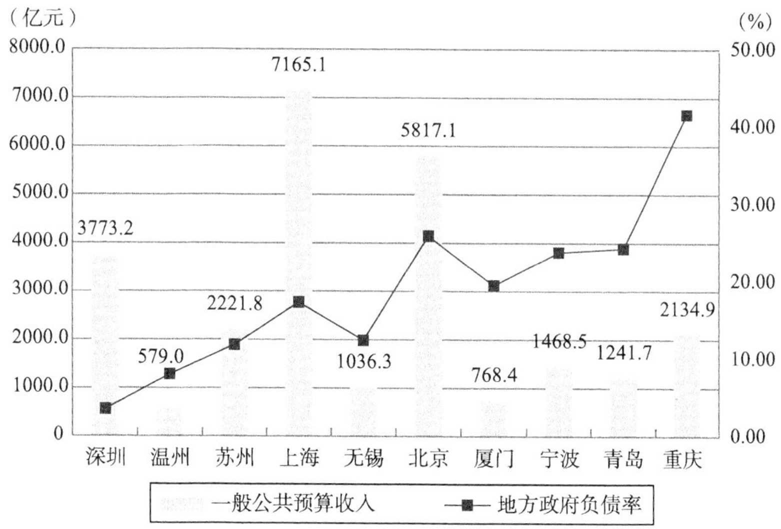

图4-16　第十二期CFCI金融风险管理水平十强金融中心地方债务情况

从排名前十的金融中心来看，得益于雄厚的财政实力与相对完备的金融监管体系，深圳的金融风险管理水平在所有金融中心中遥遥领先。温州则持续享有近年来大力整治金融乱象的改革红利,在本期金融风险管理中心排名中位列次席,成为全国31个金融中心城市中地方政府负债最少的城市。此外,本期31个金融中心城市中,仅排名前三的深圳、温州和上海能够依靠自身地方财政收入覆盖其地方债务,体现出目前各大金融中心均面临较大的债务压力和金融风险。北京作为全国性金融中心,在本期金融风险管理中心城市中的排名相对靠后,主要是因为北京地方债务压力显著大于深圳与上海2个全国性金融中心城市。但从不良贷款指标来看,2019年北京银行业不良贷款率仅为0.55%,在31个金融中心城市中表现优异(见图4-17)。

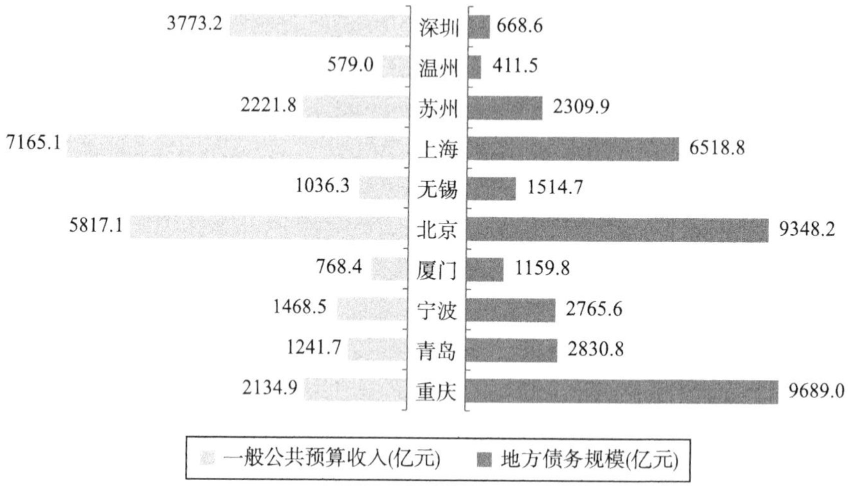

图4-17 第十二期CFCI金融风险管理水平十强金融中心地方财政收入与债务情况

4.8 金融政策综合支持十强:成都跃升至全国第二

近年来,国内有志于金融中心建设的地方城市纷纷出台并升级金融发展促进政策,加大对金融机构、金融人才等的政策支持力度,提高自身集聚资源的吸引力。在上一期CFCI报告评价基础上,我们更新了31个金融中心截至2019年底的金融政策评价内容,从政策支持力度和政策友好度两个维度,对31个金融中心的金融政策综合支持情况开展专项评价。其中,政策支持力度评价维度主要评估各城市已发布实施的政策,对促进本地金融中心建设所提供的奖励支持力度；政策友好度则主要从各城市已发布金融政策的内容覆盖面、政策信息可得性、政策实际落地执行等角度做出评判。

2020 年，中国金融中心的金融政策支持十强城市依次是深圳、成都、厦门、北京、济南、广州、杭州、西安、青岛和上海（见表 4-9）。

表 4-9　2020 年度金融政策支持十强城市

政策支持综合排名		分领域政策支持力度评分				金融政策支持友好度
		持牌金融机构支持	地方金融组织支持	金融人才支持	金融中心建设专项支持	
深圳	1	7.2	5.0	8.4	7.2	10.0
成都	2	4.2	6.5	6.6	6.0	9.1
厦门	3	5.6	6.0	6.2	3.6	9.3
北京	4	5.4	6.0	5.2	6.8	6.5
济南	5	8.6	4.8	2.8	7.2	6.3
广州	6	5.6	3.8	6.4	6.8	6.8
杭州	7	5.8	3.2	6.2	4.4	7.6
西安	8	5.6	3.5	6.4	2.8	6.1
青岛	9	6.2	1.8	4.8	3.6	5.6
上海	10	1.4	1.8	4.4	8.0	6.1

本期金融政策综合支持十强城市，在金融产业发展促进的政策支持力度方面可谓下了血本。总体来说，各城市金融政策支持的重心还是主要集中在持牌金融机构上，对地方金融组织和专业金融人才的支持力度相对不足。

对持牌金融机构特别是法人总部机构的政策支持力度最大的城市是济南，其次是深圳。按照济南出台的奖励政策，对符合条件的金融总部机构，可以根据实缴注册资本规模分档提供一次性资金补助，其中最高一档实缴注册资本达到 50 亿元（含）以上的，一次性补助高达 1.2 亿元。深圳则对持牌金融机构的业务发展补助提供了高额补贴和奖励，对符合条件的总部金融机构，首次在深圳购置办公用房的或者租赁办公用房的，均可以获得最高达 5000 万元的成本补贴。

对地方金融组织支持力度最大的城市是成都,其次是厦门和北京。成都在支持私募投资机构发展方面建立了系统的政策支持体系,涵盖了市、区、镇三级政策支持,其中对私募投资机构落户的一次性奖励最高可达2000万元,给予落户机构办公成本补贴最高可达200万元,并对满足投资要求的投资业务提供最高达1000万元的投资奖励。厦门对地方金融组织的支持政策覆盖面最广,其对小额贷款、融资担保、融资租赁、私募投资机构、地方交易场所等地方金融组织,均提供了相应的支持政策内容,其中对小额贷款类公司一次性落户奖励最高可达2000万元,对融资担保机构的落户和业务支持最高可达1800万元,对融资租赁机构的落户和业务发展支持最高可达4000万元。

对金融人才支持力度最大的城市是深圳,其次是成都。深圳对金融人才的支持政策内容不仅涵盖了人才引进落户奖励、职业发展支持等各方面,也在人才最为关心的子女教育、家庭生活配套、行政服务等方面,无论是支持力度还是支持内容覆盖领域,基本都是全国最优的。

金融中心建设专项支持力度最大的城市是上海,其次是深圳。上海市政府对金融中心建设出台了各种专项政策,建立了金融中心建设的专项机制,包括组织领导机制、协调会商机制、专项资金支持机制等各方面。

金融政策支持友好度最高的城市是深圳,其次是厦门。当前,国内很多城市虽然制定发布了很多支持政策,但在政策执行落地方面缺少信息公开和透明度。深圳在这些方面堪称表率。一方面,深圳的金融支持政策内容覆盖面是最广的,基本涵盖了当前主流支持政策内容。另一方面,深圳在金融政策的公开普及度和执行透明度方面也是最高的,不但建立了各项政策内容的网络公开查询渠道,而且对于每年涉及政策奖励的专项资金申请、执行和信息公开等均做到了较高的透明度。

下篇

苏州金融中心发展报告

第五章　苏州金融中心发展历程

作为自古以来的繁荣富庶之地，苏州悠久优良的商业文化氛围很早就孕育了金融基因。历史上，苏州典当业、钱庄业发达，曾有“存款码头”之称，对近代江浙地区民族工商业发展与振兴发挥了重要作用。改革开放以后，伴随着苏州实体经济发展的突飞猛进，苏州金融业实现了从小到大、从低端到高端、从边缘到中心的转变，为打造金融中心奠定了良好的基础。2008年，苏州市委、市政府首次给出“努力将苏州打造成与上海国际金融中心互补的功能性金融中心”的发展定位，并启动了相应的发展计划。随后，“十二五”规划明确提出打造“对接上海、服务苏州、延伸辐射”的区域金融中心发展目标，苏州正式开启了区域金融中心发展建设的征程。

5.1　历史发展中的苏州：商业繁盛、富甲一方的江南名城

苏州，古称姑苏、平江，地处中国华东地区，拥有近2500年的历史，是吴文化的重要发祥地，有“人间天堂”的美誉。苏州自春秋末年开始，无论是两汉、魏晋还是隋唐、两宋时期，都是江南名城。司马迁认为，西汉初年本地就是“江东一都会”；白居易认为，中唐时期“当今国用多出江南，江南诸州苏最为大”；马可·波罗认为，在元代“有十六个富庶的大城市和城镇属于苏州的管辖范围，这里的商业和工艺十分繁荣兴盛”；国学大师钱穆认为，明清两代“苏州之田，约居天下八十八分之一弱，而赋约居天下十分之一弱”。

作为自古以来的繁荣富庶之地，苏州很早就孕育了金融基因。早在战国时期，苏州就有金属币郢爰和蚁鼻钱流通。典当可上溯至南朝时期的“质库”，至清代乾隆年间，苏州的典当铺数量就达124所，繁盛时期的民间有“一读书、二学医、三开典当、四织机”之说。钱庄发轫于明代而盛于晚清，光

绪三十四年(1908)苏州共有钱庄24家、典当66家、票号11家,各家钱庄吸收存款规模均达三四十万两白银,机构数量和规模均位列江苏全省之冠。清代在苏州设置铸币机构和官银钱局,“宝苏局”曾是清代江苏规模最大、铸币时间最长的造币厂。

近代以来,苏州金融业的发展进入一个高潮阶段。从清末开始,苏州就一直被称为“存款码头”,无论是中央金融系统的“四行二局一库”,还是民营商业银行翘楚的“南三北四行”,都在苏州设立有分行、支行、办事处。苏州本地的典当业、钱庄业也非常兴盛,金融业人才层出不穷,出现了贝氏、严氏、席氏等一批金融世家。1912年苏州成立了当时首家全国省级地方银行——江苏银行,由此开启了现代化金融业的发展历程。几经兴衰变迁,至日本帝国主义侵占苏州前,苏州共有交通银行、中国银行、江苏银行、上海商业储蓄银行等17家银行。新中国成立以后,苏州同全国各大城市一样,通过执行统一财经措施,迅速克服了解放初期经济金融的混乱局面,实现了金融业的稳定发展。

5.2 改革开放后的苏州:勇立潮头、突飞猛进的工业强市

改革开放以来,苏州勇立潮头,走出了一条独具特色的工业化发展道路。20世纪80年代,苏州领改革风气之先,乡镇企业遍地开花,开创了“苏南模式”的新路。邓小平发表南方谈话后,苏州抢抓第二轮沿海开放政策机遇,掀起了以招商引资为主要手段的开放型经济发展高潮,开创性地赢得了与新加坡共建工业园区的机会。此后的十多年里,苏州创造出了“一天创造1个亿的GDP,一天上缴1260万元的财政收入,一天引进400万美元外资”的奇迹。以1992年为重要转折点,苏州的国民生产总值为359.69亿元,同比增长53%,在全国大中城市中居第5位,这标志着苏州已跻身全国主要的经济城市和工业大市。

伴随着苏州实体经济的突飞猛进,苏州金融业作为改革开放的参与者,也成为改革开放的受惠者,实现了从小到大、从低端到高端、从边缘到中心的转变,为金融中心建设创造了良好的基础。1980年底,苏州金融机构人民币存贷款余额为36.87亿元,到2017年底,苏州金融机构人民币存贷款余额

达到 5.04 万亿元，体现了苏州金融业在这一历史进程中的巨大发展。以工业园区为主要阵地，以“引进来”为主要方式的开放型经济为苏州的金融发展吸引集聚了大量海外金融资源。截止到 2017 年底，苏州外资银行（含代表处）有 19 家，外资财产险公司有 9 家，寿险公司有 15 家，外资融资租赁公司有 73 家，外资商业保理公司有 5 家，外资金融机构数量规模居江苏第 1 位、全国前列。

苏州有关金融中心的官方定位最早可以追溯至 2008 年，在苏州金融工作会议上，苏州市委、市政府给出了“努力将苏州打造成与上海国际金融中心互补的功能性金融中心”的发展定位，并启动了相应的发展计划。2010 年以后，苏州市委、市政府积极响应全面深化重点领域改革号召，审时度势，着力推进区域金融中心建设。在《苏州市金融业发展“十二五”规划》中，苏州首次提出打造“对接上海、服务苏州、延伸辐射”的区域金融中心。2014 年 2 月，苏州市委、市政府出台《关于加快推进苏州区域金融中心建设的实施意见》，提出实施金融“十大工程”，全力推进区域金融中心建设，包括实施金融高地建设引领工程、实施金融总部资源集聚工程、实施多层次资本市场建设工程、实施科技与金融融合工程等。到 2017 年，苏州在第 9 期中国金融中心指数中的综合得分全国排名第 10，已成为国内重要的区域性金融中心之一。

5.3 进入新时代的苏州：立足实体、创新发展的金融中心

2017 年，习近平总书记在党的十九大报告中指出，“中国特色社会主义进入了新时代”。苏州全面开启社会主义现代化建设新征程，迎来长三角区域一体化、自贸区建设、金融业全面深化开放等历史性机遇。进入新时代以后，随着区域经济竞争加剧，各地都更加重视金融中心在区域经济发展中的地位和作用。面对激烈的区域金融竞争，苏州根据“以高质量金融服务高质量发展”的要求，认真开展“对标找差、再攀新高”与深圳、杭州、南京等金融先进地区进行高质量发展比较，深入找差距，加快推动苏州金融中心发展，使各项工作取得丰硕成果。

第一，金融高质量发展初见成效。2019 年，苏州金融业增加值 1581.74 亿元，同比增长 12.8%，占地区生产总值的 8.2%，占服务业增加值的

16.0%,已成为苏州国民经济支柱产业。金融机构总数达875家,其中持牌机构有431家,形成了以银行、证券、保险等传统金融机构为主,担保再担保、典当、商业保理、小贷、融资租赁、股权投资、金融中介等新型金融业态结合的基本架构;金融业综合实力保持全国前列。全市供给侧结构性去杠杆有序推进,防范金融风险攻坚战实现良好开局,在坚持金融创新、践行产融结合、维护金融生态稳定等方面取得较好成绩。

第二,服务小微企业融资亮点突出。2019年,苏州全市普惠小微企业贷款余额同比增长24.07%,较企业贷款整体增速高出了13.27个百分点。普惠型小微企业贷款户数为26.6万户,较年初增加5.7万户,增幅为27.3%。融资成本稳步下行,小微企业融资成本降幅明显。金融市场资金面较为稳定充裕,银行贷款利率呈现持续下降态势,小微企业利率降幅更为明显。2019年12月,苏州新发放6个月至1年期贷款的平均利率为5.36%,同比下降0.22个百分点;同期,全市票据贴现利率为2.99%,同比下降0.56个百分点;金融机构新发放1年期小微企业贷款的加权平均利率为5.18%,同比下降0.24个百分点,其中微型企业利率同比下降0.34个百分点,较大中型企业多下降0.06个百分点。

第三,资本市场发展持续突破。围绕多层次资本市场建设主线,苏州积极推进企业利用资本市场做强做优。目前,苏州上市挂牌企业数量位居全国城市前列,初步形成了"苏州板块",简要概括为"五四三"。2019年底,苏州共有境内外上市公司153家,其中境内A股上市公司120家,居全国第5位,数量仅次于北京、上海、深圳、杭州;累计"新三板"挂牌企业549家,目前存量挂牌企业341家,居全国第4位,数量仅次于北京、上海、深圳;6家企业成功登录科创板,占全部科创板企业数量的9%,仅次于上海、北京,与深圳并列全国第3位。

第四,金融服务创新持续深入。综合金融服务体系不断完善,综合金融服务平台企业累计4万多家,共为1.45万家企业解决4.9万多笔融资需求,金额达6600多亿元,其中信用贷款超1400亿元,6200多家企业获得了超过200亿元"首贷"资金。"信保贷"帮助3500多家企业获得超过239亿元银行授信。征信体系试验区建设深入推进,全国首个"小微企业数字征信实验区"正式获人民银行总行批复同意设立,并要求在全国复制推广"苏州模式”。线下金融服务顾问“百行千人进万企”工作启动，金融机构通过对企业的实地走访实现金融供给与企业需求的匹配转化，形成“线上+线下”一体化综合金融服务体系，切实提升企业金融服务的获得感、满意度。

第五，金融生态环境持续优化。苏州坚持将防控金融风险放在首位，全市上下坚决打好防范化解金融风险攻坚战，加强风险监测预警和协调处置，使金融风险得到有效控制，金融生态环境持续优化，金融市场保持规范有序。在江苏省率先上线“金融风险大数据监测预警平台”，实现对 3.6 万家投资理财类企业开展监测预警。推动将非法金融活动排查纳入社会治安综合治理网格化体系，并开展常态化摸排。开展多层次宣传教育活动，营造良好氛围。开展多种形式打非处非集中宣传活动及投资者教育活动，受众超过千万人次。

第六章　苏州金融中心竞争力评价

金融中心是金融资本、机构、人才、市场等各类金融资源集聚的场所。建设金融中心有利于聚集、整合和调配金融资源，进而聚集、整合和调配各类市场资源，是提升城市核心功能和竞争力的重要手段。苏州自 2010 年入选第二期 CFCI 评价榜单以来，金融中心竞争实力长期保持全国 28 个区域金融中心前十位，金融业整体发展水平在国内处于中上游地位。

6.1　综合竞争力：得分保持稳步增长，排名稳居区域金融中心十强

苏州金融中心综合竞争力保持稳步增长态势，近年来得分增长开始提速。本期 CFCI 评价结果显示，苏州金融中心综合竞争力得分 49.67 分，较上一期得分增长 11%左右。自 2010 年进入 CFCI 评价榜单以来，十年间苏州金融中心综合竞争力得分累计增幅达到了 74%。值得注意的是，苏州金融中心整体发展有所加速，近三年综合竞争力得分复合增速较过去十年高出 1.6%，金融中心综合竞争力长期向上增长的态势更加明显（见图 6-1）。

苏州综合竞争力排名稳居区域金融中心前十位，区域金融中心地位凸显。本期 CFCI 评价结果显示，苏州金融中心综合竞争力排名全国第 12，在 28 个区域金融中心中排名第 9，较上一期提升 1 个名次。其中，金融产业绩效、金融机构实力、金融市场规模和金融生态环境四大分项均排 28 个区域金融中心前十位。过去十年间，苏州在 28 个区域金融中心 CFCI 历次排名中均进入了前十行列，曾 7 次保持第 7、第 8，具备较强的金融中心发展竞争优势（见表 6-1）。

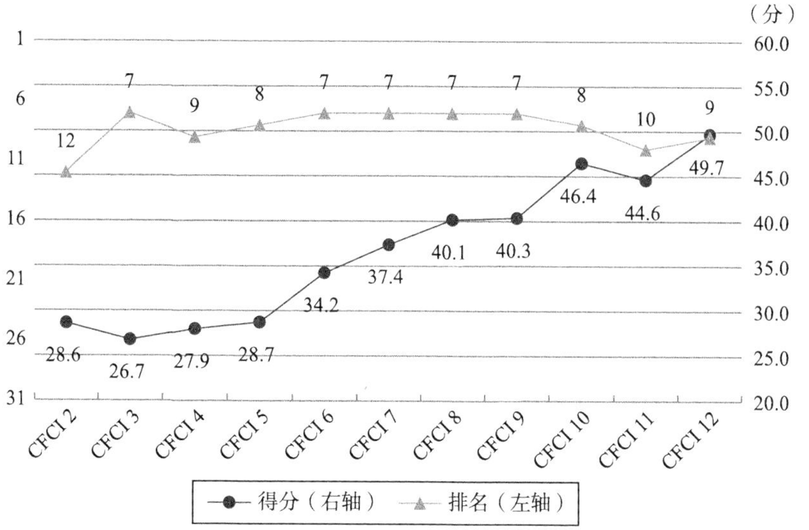

图 6－1　苏州 CFCI 历期综合得分及在 28 个区域金融中心中的排名

表 6－1　苏州在 CFCI 12 中的得分与排名

序号	项目	得分	全国排名	28 个区域金融中心排名
1	综合竞争力	49. 67	12	9
2	金融产业绩效	80. 50	12	9
3	金融机构实力	29. 21	13	10
4	金融市场规模	11. 06	10	7
5	金融生态环境	85. 18	10	7

不过,苏州金融中心综合竞争力与排名领先的区域金融中心间的差距依旧明显。特别是与广州、成都、杭州等区域金融中心相比,苏州金融中心部分领域处于明显劣势地位。一是在金融产业绩效方面,金融从业人员和金融业务相对水平显著低于 28 个区域金融中心的平均水平;二是在金融机构实力方面,整体显著偏弱,本地法人金融机构数量明显偏少,牌照不全、资本实力和全国影响力相对较弱;三是在金融市场规模方面,以区域股权交易市场为代表的区域要素交易市场发展明显不足;四是在金融生态环境方面,教育、医疗、专业中介服务以及城市影响力等与排名领先城市存在较大差距(见表 6-2)。

表6-2 苏州金融中心综合竞争力分项在28个区域金融中心的地位

指标	苏州得分	28个区域金融中心平均得分	在28个区域金融中心排名	评价结果
综合竞争力	49.67	44.86	9	强于平均
(一)金融产业绩效	19.62	17.99	9	强于平均
金融业增加值	8.89	7.01	7	大幅领先
金融从业人员	1.87	2.56	21	相对劣势
金融业务规模	4.46	3.25	6	大幅领先
业务相对水平	4.39	5.16	23	相对劣势
(二)金融机构实力	8.48	7.97	10	强于平均
银行类机构	3.40	3.69	15	弱于平均
证券类机构	1.64	1.91	13	弱于平均
保险类机构	0.18	0.50	15	相对劣势
地方性金融机构	3.26	1.87	4	大幅领先
(三)金融市场规模	2.70	1.72	7	强于平均
上市水平	2.24	0.79	2	大幅领先
直接融资水平	0.46	0.22	4	大幅领先
区域股权市场	0	0.70	24	相对劣势
(四)金融生态环境	18.86	16.91	7	强于平均
教育环境	1.11	1.65	23	相对劣势
医疗卫生	1.38	1.87	26	相对劣势
城市环境	1.87	1.99	14	弱于平均
生活质量	2.10	2.27	24	相对劣势
经济基础	3.90	2.80	2	大幅领先
专业服务	0.72	1.01	19	相对劣势
政策环境	2.09	1.88	9	强于平均
地方风险控制	2.70	1.33	2	大幅领先
机构国际化	0.62	0.46	7	大幅领先
经济外向度	2.08	1.04	3	大幅领先
国际影响力	0.28	0.60	16	相对劣势

6.2　金融产业绩效：得分表现优于区域平均，产业规模优势凸显

见表6-3，苏州的金融产业绩效得分表现优于28个区域金融中心平均水平，规模类指标比较优势明显。本期CFCI评价结果显示，苏州金融产业绩效分项得分为80.50分，全国排名第12，28个区域金融中心排名第9，高于同期区域金融中心平均得分9%左右。其中，金融业规模比较优势较为突出。截至2019年底，苏州金融业增加值达到1582亿元，总量规模在28个区域金融中心中排名第6，仅次于广州、天津、重庆、成都和杭州。金融业务总量指标的规模优势也十分突出，银行、证券、保险主要业务规模指标均进入区域金融中心前十位，且大幅领先28个区域金融中心平均水平。

表6-3　苏州金融产业绩效主要指标在28个区域金融中心的地位

指标		苏州	28个区域金融中心平均	苏州在28个区域金融中心中排名	指标差异幅度/%	评价结果
金融业增加值	金融业增加值/亿元	1582	987	6	60	大幅领先
	三年平均增长率/%	8.30	6.83	5	22	小幅领先
	占GDP比重/%	8.22	9.22	18	-11	小幅落后
金融从业人员	单位金融从业人员/万人	6.7	8.1	17	-17	小幅落后
	三年平均增长率/%	3.80	6.20	16	-39	大幅落后
	占常住人口比重/%	0.63	0.83	23	-24	大幅落后
金融业务规模	本外币存款余额/亿元	33705	22625	6	49	大幅领先
	本外币贷款余额/亿元	30880	21922	8	41	大幅领先
	本地证券交易量/亿元	53000	45387	8	17	小幅领先
	保费收入/亿元	711	526	8	35	大幅领先

续表

指标		苏州	28个区域金融中心平均	苏州在28个区域金融中心中排名	指标差异幅度/%	评价结果
业务相对水平	本外币存款余额与GDP之比/%	175	213	22	-18	小幅落后
	本外币贷款余额与GDP之比/%	161	210	25	-23	小幅落后
	本地证券交易量与GDP之比/%	276	418	20	-34	大幅落后
	保险深度	3.69	4.98	25	-26	大幅落后
	保险密度/元/人	6609	5332	6	24	小幅领先

图6-2　2009—2019年苏州金融业规模指标历年情况

见图6-2、图6-3,金融产业规模实现跨越式增长,金融产业支柱地位凸显。从金融业自身发展的具体指标来看,十年间苏州金融业增加值由2009年的392亿元增长到2019年的1582亿元,累计增幅达到304%,年均复合增长率高达15%;金融业增加值占GDP比重由5.1%上升到8.2%,提升了3.1个百分点,金融业已成为苏州重要的支柱产业。

图 6－3 2009—2019 年苏州存贷款余额历年发展情况

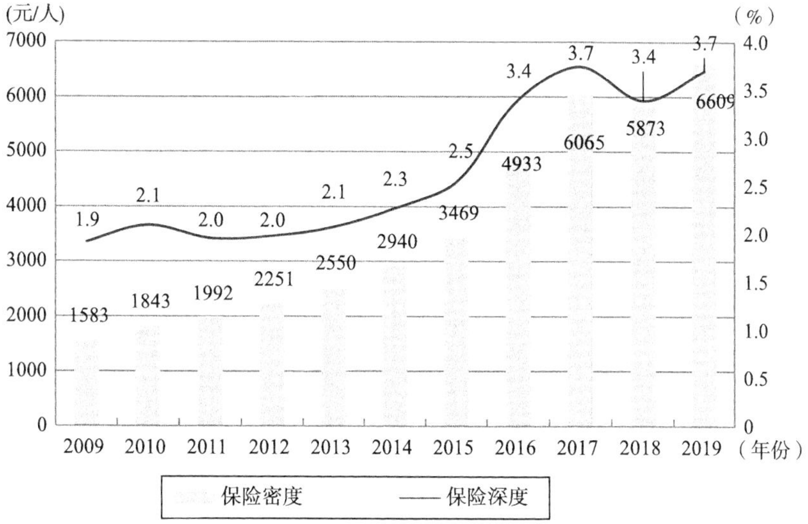

图 6－4 2009—2019 年苏州保险业历年发展情况

产业发展效益提升明显，金融业务规模大幅扩大。苏州金融机构本外币存款余额由 2009 年的 11451 亿元增长到 2019 年的 33705 亿元，累计增幅 194%，年均复合增长率为 11%；金融机构本外币贷款余额由 2009 年的 9032 亿元增长到 2019 年的 30880 亿元，累计增幅 242%，年均复合增长率为 13%；保费收入由 2009

年的148亿元增长至2019年的711亿元,累计增幅380%,年均复合增长率为17%;保险密度则由2009年的人均1583元提升到2019年的人均6609元,累计增幅317%;保险深度由1.9%提升到3.7%,累计提升1.8个百分点(见图6-4)。

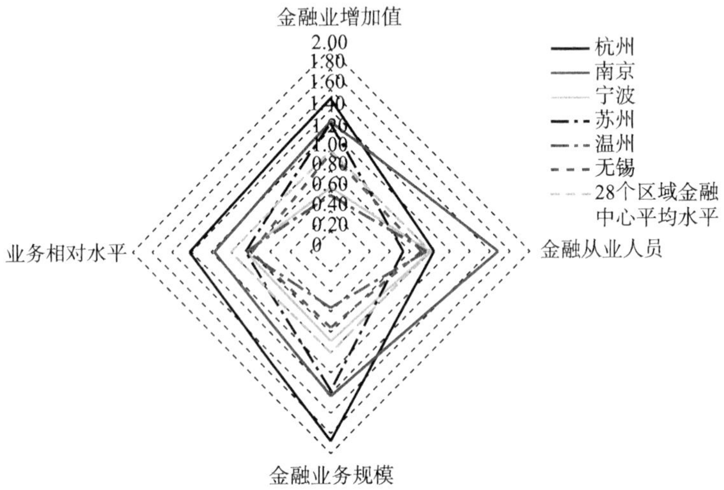

图6-5　东部沿海地区各区域金融中心金融产业绩效分领域比较

相对东部沿海地区排名领先的金融中心,苏州在金融从业人员和金融业务相对水平方面表现不足。在金融从业人员方面,截至2018年,苏州单位金融从业人员数量为6.7万人,同期28个区域金融中心平均为8.1万人,从业人员近三年平均增速仅为3.8%,低于区域平均水平2.4个百分点,无论是人员总量,还是增长速度均处于区域金融中心相对靠后位置,两者分别排名仅第17和第16。在金融业务相对水平方面,2019年苏州保险密度仅为3.7%,保险深度显著低于区域平均水平,在28个区域金融中心仅排第25位(见图6-5)。

6.3　金融机构实力:法人机构规模显著提升,私募基金比较优势突出

见图6-6、图6-7,金融机构综合实力提升加速,但法人机构体系有待完备。本期CFCI评价结果显示,苏州金融机构实力得分为29.21分,全国排名第13,28个区域金融中心排名第10,本期得分增长提速明显,一跃超过28个区域

金融中心的平均水平。截至 2019 年底,苏州共有主要类型持牌金融机构 14 家,其中法人商业银行 6 家、法人信托公司 1 家、法人财务公司 4 家、法人证券公司 1 家、法人期货公司 1 家、法人保险公司 1 家。不过,苏州的法人金融机构体系还有待进一步完备。十年来,苏州主要类型持牌法人金融机构数量仅新增了 2 家,公募基金、消费金融、汽车金融等领域尚未实现零的突破。

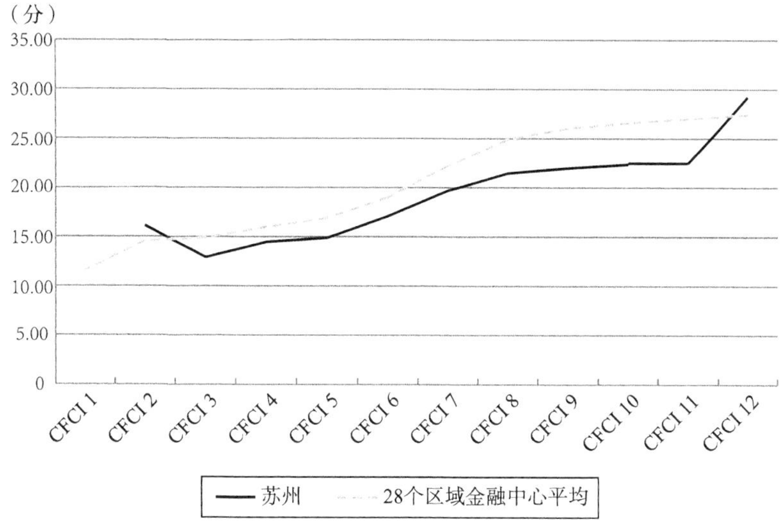

图 6－6　苏州金融机构实力得分与 28 个区域金融中心平均水平比较

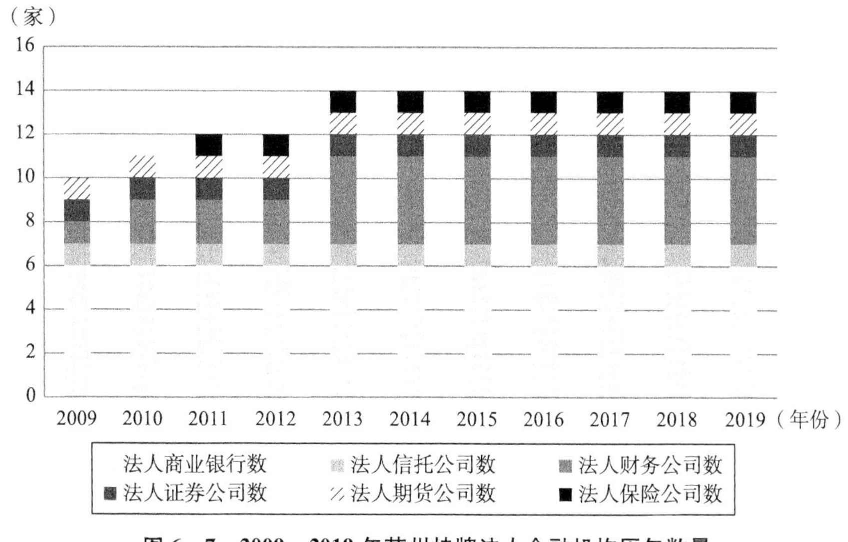

图 6－7　2009—2019 年苏州持牌法人金融机构历年数量

法人金融机构规模提升显著,但品牌实力和影响力还不够突出。截至2019年底,苏州共有6家法人商业银行(1家城市商业银行和5家农村商业银行),法人商业银行资产规模达到9286亿元,十年来累计增长538%,年均复合增长率为20%。在法人证券类机构方面,苏州拥有1家法人证券公司,资产规模由176亿元扩大到842亿元,十年累计增幅424%,年均复合增长率为18%。在法人保险类机构方面,苏州拥有1家法人寿险公司,近五年资产规模由71亿元增至171亿元,累计增幅达到141%,年均复合增长率为19%。不过,当前苏州的法人金融机构品牌实力和影响力还不够突出,缺少资本实力突出、业务能力强,具有全国影响力的金融企业,尚无1家本地商业银行、证券公司或保险公司进入全国行业规模前十行列(见表6-4)。

表6-4　法人金融机构资产规模排名全国前十归属地

排名	商业银行	注册地	证券公司	注册地	保险公司	注册地
1	工商银行	北京	中信证券	深圳	中国人寿	北京
2	建设银行	北京	银河证券	北京	平安人寿	深圳
3	农业银行	北京	中国国金	北京	大家人寿	北京
4	中国银行	北京	招商证券	深圳	太平洋人寿	上海
5	交通银行	上海	申万宏源	上海	新华人寿	北京
6	邮储银行	北京	华泰证券	南京	泰康人寿	北京
7	招商银行	深圳	海通证券	上海	中国人民财险	北京
8	兴业银行	福州	国泰君安	上海	太平人寿	上海
9	浦发银行	上海	广发证券	广州	华夏人寿	天津
10	中信银行	北京	东方证券	上海	富德生命人寿	深圳

见图6-8、表6-5,地方金融组织发展良好,私募投资机构实力突出。从分领域来看,除地方金融组织外,苏州在银行、证券、保险三大类法人金融机构实力方面均弱于区域金融中心平均水平,较杭州、南京等发展领先地区的差距尤为明显。相对来说,苏州在地方金融组织发展方面具备一定的比较优势,特别是在私募投资机构方面表现突出。截至2019年底,苏州共有登记备案的私募基金管理人409家,私募基金1421家,两者数量均居于区域金融

中心第5位,大幅领先区域金融中心平均水平;小额贷款公司96家,数量排28个区域金融中心第4位;融资租赁机构96家,数量排28个区域金融中心第9位。

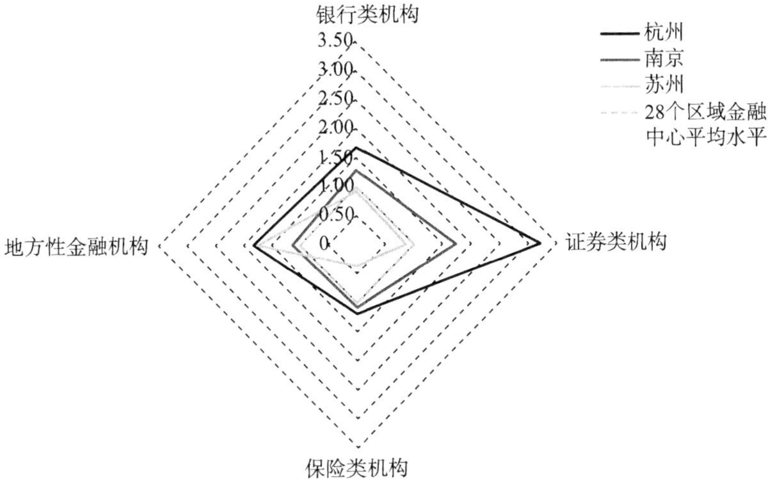

图6-8　苏州金融机构实力与其他区域金融中心比较

表6-5　苏州金融机构实力在28个区域金融中心的相对地位

指标	苏州	28个区域金融中心平均	苏州在28个区域金融中心的排名	指标差异幅度/%	评价结果
本地法人商业银行数量/家	6.0	6.2	15	-3	趋于平均
本地法人商业银行资产规模/亿元	9286	14719	15	-37	大幅落后
本地法人证券公司数量/个	1.0	1.7	16	-40	大幅落后
本地法人证券公司资产规模/亿元	962	1053	10	-9	趋于平均
本地法人期货公司数量/家	1.0	2.4	18	-59	大幅落后
本地法人期货公司资产规模/亿元	10	60	17	-84	大幅落后
本地法人保险公司数量/家	1.0	2.0	15	-51	大幅落后

续表

指标	苏州	28个区域金融中心平均	苏州在28个区域金融中心的排名	指标差异幅度/%	评价结果
本地法人保险公司资产规模/亿元	171	623	9	-73	大幅落后
私募基金管理人数量/家	409.0	284.4	5	44	大幅领先
私募基金数量/只	1421.0	847.2	5	68.0	大幅领先
小额贷款公司数/家	96.0	58.7	4	64	大幅领先
融资租赁公司数/家	96.0	136.6	9	-30	相对劣势

6.4 金融市场规模:分项得分小幅增长,资本市场利用表现亮眼

由于缺少全国性金融市场,苏州金融市场规模得分增长表现一般。本期CFCI评价结果显示,苏州金融市场规模得分为11.06分,全国排第10位、28个区域金融中心排第7位,得分较上一期增长1.81分。受国家政策影响,我国全国性金融市场主要布局在上海、北京、深圳、大连、郑州等少数城市。其中,上海占据货币市场、债券市场、股票市场、外汇市场、期货市场等绝大多数市场,深圳依托深交所占据股票市场与债券市场,北京依托"新三板"占据股票市场,大连和郑州依托商品交易所占据期货市场。因此,苏州在金融市场方面可以作为的领域十分有限,在市场体系建设方面较难突破,仅能在地方要素交易市场方面寻找发展空间(见表6-6)。

表6-6 全国性金融市场分布情况

项目		上海	深圳	北京	其他城市
货币市场		√	×	×	×
债券市场	交易所债券市场	√	√	×	×
	银行间债券市场	√	×	×	×

续表

项目		上海	深圳	北京	其他城市
股票市场	主板市场	√	√	×	×
	中小板市场	×	√	×	×
	创业板市场	×	√	×	×
	科创板市场	√	×	×	×
	“新三板”市场	×	×	√	×
期货市场		√	×	×	大连、郑州
黄金市场		√	×	×	×
外汇市场		√	×	×	×

资本市场利用表现亮眼，苏州上市公司和直接融资水平远超区域平均水平。尽管在金融市场平台建设方面难有突破，但苏州凭借强大的资本市场利用能力，上市公司发展水平和直接融资水平大幅领先28个区域金融中心的平均水平，上市挂牌公司数量和股票市场融资规模均位居全国前列。截至2019年底，苏州在国内A股市场的上市公司数量达到了120家，在28个区域金融中心排第2位；“新三板”挂牌公司数量达到341家，在28个区域金融中心排第1位；年度新增IPO公司数量达到14家，新增数量在28个区域金融中心排名第1；在A股市场累计融资额达到了2752.00亿元，融资规模在28个区域金融中心排第4位；年度新增直接融资额达到了191.87亿元，在28个区域金融中心排第3位（见表6-7、图6-9）。

表6-7　苏州资本市场利用水平在国内区域金融中心的相对地位

指标	苏州	28个区域金融中心平均	苏州在28个区域金融中心的排名	指标差异幅度/%	评价结果
本地A股上市公司数/家	120	51.2	2	134	大幅领先
“新三板”挂牌公司数/家	341	122.5	1	178	大幅领先
年度新增IPO公司数/家	14	3.2	1	340	大幅领先
在A股市场累计融资额/亿元	2752.00	1305.20	4	111	大幅领先
年度新增直接融资额/亿元	191.87	91.00	3	107	大幅领先

相对来说,区域股权市场是苏州当前金融市场建设的短板。由于全国性金融市场建设运营的决策权在中央,地方性交易市场成为地方政府少数几个可以有自主决策的领域。随着国务院清理整顿地方交易场所规定的实施,目前省级行政区原则上只能存在一家区域股权交易平台。当前,江苏省的区域股权交易平台设置在南京。因此,苏州在当前政策背景下,短期内很难在区域股权交易市场方面有所突破。

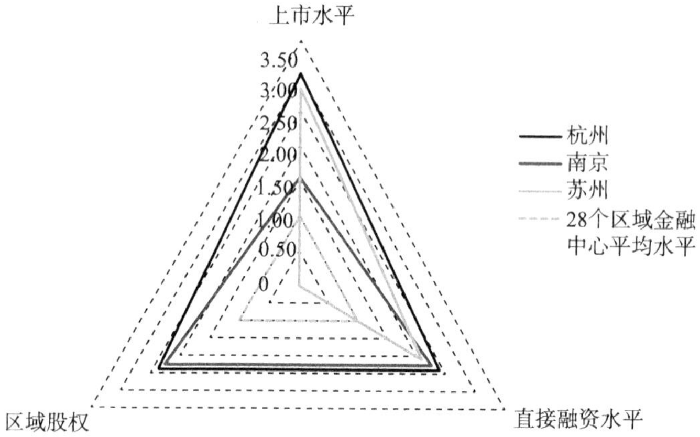

图 6-9　苏州金融市场规模与其他区域金融中心比较

6.5　金融生态环境:保持长期增长态势,分项排名全国前十

金融生态环境保持长期向好改善态势,分项排名稳居前十行列。本期 CFCI 评价结果显示,苏州金融生态环境得分为 85.2 分,较上一期小幅增长,整体排名位列全国第 10、区域金融中心第 7。自 CFCI 2 以来,苏州金融生态环境得分累计增长 30.2 分,累计增幅为 55%,高于同期 28 个区域金融中心平均水平 12 个百分点,两者基本保持同步上升趋势。可以看到,苏州金融生态环境保持稳步改善的趋势长期不变,得分呈现比较稳定的增长态势(见图 6-10)。

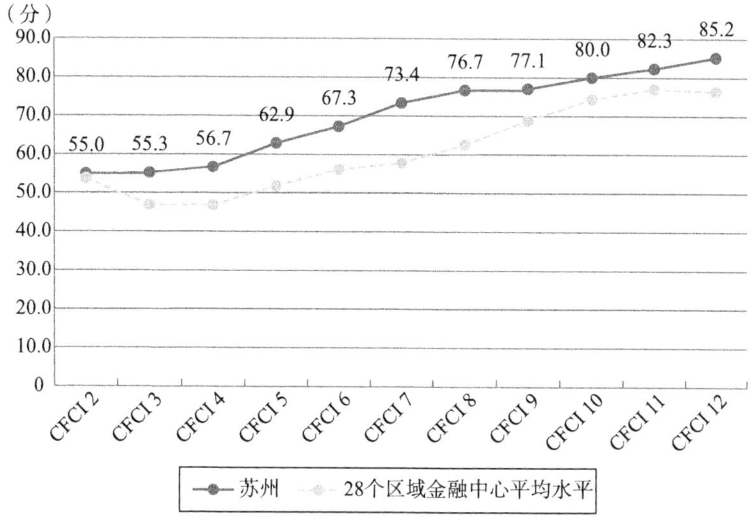

图 6－10　苏州金融生态环境得分与区域金融中心平均水平比较

金融商业环境和国际化程度是苏州金融生态环境的比较优势所在。其中，经济基础、地方风险控制、机构国际化、经济外向度等四个方面大幅领先区域金融中心的平均水平。在经济基础方面，2019 年苏州 GDP 达到 19236 亿元，人均 GDP 达到 17.9 万元，在 28 个区域金融中心中分别排第 3 位和第 2 位。在地方风险控制方面，苏州的地方政府负债率、债务率以及地方银行业不良贷款率的控制水平十分优秀，三项指标在 28 个区域金融中心排名分别为第 2、第 2 和第 1。在金融机构国际化方面，苏州的外资金融机构营业性机构数量和驻华代表处数量分别达到了 27 家和 5 家，在区域金融中心分别排第 10 位和第 2 位。在经济外向度方面，2019 年苏州的进出口总额在区域金融中心排第 1 位，国际旅游外汇收入和实际利用 FDI 总额在区域金融中心排名分别为第 5 和第 9（见表 6-8、图 6-11）。

表 6－8　苏州金融生态环境的比较优势领域

金融生态环境	主要指标	苏州	28 个区域金融中心平均值	在 28 个区域金融中心中排名	指标差异幅度/%
经济基础	地区生产总值/亿元	19236	10807	3	78
	人均地区生产总值/元	178938	110930	2	61
	GDP 增速/%	5.6	6.6	23	-15

续表

金融生态环境	主要指标	苏州	28个区域金融中心平均值	在28个区域金融中心的排名	指标差异幅度/%
地方风险控制	地方政府负债率/%	12.0	78	2	552
	地方政府债务率/%	104	840	2	708
	银行业不良贷款率/%	0.65	1.9	1	191
金融机构国际化	外资金融机构营业性机构数/家	27	22	10	23
	外资金融机构驻华代表处数/家	5	1	2	268
经济外向度	当年实际利用FDI总额/亿美元	46.2	36	9	29
	当年进出口总额/亿美元	3190.9	623	1	412
	当年国际旅游(外汇)收入/亿美元	25.2	13.0	5	95

注:地方风险控制指标为逆向指标,数值越小越好。

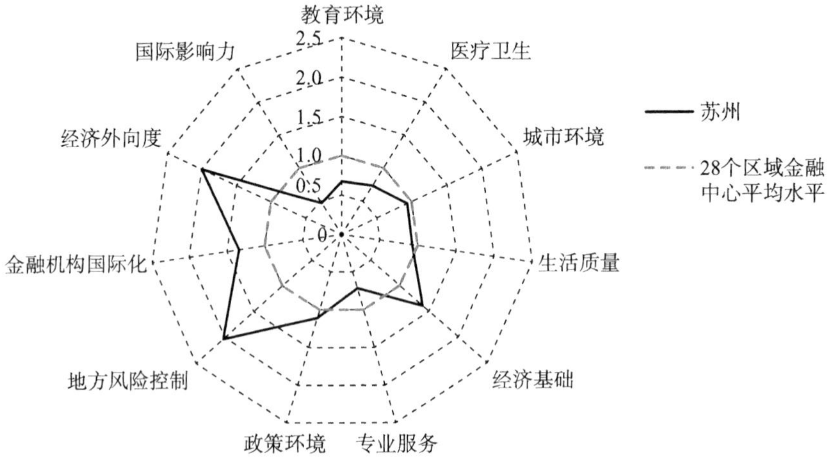

图6-11 苏州金融生态环境分领域同28个区域金融中心的平均水平比较

相对来说，金融人才环境是苏州金融生态比较的劣势所在。与金融人才环境息息相关的教育环境、医疗卫生、城市环境和生活质量四个方面，均弱于区域金融中心的平均水平。其中，教育环境相对劣势更为突出，与28个区域金融中心的平均水平分差达到了33%。具体来看，苏州的高等院校数量相对偏少，2019年底共有24所普通高等院校，数量排第23，同期28个区域金融中心的平均水平为44所；在校大学生数量明显低于其他区域金融中心，2018年底苏州在校大学生人数不足24万人，区域金融中心排名第23，同期28个区域金融中心的平均水平约为55万人，人数相差30多万人。与此同时，在金融人才关心的子女基础教育资源方面，苏州的表现也并不优秀，每所普通中学专任教师负担学生数和每所小学专任教师负担学生数在区域金融中心分别排第14位和第17位（见表6-9）。

表6－9　苏州金融生态环境在教育环境方面的比较

金融生态环境	主要指标	苏州	28个区域金融中心平均值	在28个区域金融中心的排名	指标差异幅度/%
教育环境	普通高等学校在校学生数/万人	23.56	54.58	23	-57
	普通高等学校数/所	24.00	44.18	23	-46
	"双一流"高校数/所	1.00	3.86	21	-74
	每所普通中学专任教师负担学生数/人	11.52	11.81	14	3
	每所小学专任教师负担学生数/人	18.66	18.15	17	-3

注：每所普通中学的专任教师负担学生数和每所小学的专任教师负担学生数为逆向指标，数值越小越好。

第七章　苏州银证保行业发展

近年来，面对国内外风险挑战明显增加的复杂局面，苏州金融业坚持稳中求进，围绕高质量发展，抢抓长三角一体化、自贸区建设、金融业对外开放等国家战略叠加机遇，切实发挥银行业、证券业和保险业等传统金融业的“现代经济核心”“实体经济血脉”作用，不断提升金融服务实体经济能力，在为经济社会发展提供支撑的同时实现了自身的加速发展。

7.1　银行业：金融科技推动业务升级，实体经济信贷支持有力

银行业是苏州金融业的支柱产业，在推动金融供给侧结构性改革、支持实体经济发展方面发挥着重要作用。截至2019年底，苏州共有银行业金融机构68家，其中国有银行8家，股份制商业银行和城市商业银行19家，农村商业银行9家，村镇银行6家，外资银行(含代表处)20家，非银行金融机构7家；银行业资产总额3.97万亿元，同比增长8.56%；本外币存款新增3175.58亿元，余额3.37万亿元，占江苏省本外币存款总额的21.45%；贷款新增3380.97亿元，余额3.09万亿元，占全省的22.85%；不良贷款率0.65%，较年初下降0.07个百分点，低于江苏省平均水平0.39个百分点。

第一，“金融活水”提升实体经济服务能力。苏州落实稳健的货币政策和差别化信贷政策，深入实施金融服务实体经济融资畅通工程，加大对中小微企业信贷融资力度，建立了“金融服务顾问”制度，与线上平台形成合力，形成良好的“线上+线下”银企互动环境。2019年，全市私人控股企业、普惠小微企业贷款较上年分别增加425.5亿元和127.9亿元，惠及小微企业26.6万户。同时，为进一步降低实体企业融资成本，苏州积极推动再贴现、再贷款工具的创新，截至2020年12月底，“信e贴”票据融资服务平台累计办理

票据贴现 25.66 亿元,平均贴现利率 2.88%。“信 e 贷”产品自 11 月初上线以来,累计发放纯信用贷款 1350 万元,加权平均利率 5.46%。与园区海关共同创设“关助融”产品,至 12 月底,53 家企业完成授信,审批金额达 41.1 亿元。直接债务融资工具业务稳步发展,全年共发行银行间市场债务融资工具 857.05 亿元,全省排名第 2。

第二,“科技赋能”推动商业银行转型升级。苏州持续推进金融科技发展,积极向上争取金融科技创新监管试点资质,成立苏州市金融科技协会,推动金融科技业态创新发展。在金融科技发展战略引导下,苏州各商业银行加大金融科技创新试点力度,通过物联网、大数据、人工智能等技术促进商业模式转型,提供更优质的金融服务。其中,全市 9 家银行通过物联网技术向 84 家企业授信超过 11 亿元;建设银行成立苏州大数据实验室,筹建建信金融科技苏州公司、苏州金融科技公司,并将总行科技金融服务中心、科技金融产品创新试验基地落户苏州;苏州银行搭建人工智能(AI)基础平台及生物感知平台,提升机器学习与生物识别能力,并应用于多个金融服务场景;中国银行在场景建设、数字货币、创新实验室建设上取得实质性突破,促进技术与场景、业务与科技的深度融合,为营销和获客模式转型提供科技支撑。

第三,“自贸金融”助力银行开放发展。自贸区建设致力于打造对外开放新高地,是融入全球化、带动全国新一轮成长的重大举措。苏州银行业金融机构依托苏州自贸区建设重大机遇,积极筹建自贸区专营机构,推进自贸区特色金融服务,以此提升机构对外开放水平。其中,交通银行苏州分行成立交通银行江苏自贸试验区苏州片区支行,结合自贸区“中新”区域特色制定涵盖跨境金融服务、金融市场业务、创新系统平台搭建、支持服务区内重点产业等服务领域的特色化金融服务方案,持续发挥对自贸区发展的金融支持作用;苏州银行设立自贸区支行,与苏州工业园区管委会签署苏州建行支持江苏自贸试验区苏州片区合作协议,落地自贸区首单“供应链”融资,积极推进苏州片区“关助融”助企增信扩融项目。

7.2 证券期货业:机构转型创新活跃,有力推动"苏州板块"做大做强

面对复杂多变的经济金融形势,苏州证券期货业以资本市场改革为契机,推动机构创新转型发展,扶持中小企业对接资本市场,不断提升市场竞争能力。根据苏州证券同业公会统计,截至2019年底,苏州共有法人证券公司1家、证券公司分公司21家、证券营业部218家,全年证券交易额5.28万亿元,累计资金账户数281.89万户,托管市值6479亿元;法人期货公司1家、期货营业部41家,全年期货交易金额4.11万亿元,累计资金账户7.4万户,保证金余额30亿元,全年证券期货行业整体实现较快增长。

第一,推动经纪业务向财富管理业务转型。苏州证券业机构把握2019年沪、深两市成交活跃,股指稳步上涨机遇,稳步推进经纪业务转型。其中,东吴证券通过智能投顾、智能业务办理、智能风控、智能客服等科技手段,推动经纪业务数字化转型,初步完成金融产品体系化和货架化的搭建、标准化营销与服务团队的组建,形成了产品、营销以及服务三位一体联动模式,产品销售额破历史纪录,公募基金和私募产品销售总额突破20亿元,为经纪业务向财富管理业务转型奠定了良好基础。

第二,积极发展投资银行业务。苏州证券业机构持续为客户提供企业金融服务,推动股票承销与保荐、债券承销、"新三板"业务、并购重组、其他财务顾问、金融创新服务等投资银行业务稳步增长。其中,股权融资业务实现较大发展,2019年全市IPO融资额创新高,企业IPO融资191.9亿元(境内A股上市融资125.7亿元,境外上市融资66.2亿元)。通过上市公司再融资(62.6亿元)、"新三板"企业再融资(8.2亿元)、发行公司债(569.5亿元)等方式,全年从资本市场募集资金达832.2亿元,为企业转型升级、持续再发展提供了有力的资金支持。在债券融资方面,东吴证券全年主承销各类债券74单,总发行规模达到926.2亿元,各类债券总承销规模居行业第24位,其中公司债券和企业债券承销规模分别居行业第14位和第21位。在根据地市场,东吴证券公司债及企业债承销规模居江苏省内市场第1位,并在苏州市、徐州市以及南通市市场居第1位,在无锡市市场居第3位。

第三,加强创新产品业务探索。苏州证券业机构不断加强对创新业务领域的探索、推动与实践,积极服务实体经济发展、国家战略发展需要。其中,东吴证券获得信用保护工具业务资格,并成功创设全国首批以创新创业公司债为标的("19 龙腾 01"及"19 京源 01")的信用保护工具,为创新创业企业融资服务。同时,东吴证券还联合中证金融公司成功创设全国首单绿色债券信用保护工具、全国规模最大民企债券融资支持工具——东方盛虹公司债券信用保护合约。此外,东吴证券还成功发行包钢供应链 ABS、广西西江扶贫债、吴中国太绿色债、吴江盛泽绿色债等债券市场创新品种,以创新践行国家扶贫发展战略及绿色发展战略。

第四,加快推动资本市场"苏州板块"做大做强。苏州鼓励证券业机构发挥专业优势,通过提供全方位、全产业链、全生命周期的金融服务更好地满足企业资本市场的上市融资需求。同时,通过加强组织协调、加大扶持力度、培育后备梯队、融合服务资源等举措,积极推进企业利用资本市场做强做优。2019 年,资本市场"苏州板块"稳步壮大,全年新增境内外上市公司 21 家(其中境内 A 股上市公司 14 家),单年新增上市公司数量创历史新高。2019 年末,全市境内外上市公司达 153 家,其中境内 A 股上市公司 120 家,居全国城市第 5 位;"新三板"挂牌企业 341 家,保持全国城市排第 4。境外上市取得新成效,抢抓香港联合交易所 IPO 新规契机,推动一批国际化经营水平高、熟悉海外资本市场的企业"走出去",全年 7 家公司实现香港联交所上市。

7.3 保险业:业务发展提质增效,全面服务实体经济风险保障

近年来,苏州保险业进中提质,全市各大保险公司坚持以客户需求为导向,不断创新保险产品和服务,为客户提供全方位的风险保障服务,推动苏州经济高质量发展。截至 2019 年底,苏州共有保险公司主体 86 家,其中财产险公司 35 家、人身险公司 51 家;中资公司 59 家、外资公司 27 家。全市共有保险总公司 1 家,保险公司分支机构 863 家。2019 年,全市累计实现保费收入 710.46 亿元,同比增长 12.82%,保险赔款与给付 186.48 亿元,同比增长 2.86%。2019 年全市保险深度约 3.7%,保险密度 6626 元/人,保险业为

全市财产和人身安全提供总额约 37.8 万亿元的保险保障。

第一,科技保险助力科技企业迅速成长。保险业通过苏州“信保贷”“科技贷”等平台累计支持小微企业获贷超过 40 亿元。人保财险成立全国首家科技保险支公司,设立全国唯一“投贷保”联动基金以及全国首创知识产权质押融资模式,依托“信保贷”“科贷通”以及人保(苏州)创投基金等平台,着力破解中小微科技企业融资难题。2019 年已帮助 895 家企业融资 26.7 亿元,中小微企业信用贷款融资成本从 10%以上下降到 7%以下。同时,聚焦助力本土企业开拓市场,运用信用保险、产品责任险、质量保证险等保险产品改变传统交易模式,增强企业信用,降低收汇风险,实施买家管理,切实帮助企业获得订单,开拓国内、国际两大市场。

第二,特色金融创新助力保障和改善民生。近几年,苏州保险业积极探索特色金融创新模式,为“三农”、小微企业提供民生保障服务,获得较好社会反响。一是稳步开展重要农产品收入(价格)保险国家级试点,在张家港和常熟分别开展水稻收入保险和生猪价格指数保险试点,累计承保水稻 10.6 万亩,提供风险保障 7417 万元;完成生猪价格指数保险验收,累计承保生猪 1.83 万头,提供风险保障 1830 万元。二是推进苏州工业园区个人税收递延型商业养老保险试点,逐步探索形成长护险实施的“苏州样本”。截至 2020 年上半年,累计实现保单 2396 件,保费收入 1894.4 万元,位居试点地区前列。三是长护险试点成效不断凸显。苏州作为长护险 15 个首批试点城市之一,第一阶段(2017—2019)试点效果明显,已基本形成具有苏州特色的长护险模式,现已进入试点工作第二阶段,社会效应不断扩大。

第三,社会风险管理创新助力社会治理体系完善。苏州保险业对接当前社会治理能力提升的需求,进一步运用“服务+保险”的思路,进行跨界合作和整合资源,深耕安全生产和环境污染等领域的风险管理,拓展社区管理、电梯安全等社会治理痛点,不断延伸保险服务的广度和深度。苏州率先在江苏全省八大高危行业领域强制实施安全生产责任险制度,2019 年责任保险保费收入 14.17 亿元,占江苏省责任保险保费总收入的 30.06%,提供风险保障 3.34 万亿元;2016 年至今累计实现责任险保费收入 63.13 亿元,占江苏省责任险保费的 29.22%。其中,在安全生产责任保险领域提供风险保障 259.80 亿元,同比增加 84.22%;环境污染、食品安全、电梯等领域的责任保险也在不断推广应用。

第八章　苏州地方金融组织发展

地方金融组织是区域金融产业体系的重要组成部分，是金融支持实体经济发展必不可少的环节，是配置金融资源、分散经济风险的有效渠道。近年来，苏州地方金融组织取得长足发展，地方金融监管改革顺利落地，地方金融机构资产规模大幅扩大，机构数量迅速增加，业务范围不断拓展，小额贷款、融资担保、商业保理法人机构数量、注册资本、业务规模均列江苏省第1位。地方金融组织的良好发展态势为苏州经济发展提供了有力支撑，为苏州建设区域性金融服务中心形成稳固保障。

8.1　私募股权：集聚发展态势明显，服务中小微企业成效突出

近年来，受到江苏省政府政策影响，加上苏州地区地理位置优越，地方政府亲商亲民，金融创新举措力度非常大，使私募股权投资行业发展迅速。截至2019年，苏州在中国证券投资基金业协会（以下简称中基协）备案私募基金管理人409家，管理基金1361只，管理基金规模（总资产）3745亿元；新增国家发改委备案创投企业10家，累计129家，备案数量约占全省的40%，涌现出一批在国内具有较高知名度的创投企业。苏州正在成为全国创业投资最活跃的地区之一。

第一，私募股权投资集聚效应凸显。根据中基协数据，苏州市已登记注册的私募基金管理人数量在全国城市排名第8，位居上游，私募股权投资机构已显现较强的集聚效应，是江苏省乃至东部沿海地区最为重要的私募股权投资中心之一（见表8-1）。

表 8-1 按注册地统计私募基金管理人排名前 10 位的城市

排序	城市	私募基金管理人数量/家	私募基金管理基金数量/只
1	上海	4686	23730
2	深圳	4527	14918
3	北京	4358	14749
4	杭州	1539	5401
5	广州	865	2935
6	宁波	857	2802
7	天津	473	1750
8	苏州	409	1421
9	成都	380	828
10	厦门	355	1082

第二,专项政策支持体系趋于完善。苏州先后出台了《关于促进创业投资持续健康发展的实施意见》《苏州股权融资服务平台奖励政策实施细则(试行)》和《苏州市加快推进产业资本中心建设行动计划(2020—2022 年)》等私募股权投资相关促进政策和行动计划。提出到 2020 年,苏州市创业投资基金规模达 2000 亿元,一批具有国际、国内竞争力和影响力的苏州创业投资品牌,一批引领行业创新发展的创业投资管理队伍,以及一批功能配套完善的创业投资集聚区相继形成。

第三,支持中小企业发展作用突出。为了解决中小企业面临的困境,由苏州市政府牵头,以苏州本土股权投资机构元禾控股作为主发起人,搭建了股权基金融资交易平台——苏州股权交易中心,为解决私募股权机构和中小企业融资对接渠道不畅通、信息不对称等问题提供了便捷渠道。苏州工业园区成立了国内首个并购基金小镇,引进了创业投资、股权投资、产业投资、证券投资等各类私募基金,主要定位于服务实体经济,为整个金融生态环境的优化,多个金融要素交易市场的构建进行了深入改革。目前,苏州地区私募股权基金主要投向新能源、消费服务等创新型或新兴产业方向,促进了中小企业的发展。

8.2　融资担保:整体保持平稳运行,实现规范有序发展

随着融资担保业的进一步成长和宏观经济环境的变化,融资担保业已成为地方金融体系中新兴的、不可或缺的重要行业,在推动国家和地方经济发展、促进中小企业成长、增加政府税收、增加就业等多方面发挥着重要作用。苏州融资担保行业一直保持着平稳的发展态势,有效缓解了中小企业"融资难、担保难"等问题。截至 2019 年,苏州融资担保公司 26 家,在保余额 217 亿元,在保客户 6177 户。

第一,推动龙头企业做大做强。引导担保机构充分认识各自的优势和不足,走优势互补、共同发展、规模经营之路。以市级担保公司为基础,引进战略投资,促进强强联合,整合担保资源,推动担保机构加速资本扩张,加快模式创新,培育了国发担保、农业担保等有规模、有品牌、有影响的担保龙头企业。

第二,行业步入规范有序发展阶段。《融资担保公司监督管理条例》及其配套制度正式颁布以后,维护了融资担保公司的持牌地位,银行须与取得担保资质的融资担保公司合作开展业务。特别是一些互联网金融服务机构,在新的要求下,按照"金融业务均须纳入监管""持牌经营"的原则探讨服务方案及审核合作机构资质,纷纷谋求与持牌融资担保公司合作,共同打造线上贷款业务综合服务解决方案。苏州市结合市情,积极研究制定融资担保公司监督管理办法,促进融资担保行业规范、健康发展。

第三,支持产业转型升级实现突破。紧密围绕苏州市工业企业转型升级需求,以支持优势产业中科技型、成长型中小企业为担保扶持领域,重点在新能源、新材料、节能减排、环境保护、循环经济等中小企业贷款担保方面实现担保品种、担保方式的创新,保障这些企业优先获得信贷支持。

8.3　小额贷款:区域领先优势突出,首次获准江苏全省展业

我国小贷公司行业历经 10 余年的发展,虽然几经起伏,但在强力监管下,行业逐步走上正轨。苏州由于经济环境良好,中小企业众多,融资需求

旺盛,加上政策扶持,小贷公司发展态势良好。截至2019年底,苏州已批准开业小额贷款公司95家。其中,科技小额贷款公司16家。

第一,行业发展全省领先。苏州开业小额贷款公司数量占全省总数的22%,实收资本总额170.9亿元,占全省的24%,公司数量及实收资本总额均居全省第1位。小额贷款公司各项贷款余额185.2亿元,共计9929笔,其中小额信贷(300万元及以下)占比54.70%;保证贷款占比54.12%,抵质押贷款占比33.25%。担保余额6.30亿元,应付款保函余额3.14亿元(见表8-2)。

表8-2　截至2019年底苏州小额贷款公司主要指标情况

指标	数值	占全省比例/%	占全国比例/%
机构数量/家	95.0	22	1.2
实收资本/亿元	170.9	24	1.8
贷款余额/亿元	185.2	23	2.1

第二,辖区公司整体发展质量良好。苏州辖区内共有73家小额贷款公司参加2019年江苏省小额贷款公司评级工作,其中AAA级4家、AA级7家、A级33家、BBB级21家、BB级6家、B级2家。

第三,首次获准在全省展业。2020年2月18日,江苏省地方金融监督管理局公布了对苏州市新合盛科技小额贷款有限公司和苏州市聚创科技小额贷款有限公司两家小贷公司在江苏全省开展业务予以备案的通知,这是苏州地区小额贷款公司首次获准在江苏全省展业,未来苏州地区小贷公司业务增长可期。

8.4　融资租赁:科技融资租赁加速发展,地方品牌机构脱颖而出

融资租赁作为连接金融资本与实体经济的新型金融服务工具,直接为实体经济的存量资产盘活、制造技术更新以及产能结构优化提供大力支持,成为企业设备投资和技术更新的重要手段,对苏州市经济发展的贡献不断显现。截至2019年,苏州共有融资租赁公司96家。

第一,支持科技融资租赁发展。实施科技融资租赁风险补偿,对合作融

资租赁公司为苏州市科技型企业提供的用于科技研发和创新创业的设备、器材、资金等发生的损失进行补偿。开展科技融资租赁融资费用补贴,促进科技型企业融资融物。将融资租赁列入科技金融服务平台,鼓励融资租赁企业向科技企业提供融资服务的同时,提供延伸增值服务,包括企业管理、财税咨询、专利权及有形资产的管理和交易等。

第二,鼓励通过融资租赁采购的力度加大。鼓励企业采用融资租赁方式进行技术改造和设备购置,并为其提供公平的政策环境。加大政府采购支持力度,鼓励各级政府在提供公共服务、推进基础设施建设和运营中购买融资租赁服务。

第三,苏州金融租赁公司脱颖而出。苏州金融租赁一直以来坚持专业化经营,确立了"专心专注专业,用苏式工匠精神做强苏州金租"的战略愿景,结合国际、国内租赁实践经验,不断创新服务模式,持续提升核心竞争力,走差异化、专业化发展之路。2019 年 11 月 7 日,在第六届全球租赁业竞争力论坛峰会上,苏州金融租赁股份有限公司获评"最具成长性租赁公司"。

8.5　商业保理:组织建设工作显成效,地方国有机构引领发展

2019 年,我国商业保理行业发展出现首个拐点,新增企业数量和商业保理公司存量首次出现下降,但国内市场需求依旧旺盛,商业保理行业在逆势中保持顽强增长。自 2013 年苏州工业园区获批试点设立商业保理公司以来,苏州已设立商业保理公司 39 家。商业保理行业实现稳步发展,并在金融行业中形成了一股新兴力量,为企业提供融资等金融方案,共同服务实体经济、助力地方发展。

第一,行业组织协会发挥积极作用。成立于 2017 年 11 月的苏州商业保理协会,是江苏省成立的第一家商业保理协会。目前会员单位已达 43 家,包括 25 家本地保理公司,以及银行、券商、信托、金融科技公司、融资租赁公司、律师事务所等,形成了多元化的会员结构。协会成立以来,会员间积极推进再保理与联合保理业务,展现出较好的协同效应。2019 年,苏州城投商业保理公司与苏州农发商业保理有限公司完成对苏州贯石发展股份有限公司的融资发放,标志着苏州地区首笔真正意义上的联合保理业务落地。

第二,国有商业保理公司领头发展。苏州国有商业保理公司的发展较为突出。首家在苏州成立的国有商业保理公司——苏州城投商业保理有限公司,既是苏州保理行业地区业务规模最大的领军企业,也是担任苏州商业保理协会会长的单位。2019 年,苏州城投商业保理有限公司为 26 家客户提供了高达 21 亿元的融资,业务量比 2018 年翻了一番,居全市保理公司前列。

8.6 典当:市场业务均衡发展,部分企业优势凸显

典当行是抵押银行的前身,堪称现代金融业的鼻祖,在国外被称为“第二银行”。近年来,在国家政策支持和鼓励下,典当行迅速发展起来。见表 8-3,2019 年,苏州市已批准开业典当公司 55 家,占全省典当公司总数的 12%;注册资本总额 28.2 亿元,占全省注册资本总额的 20%;典当总额 82.3 亿元,占全省典当总额的 37%;净利润 5053 万元。

第一,典当市场业务实现稳步发展。苏州典当市场保持旺盛,动产、房地产、财产权利典当业务的发展相对均衡,业务笔数、典当总额、业务收入都基本实现同步增长,典当业务达到千笔以上的有数十家。

表 8-3 苏州典当行业主要指标情况

序号	主要指标	数值
1	典当企业数量/家	91
2	其中,法人机构数量/家	55
3	分支机构数量/家	36
4	其中,停业三个月及以上的典当企业数量/家	10
5	注册资本/万元	282188
6	典当总额/万元	822526
7	其中,房地产典当总额/万元	554718
8	典当余额/万元	363105
9	银行贷款余额/万元	18000
10	逾期当金余额/万元	85323
11	绝当金额/万元	2001

第二,优势企业发展愈加突出。在复杂严峻的市场面前,部分有经济实力、有业务团队、有先进管理的典当公司依然保持了较好的业绩。苏州吴门典当公司和吴中典当公司分别以典当总额 30.06 亿元和 11.68 亿元,跻身国内龙头典当公司行列。其中,苏州吴门典当公司注册资本金 1.1 亿元,拥有 12 家分支机构,是全国典当专业委员会会员。

第九章　苏州综合金融服务体系

小微企业占我国企业总量的80%以上,“融资难、融资贵”既是制约小微企业发展的“痼疾”,也是金融服务实体经济难以突破的关键领域和薄弱环节。近年来,针对小微企业融资“短、小、频、急”的特点和“缺信息、缺信用”的弱点,苏州通过金融基础设施建设和金融工具综合运用,充分调动金融机构同业合作、混业互补、传统和新型互动,在全国范围内首创了“企业守信用、机构有创新、政府有推动”的综合金融服务体系,解决了金融机构与企业信息不对称、金融机构专营服务团队不健全、金融机构之间合作不充分、多种金融工具组合应用不灵活等系列难题,形成了富有成效的特色金融发展“苏州样本”。

9.1　信贷服务平台:苏州综合金融服务平台,打通金企融资对接渠道

苏州从公共服务角度,同步搭建了为企业和金融机构提供发布融资需求和金融产品的综合金融服务平台,实现了企业、机构和主管部门间信息实时对接反馈、互联互动等60多项功能,旨在聚拢企业、汇集需求、便捷对接,为不同类型企业提供可选择的多元融资服务方案,方便企业在融资过程中“多走网络、少走马路”,打通阻隔资金传导的“任督二脉”。依托综合金融服务平台,小微企业可以在线发布融资需求,金融机构在线受理“抢单对接”,依靠市场力量配置资源,双向选择、自主对接,切实提高了融资效率,让一部分长期被传统金融机构排除在外的小微企业有了“得其门而入”的机会。

图 9－1　苏州综合金融服务平台

截至 2020 年 7 月底，苏州综合金融服务平台注册企业总数超过 7.63 万家，入驻金融机构 76 家，发布金融产品 294 项，累计为超过 2.02 万家企业解决融资需求 1.06 万亿元。其中，累计帮助 6200 多家企业获得超过 200 亿元“首贷”资金，“信保贷”帮助 3500 多家企业获得超过 239 亿元银行授信。

9.2　股权融资平台：苏州股权融资服务平台，助力解决企业股权融资需求

2018 年，苏州在地方征信平台、企业自主创新金融支持平台、综合金融服务平台这些原有三大平台的基础上，进一步建立了股权融资服务平台。

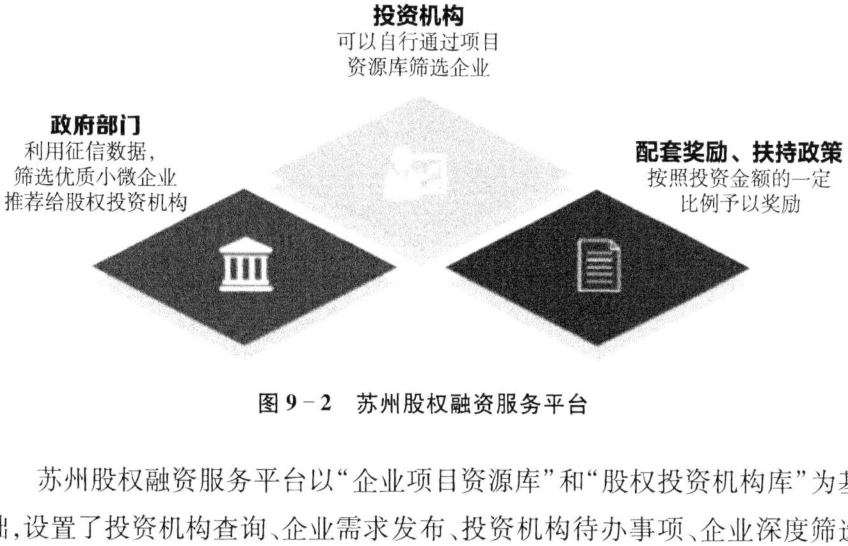

图 9－2　苏州股权融资服务平台

苏州股权融资服务平台以“企业项目资源库”和“股权投资机构库”为基础，设置了投资机构查询、企业需求发布、投资机构待办事项、企业深度筛选

等运行模块,低成本、高效率地实现了企业与股权投资机构之间的对接。在需求侧,企业可以在线发布股权融资需求,并自主选择有针对性地推送给一家或多家投资机构;在供给侧,股权投资机构可以在线上对发布融资需求的企业进行初步筛选,锁定目标企业后,再“一对一”地进行线下洽谈。

由此,以提供“股权融资”服务为主的苏州股权融资服务平台,与以提供“债权融资”服务为主的苏州综合金融服务平台互为补充,共同为企业提供“股权+债权”的一揽子综合融资解决方案,多渠道提升企业的金融服务满足率。

截至 2020 年 7 月底,苏州股权融资服务平台入驻企业超过 4.27 万家,入驻股权投资机构 147 家,累计帮助 246 家企业解决股权融资需求 81.7 亿元。

9.3 企业征信平台:苏州地方企业征信系统,助力企业跨过融资信用坎

“信息不对称”是阻隔金融机构和企业之间资金传导的“拦路虎”。为了勾勒小微企业信用全貌,解决信用信息“小而散”问题,苏州从 2014 年开始建设地方企业征信系统,由苏州金融办(现苏州市地方金融监督管理局)、中国人民银行苏州中心支行共同牵头,并由同年组建的苏州企业征信服务有限公司(以下简称苏州征信)负责建设运营。苏州征信由苏州国际发展集团发起成立,被定位为功能性国企,既保障了数据管理的安全性,又有利于服务提供商的灵活性。依托互联网与大数据技术,通过与信息源单位的专线对接,苏州征信大量归集各领域数据,织密了一张“信用信息网”。

苏州市地方企业征信系统分为数据采集、数据处理、业务管理和应用服务四个子系统。在获得企业授权的前提下,一方面通过和政府部门及公用事业单位的专线连接,实现系统对企业数据的自动采集;另一方面通过和银行等使用单位的专线连接,实现使用单位在系统中对企业信息的实时查询。

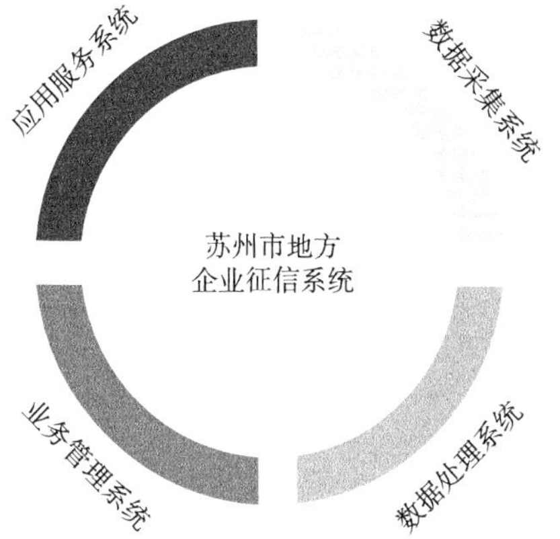

图 9－3　苏州地方企业征信系统

通过整合各类信用数据资源，苏州征信可以向金融机构提供没有信贷记录的小微企业征信数据（包括水、电、煤、社保等），以及信用报告、风险预警、信用评分等专业服务，为小微企业征信全面“画像”，以满足金融机构贷前、贷中、贷后的全流程需求，消除金融机构“不敢贷”的顾虑。

截至 2019 年底，苏州征信对接了市场监管、税务、公积金、海关、生态环境等 99 家政府部门和公共事业单位，征集授权企业 42 万户，实现了有贷企业全覆盖、新设企业全覆盖和享受金融支持政策企业的全覆盖。已归集 600 余个反映企业经营发展情况的微观颗粒指标，累计入库信息 2.4 亿条，共有 78 家金融机构查询使用，累计查询量约 93 万次。

9.4　小微金融平台：企业自主创新金融支持中心，定制小微企业专属服务

为了破解金融机构小微服务“不专业、不精准、不敢贷”的难题，自 2015 年起，苏州全面启动金融支持企业自主创新行动计划，由苏州市地方金融监督管理局牵头，联合中国人民银行、原中国银保监局，推动商业银行和其他各类金融机构设立专门的“企业自主创新金融支持中心”。根据行动计划指引，商业银行及相关保险公司按规定要求建立的“企业自主创新金融支持中心”，需满足“五个单独”运营管理要求。

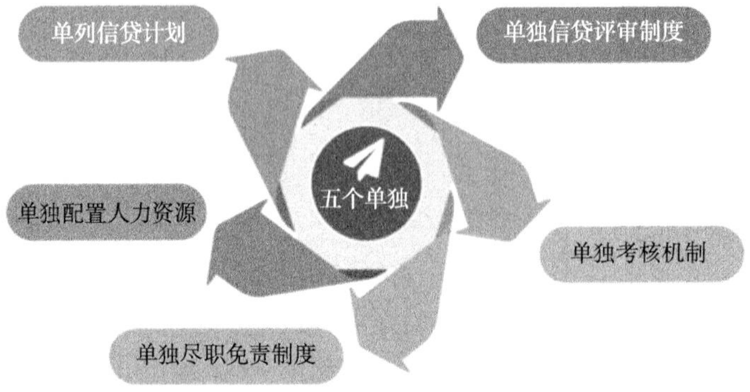

图 9-4 企业自主创新金融支持中心

第一,单独配置人力资源,即"中心"需配置与业务发展规模相符的专职人员,制定清晰的部门和岗位职责,配备必要的硬件设施人数,安排专人对接苏州综合金融服务平台。

第二,单列信贷计划。对于商业银行建立的中心,要单列信贷计划,每年必须安排充足的信贷资源用于支持小微企业,在执行过程中不得挪用、挤占。对保险机构建立的中心,要对企业贷款保证建立保险理赔绿色通道,保证及时理赔。

第三,单独信贷评审制度。对于商业银行建立的中心,试行分类授权管理,即 500 万元额度以下的授信可由中心自行审批。对保险机构建立的中心,则需要建立单独的风险评审制度,在风险可控前提下,试行分类授权管理,缩短审批流程,提高审批效率。

第四,单独考核机制。对于商业银行建立的中心,要设立差异化的考核指标,以支持企业长期发展为考量,不考核存款等传统银行业务指标,淡化利润考核,提高不良贷款容忍度。对保险机构建立的中心,以"保本微利"为原则,对服务创新型企业的贷款保证保险业务实行单独考核,淡化利润考核。

第五,单独尽职免责制度,即对中心尽职免责的对象、认定标准、免责范围等做出明确的规定。

"五个单独"从制度层面为金融机构"松绑",让金融机构为企业服务更有动力,并且精准、有效、专业。截至 2019 年底,苏州共有 42 家金融机构在内部设立了企业自主创新金融支持中心。

9.5　政策工具配套:综合金融服务工具,激发市场服务机构创新活力

为了将金融资源有效导入小微企业,苏州制定出台了多项综合金融服务政策配套工具,配套相应的奖补政策,确保"四大平台"有效运行。

第一,信用融资工具配套。该类型工具包括信用贷款、信用担保、信用保证保险,通过分别鼓励银行发放信用贷款,担保公司为企业提供无反担保条件的担保,以及保险公司开展贷款保证保险业务,组合形成了一套完整的"担保链条",旨在推动金融机构对高成长性、轻资产企业增加投放。对于提供信用贷款、融资信用担保或贷款保证保险的机构,地方政府每年按新增业务金额的5%给予奖励,单一机构每年业务奖励金额最高可达1000万元。同时,对每年相应业务量前三位的机构专营团队给予30万元奖励。

第二,引导基金工具配套。苏州政府为了充分贯彻"共担创新风险,共享创新红利"的理念,充分发挥政府、机构、市场的不同作用,实现"小资金撬动大金融"的杠杆作用,设立了彼此分工的"三大基金"。包括10亿元的信用保证基金、1亿元的投贷(保)联动引导基金、1亿元的并购引导基金。其中,信用保证基金主要为有成长性、轻资产企业的500万元以下贷款提供征信;投贷(保)联动引导基金主要为虽有成长性但尚不完全符合贷款条件的企业提供"投资+信贷"等金融组合产品;并购引导基金主要为IPO企业提供并购重组服务支持。

第三,资本市场融资配套。为了帮助地方企业更好地对接资本市场,利用资本市场做大做强,苏州市还出台了一系列鼓励上市挂牌、债券融资等政策配套措施。其中,根据《市政府关于印发苏州市金融支持企业自主创新行动计划(2015—2020)的通知》(苏府〔2015〕136号),对于企业上市行为,每家企业给予市级50万元奖励;对于在科创板上市的企业,按照《关于鼓励企业科创板上市的若干意见》(〔2019〕56号已废止)执行,除给予每家企业50万元奖励外,在企业成功发行股票后再给予50万元奖励。对本意见有效期内保荐苏州地区企业科创板上市获准注册的证券公司,在企业成功发行股

票后给予 50 万元奖励；对于上市“独角兽”培育企业和生物医药类企业，分别按相关规定给予每家企业最高不超过 100 万元的市级奖励。对于“新三板”挂牌行为，按照《苏州市新三板挂牌企业三年培育计划》执行，每家企业给予市级 30 万元补助；对于“新三板”做市融资，鼓励证券机构、私募机构等合格做市商为“新三板”挂牌企业做市交易，主办做市商给予市级 20 万元奖励。

除此之外，苏州政府还安排了“综合金融服务奖”和“金融创新特色奖”两项针对金融机构的综合性表彰，以期推动金融机构创新服务支持实体经济的方式。其中，“综合金融服务奖”是对年度在金融资源投放方面、服务质量和效率方面表现突出的机构进行表彰，“金融创新特色奖”是对年度在开发金融产品、创新服务模式方面业绩突出的机构进行表彰，获得表彰的机构将在苏州市政府相关招投标综合评分中给予加分。

第十章　苏州金融开放合作

推动金融业对外开放，提升金融国际化发展水平，是新时期推进城市金融产业高质量发展的客观要求。近年来，苏州围绕提升金融开放水平，充分发挥中新、昆台产业合作基础与自贸区建设叠加优势，加快吸引国际金融资源集聚，积极推动本地机构"走出去"发展，使金融开放合作水平显著提升。

10.1　中新金融合作：积极开展跨境金融创新试点，服务国家战略

自2013年10月启动中新合作金融创新试验以来，苏州市上下认真履行《深化中新两国在苏州工业园区现代服务业合作的意向书》，加强先行先试探索，在争取跨境金融创新试点、开展跨境金融机构合作、推动金融人才技术交流以及服务国家顶层发展战略等方面取得了一系列积极成果。

第一，借助中新联合协调理事会平台争取跨境金融试点。苏州工业园区依托中新联合协调理事会平台持续深化中新金融合作，不断夯实政策先发优势，在金融创新上走在前列。2014年6月，中国人民银行总行批复同意在园区开展4项跨境人民币创新业务试点。在中新联合协调理事会第17次会议上，该园区又获批将中新跨境人民币贷款扩大为跨境人民币借款。此外，苏州通过不断加强与新加坡金融进行跨境合作，积极争取个税递延型养老保险试点、法人金融机构新设等金融创新政策成功落地，跨国公司总部外汇资金集中运营、外商投资企业资本金意愿结汇等多项跨境政策创新和外汇管理便利化改革在园区先行先试。同时，苏州工业园区还在积极谋划新一届理事会，为争取政策提出了包括新设中新合资公募基金公司等相关政策。截至2017年末，已有35家企业与12家新加坡银行机构签订34.4亿元

人民币跨境贷款合同,提供贷款26.8亿元,主要投向交通运输、通信设备、电子器件、新型材料等行业;累计办理股权投资基金对外直接投资备案21笔,金额61.0亿元,累计汇出资金31.9亿元。

第二,支持金融机构在中新两地开展跨境金融合作。2014年10月,中国建设银行总行在苏州工业园区设立中新跨境金融中心,以及苏州跨境金融培训基地在苏州正式揭牌成立,积极配合并主动参与苏州工业园区现代服务业、金融创新、跨境贸易电子商务、园区综保区区域贸易多元化等方面的试点工作。同时,深化跨境金融中心建设和专业人才的培养,使跨境金融中心成为组织构架成熟、管理和业务制度齐全、业务发展和日常运营高效、风险防范和安全机制完备的总行级机构,打造"致力跨境金融服务,引领银企转型发展"的金融品牌建设。近年来,星展、华侨、大华3家新加坡本土银行先后入驻园区;2016年,东吴证券在新加坡设立子公司,并获新加坡金管局批复资产管理牌照;2019年,苏州银行获银监部门批复,同意到新加坡设立代表处,并拟引入苏州园区经发公司和新加坡辉立作为战略投资者,于近期启动中新合资公募基金建设筹备工作。

第三,立足中新两地人才技术优势,合理打造金融产学研链条。积极引入新加坡国立大学在独墅湖科教创新区设立研究院,并依托研究院设立新国大中国商务研究中心、李光耀公共政策学院苏州中心、普洛斯(城市化发展)研究中心,推进以商务、金融为主题的研究与教学。中国建设银行总行在园区设立跨境金融培训基地,借助园区中新合作平台及资源开展金融人才培养。园区金融财务人才公共实训基地积极与新加坡多家培训学院开展合作。深化中新金融科技合作,建设苏州版的金融科技创新监管沙盒,设立金融自主可控创新基地和金融科技产业分析平台,加快形成一体化金融信息系统解决方案。举办首届中新金融科技应用博览会,在进博会设立金融科技论坛,启动全球高校金融科技创新大赛,组织参加新加坡金融科技节,打造城市金融科技品牌。

第四,依托中新金融创新合作,服务国家"一带一路"倡议。将苏州—新加坡金融合作作为中新两国政府合作的重要桥梁,积极主动服务国家"一带一路"倡议。以苏州工业园区管委会与新交所和新加坡3家本土银行签订战略合作协议为契机,积极对上争取,研究建设"中新金融创新合作改革试验区”,在承接“一带一路”金融服务、加强金融科技领域合作交流、促进科技成果转化、搭建中新金融人才合作平台等方面加强合作,努力将园区建设成为中国辐射东盟经济金融合作的重要载体和金融对外开放的试验示范窗口。促进中新双向投资便利化,引导支持中国股权投资基金投资新加坡上市公司,鼓励推进中国企业到新交所上市/或发行债券(包括房地产投资信托),支持扩大两地金融机构之间的合作,促使新加坡金融企业和潜在投资者了解并投资苏州工业园区,同时提升苏州工业园区的金融机构在新加坡进行投融资交易的能力。

10.2 昆台金融合作:创新两岸金融合作模式,服务台资台企

昆山是国内台资企业重要集聚地之一。2013 年 2 月,国务院正式批准设立昆山深化两岸产业合作试验区,赋予昆山产业转型升级、金融业开放、贸易便利化等方面先行先试政策支持。近年来,昆山围绕支持实体经济发展,持续推动昆台两地金融深度合作,在两岸金融合作政策创新、金融创新合作综改试验区建设、台资金融机构引进以及两岸金融业务创新合作等方面,探索出了许多可复制、可推广的有益经验。

第一,争取创新政策推进昆台金融深度对接。在江苏省委、省政府,苏州市委、市政府的大力支持和有关部门的积极争取下,依托昆山深化两岸产业合作试验区部省际联席会议上争取的金融政策,积极对接国家、省和苏州上级部门,推动合格境外有限合伙人(QFLP)试点、合资全牌照证券公司、两岸消费金融公司、资本项目投资便利化等多条两岸金融改革创新政策落地。特别是 2013 年 7 月,中国人民银行批复同意昆山深化两岸产业合作试验区开展台资企业集团内部人民币跨境双向借款业务试点,这是国务院赋予的独有政策,突破了人民币外债投注差发生额管理的限制,台资企业集团不仅获得了更大贷款规模,而且有效降低了财务成本,提高了资金使用效益。截至 2020 年,累计借放款金额超过 214 亿元,平均借款利率 3.3%,为参与试点的企业节约融资成本 5 亿元以上。借助上述政策利好,大批台资企业相继扩大在昆山的投资规模,神达控股、统一集团、捷安特等 50 余家企业在昆山设立投资营运总部。

第二,昆山市建设金融支持深化两岸产业合作改革创新试验区获批落地。昆山金融改革试验区将以两岸金融创新合作为主线,突出昆山对台合作和开放型经济发展优势,扩大对台金融业开放,加强两岸金融人才交流,提升昆山在两岸金融改革创新中的影响力。力争通过5年左右时间的努力,使两岸金融创新合作取得重要突破,基本建成主体多元、业态丰富、功能完备、运行高效的现代金融体系,建立起与地方开放型经济相适应、特色鲜明、功能齐备的具有两岸特色的重要金融合作区域,在推动台资企业转型升级、培育发展新动能、提高产业竞争力和企业抗风险能力等领域构建新机制、探索新模式,为全局性金融改革提供经验借鉴。

第三,吸引推动台湾地区金融机构落地昆山。积极对接台湾地区金融机构,依托金融新政谋划在昆山布局落地金融合作项目。彰化银行昆山分行成为首个在大陆设立分行的台湾银行;“台湾中华开发金融控股公司”在昆山设立“中华开发国际租赁”;江苏首只两岸产业基金——华创毅达股权投资基金于2015年正式运作;开展合格境外有限合伙人(QFLP)试点,两岸生物医药基金顺利落地;江苏唯一多牌照合资证券公司——方圆证券、金融租赁公司等两岸重大金融合作项目稳步推进,苏银凯基消费金融公司申设进展顺利,并即将落地。

第四,主动探索两岸金融合作模式的创新。为解决本地实体企业融资难题,昆山积极与产业链上下游台资产业集团开展合作,拓宽本地企业融资募资渠道。完善“金融超市”功能,重点打造“台资企业”特色板块,进一步发挥综合风险池在中小微企业融资过程中增进信用、分散风险、降低成本等方面的作用。为切实帮助受新冠肺炎疫情影响的中小微台资企业拓宽融资渠道、降低融资成本,推出“昆台融”产品,已授信61户,金额3.13亿元。

10.3 自贸区金融:探索金融开放创新,服务世界一流园区建设

2019年8月26日,《国务院关于同意新设6个自由贸易试验区的批复》及《中国(江苏)自由贸易试验区总体方案》正式发布,自贸区苏州片区将围绕苏州工业园区建设世界一流高科技产业园区的目标进行定位,着力打造

具有国际竞争力的“2+3+1”特色产业体系①。作为金融开放的前沿阵地，自贸区苏州片区自成立以来，依托国家级开发区与自贸试验区叠加联动优势，在创新生态、科技金融、资本市场以及风险防控体系建设等方面取得了一系列改革创新成果，为苏州片区在创新高地上实现进一步的创新发展提供有力支撑。

第一，围绕自贸片区建设，打造金融创新生态系统。全力打造金融开放创新平台，深入研究并提出苏州自贸片区金融开放创新思路，加快建立苏州自贸片区金融创新工作机制，深入推进重点课题研究，大力推动金融创新试点。用足用好多重政策叠加新优势，积极推动理事会政策落地，进一步谋划先行先试创新举措，积极对上争取省级权限下放。持续优化金融发展政策新体系，提升金融发展层级，推动金融机构高质量集聚，强化金融创新发展能力，服务金融高水平开放创新，推动机构提质增效，提升金融服务实体经济能力。

第二，抢抓长三角一体化机遇，强化科技金融支撑。制定出台金融科技政策图谱，打造长三角金融科技中心和中新金融科技枢纽，发布《苏州工业园区关于促进金融科技发展的实施意见》（苏园管〔2019〕7号）、管理细则和工作机制，制定《苏州工业园区金融科技产业生态图谱分析》，规划金融科技发展路径，推动招商机构布局金融科技资源。推动设立金融科技创新中心，贯彻金融科技需求侧带动供给侧的思路，以银行金融科技为突破口，共建金融科技创新中心，打造苏州区域的银行金融科技开放平台。支持建设金融科技创新平台。

第三，深化金融供给侧结构性改革，助推资本市场建设。出台《促进企业上市三年行动计划》，实施后备梯队企业“苗圃工程”，抢抓科创板设立并试点注册制的有利时机，在首批受理的9家企业中园区独占2席，华兴源创更是成为全国第1家获中国证监会注册通过的科创板上市企业。出台股权投资产业发展政策，推进基金行业新发展。2019年，元禾控股3家企业被认定为“省级创业投资品牌领军企业”，东沙湖基金小镇被认定为“省级创业投资集聚发展示范区”；鼓励上市企业结合塑造产业核心竞争力，成为全区高

① “2+3+1”特色产业体系，即新一代信息技术、高端装备制造两大主导产业，生物医药、纳米技术应用、人工智能三大新兴产业，以及现代服务业。

质量发展的主力军、示范人和领头羊。建立“日跟踪、旬分析、月总结”的工作机制;提供多部门协调联动的“管家式”服务;建立上市企业联合纾困紧急响应机制,助推上市企业健康发展。2020年上半年,自贸区累计实现境内外上市企业32家。

第四,坚持打防并举,创新优化区域金融风险防控体系。强化源头治理,突出正面引导,建立宣传教育机制,出台《关于进一步优化完善投融资服务企业商事注册登记会商机制的办法》,开展防范非法集资系列活动,组织开展“金智惠民”系列培训160余场,发放宣传折页28万余份。强化金融监管,承接职能转隶,防范化解金融风险,对区内新纳入监管的融资租赁公司、商业保理公司、典当行进行摸底排查,全面承接上述三类机构近80家的监管工作。处理北京黄金和中青旅实业涉及1.15亿元的违约定向融资计划,做好220多人的信访维稳工作,缓释化解金融风险。

第十一章　苏州金融生态环境

苏州身处经济文化高度发达的长三角地区，在信用体系建设、地方金融监管创新、金融产业政策制定等方面受到国家长三角一体化大战略的提振，也受益于自身悠久的金融发展历史和浓厚的人文氛围，在金融生态环境的营造方面走在全国前列。在本期 CFCI 评价指数中，苏州市金融生态环境排第 12 位。

11.1　地方信用环境：全国首批社会信用体系建设示范城市

信用体系是金融产业发展的重要基石之一，市场主体进行融资活动离不开相关信用数据所形成的征信报告，因此信用体系的建设对金融业的健康发展具有关键性、基础性作用。针对域内各类企业越发旺盛的融资需求，苏州不断推陈出新，通过不断规范信用管理制度标准，大力提升公共信用信息系统应用服务水平，着力创新适用于小微企业和市民的新型信用服务产品，有效解决了小型个体的信用服务难题，成为全国首批社会信用体系建设示范城市之一，并形成“苏州经验”向全国推广。

第一，推动信用体系法制化建设。苏州结合本地信用体系实际建设情况，推进运用地方立法制定信用监管事项清单，出台行业信用监管实施细则、分类分级管理规范以及信用评价和应用制度。聚焦不同信用主体，研究行业通用的标准化、系统化失信行为认定标准体系。同时，聚焦环保、社会保障、市场监管、税务等重点领域，构建以信用为核心的新型市场监管机制。苏州现已形成了规划、办法、规范、目录等多层次的信用配套制度体系，包括《社会信用体系建设规划》《社会法人、自然人失信惩戒办法》等累计 200 多项文件。

第二,完善地方信用载体建设。苏州现已建成以“信用苏州”网站、法人信用库、个人信用库和信用信息共享平台为基础,“桂花分”综合应用平台支撑全市个人守信激励,“企信通”信用大数据监管平台支撑法人信用监管的多元一体的信用信息化建设格局。截至2019年,法人库已归集55个部门及板块,涵盖49类共6785万条信息;个人库归集33个部门,覆盖全市1300多万人口,共计7.78亿条数据。向市级部门和板块共享各类信息接口,共36个信息类,调用近314万次,累计对外共享数据6162多万条。数据的互联互通,有效支撑了各部门和机构日常业务的高效开展。“信用苏州”网站累计访问量达到3089万人次,累计发布各类信息4.7万余条,提供了各项便民与惠企服务功能,基本实现对全市商事主体、常住市民的全覆盖。公共信用服务大厅主要开展信用查询、信用审查、异议处理、信用修复等信用服务。累计出具信用信息查询报告1.7万份、信用审查报告2700余份,服务企业55.5万家,覆盖44个部门237项扶持奖励、评优评先等。通过在线完成行政处罚修复1597件,通过市信用服务大厅现场接收材料完成修复254件。

第三,积极促进信用体系创新应用。“大数据+信用”是苏州信用体系创新建设的核心建设理念。早在2013年苏州就开始推动由市长作为第一负责人的信用建设领导机制,并延续至今。同时,苏州政府提出信用体系建设需要全社会共同努力,需要引导社会创新主体和人才技术团队参与,共同深挖信用大数据资源与应用。由此,苏州举办了太湖信用大数据创新应用大赛,通过以赛促用、以赛选才、以赛促通、以赛促融的方式,促进了政务、企业、运营商数据的开放和融合,有效引进数据人才、开发数据价值、释放数据生产力。

第四,获批小微企业数字征信实验区。2019年5月,苏州的小微企业数字征信实验区正式得到中国人民银行批复同意设立,为全国首个试验区。该试验区将在现有75个政府部门和公共事业单位企业信用信息互联互通的基础上,创新探索以征信大数据为基础的小微企业融资服务模式,推动小微企业征信数据的全覆盖,助推小微企业融资扩面,完善小微企业服务机制,为全国建立多层次、广覆盖的征信体系提供可复制、可推广的实践经验。

第五,首推市民信用评价体系。“桂花分”是全国首创的“数据+模型+场景”的城市级个人诚信体系。依托全市人口库及个人信用库,以及市民自主上报的海量个人数据,对全市1300万常住人口的个人信息进行汇总分析,梳理数据维度,构建评价模型。应用场景的拓展是“桂花分”能否真正融入市民生活的关键。大力探索“桂花分”在公共交通、日常消费、文体旅游、公共服务等多领域应用场景的建设,推动个人守信激励渗透到社会生活的各个领域。苏州市个人信用体系建设以“桂花分”为基础,让市民真正体会到信用有感、守信有用,促进个人信用与城市发展高度融合,将苏州打造成为全国以“信”立市的标杆。

11.2 地方金融监管:全国经济发达地区信用风险最低地区之一

金融监管是保障金融产业健康发展的重要环节,在实际金融活动中必不可少。近年来,国内各地金融风险事件频发,对全国金融稳定造成了较大影响,如何发挥地方金融监管职能、防范区域金融风险就变得至关重要。2017年7月,第五次全国金融工作会议明确将“7+4”的类金融机构监管职能赋予地方政府,使地方金融监管成为中央金融监管的重要补充。苏州积极落实推进地方金融监管体制机制建设,创新监管工作模式,成立各类风险防控的专项工作组,有效防范和化解了地方金融风险,为苏州金融发展铸造了坚实的“防火墙”。

第一,挂牌成立地方金融监管局。为了应对中央和省级机构改革,苏州出台了相应的《苏州市机构改革方案》,调整优化相应机构和职能,其中提出由原市政府金融工作办公室,整合农民专业合作社管理职能、地方金融机构监管职能,组建地方金融监督管理局,保留金融工作办公室牌子。挂牌之后,金融监管局圆满完成转隶组建各项任务,设立目标着力打造地方金融监管“铁军”。主动承接新划转监管职能,接收担保、租赁等各类监管对象近300家。对接管新纳入监管范围的企业完善台账管理,开展实地走访和检查近百次,开展小贷等行业真实性检查和监管评级,加强典当、融资租赁等行业专项风险排查,做好分类处置。

第二,完善地方金融监管体制机制。依托以地方金融监管局为主体,坚持“市级政府领导、监管部门指导、属地政府主导,金融机构多方合作”的工作机制,推进金融领域重大风险防控"四项机制"试点工作,建立中央与地方金融监管、风险处置、信息共享等协作机制,出台《苏州市防范化解重大金融风险攻坚战实施方案》《苏州市涉非法金融案件及涉黑涉恶案件资金快速联动查询机制》等文件,形成地方金融风险防范化解工作合力。探索推进"互联网+监管"的新型监管模式,建立地方金融机构数据管理系统,加强对机构信用风险、流动性风险以及企业信用风险的跟踪监测和应对。截至 2019 年底,苏州银行不良贷款余额 202 亿元,不良率 0.65%,低于江苏省平均水平 0.39 个百分点,是全国经济发达地区信用风险最低的地区之一。

第三,创新非法金融整治工作模式。金融监管局着力整治问题最突出的非法金融活动,并形成了"12345"创新型工作模式。其具体内容是,一本专项行动核查手册明确核查标准,金融风险大数据监测预警、互联网广告监测监管"两个平台"强化监测预警工作,职责清单、任务清单、责任清单"三份清单"厘定职责分工,强组织、强宣传、建闸门、抓整治"四个关键"狠抓工作落实,联合约谈、管控人财、核查底数、压降水位、刑事打击"五记重拳"确保整治见效。截至 2019 年底,通过创新工作模式,已清理问题企业 591 家,并勒令 93 家企业进行整改。全年新发非法集资案件 71 起、涉案金额 39.91 亿元、集资参与人数 7625 人,同比分别下降 40.30%、8.92%和 63.98%,互联网整改类机构全部退出或转型。

第四,成立扫黑除恶实体化专班。充分发挥金融机构对市场业务熟悉的优势,从各大金融机构抽调党员骨干 28 人,开展金融领域扫黑除恶实地查访行动,通过看、查、拍、问、比、访"六步"工作法,查企业、挖线索、督整改、推工作,带动各地开展"回头看"和新一轮排查整治,提升扫黑除恶专项斗争综合治理质效。截至 2019 年底,专班共查访企业 1478 家,督促整改 298 家,已整改到位 295 家,3 家已制订整改计划,并正在持续整改中。

第五,加强地方金融监管宣传交易。摸清非法集资宣传套路,开展涉嫌非法集资广告专项排查,严控市面上的投资理财类信息发布途径。面向市民先后投入宣传经费超 400 万元,突出非法集资、"套路贷"、非法高利放贷等重点,在人流密集区域、金融机构经营场所开展针对性宣传。联合市法院、银行机构在全市范围开展坚决打击"套路贷"及非法金融违法犯罪法制宣讲活动。联合市教育局在全市 30 所大中专院校开展抵制"套路贷、非法校园贷”系列宣传活动51场；会同宣传部制作“防范套路贷”“防范非法校园贷”的公益宣传短片，通过组织一堂“财商”教育公开课、组建一支抵制“套路贷”“非法校园贷”志愿者队伍、组织一次调查问卷活动、召开一次主题班会、举办一场针对“套路贷”“非法校园贷”广告资讯信息的清理活动等“五个一”系列活动，并通过投放地铁、电梯视频、网络等多种媒体进行播放。

11.3　金融政策环境：市区两级共同发力金融产业发展支持政策

苏州充分利用长三角地区实体经济较强优势，贯彻金融服务实体经济的目标，坚定区域金融中心建设工作，从市、区层面出台了各类金融产业发展规划及专项扶持政策，涵盖上市公司培育、金融中心建设、金融集聚区建设、金融机构引进培育、金融服务实体经济、金融人才引入等全方位的金融产业发展政策支持体系，形成了较强的金融集聚效应，切实有效地推动苏州区域金融中心建设。

第一，区域金融中心建设政策。苏州政府在《苏州市金融业发展“十二五”规划》中提出建设“对接上海、服务苏州、延伸辐射的区域金融中心”，随后在2014年印发《关于加快苏州区域金融中心建设的实施意见》，奠定了苏州建设金融中心的发展基础，并提出实施金融“十大工程”，全力推进区域金融中心建设。“十大工程”极具前瞻性，在全国范围率先提出建设区域金融中心金融功能集聚区，实施金融总部集聚工程、多层次资本市场建设工程，实施科技金融助推科技企业成长工程，实施外汇管理服务便利工程，激发地方金融机构活动工程，推进基础设施企业资产流动性优化工程及金融人才、生态提升工程，其中金融集聚区建设和科技金融发展已初见成效，苏州已形成以围绕自身高新技术制造业为核心的私募股权投资高地。在《苏州市加快推进产业资本中心建设行动计划（2020—2022年）》中，根据苏州制造业发达的特点提出建设产业资本中心，明确法人金融机构的培育、金融类功能性总部机构的引进等具体目标，提出了招引境内外金融资源、搭建产业项目对接平等、完善产业资本配套生态体系三大实施路径。

第二，综合类金融产业发展政策。《苏州市“十三五”金融业发展规划》

明确了“十三五”期间苏州金融业发展的总体目标及实施举措,提出持续推进机构集聚高地、政策试验高地和改革创新高地的建设,大力培育发展基金产业、非银金融、互联网金融、普惠金融四大新兴金融,推动传统金融行业转型提升、直接融资持续提升、区域性要素市场能级全面提升、地方金融体系协同提升、服务实体经济能力创新提升、金融发展环境优化提升,实现金融跨越式发展,打造高素质金融人才队伍,加强国际金融市场、衍生品工具、互联网金融等领域高端人才的引育力度。

第三,特定领域金融专项政策。《关于促进苏州企业利用资本市场并购重组政策》明确引进优质并购基金为企业并购重组提供专业服务,并鼓励苏州民营资本租金投资公司。《苏州投贷联动引导基金管理办法》确立了投贷联动子基金运作流程,打开了新的金融发展通路。《促进创业投资持续健康发展的实施意见》完善了投资机构的税收优惠、投资奖励、风险分担等具体扶持政策。《苏州股权融资服务平台奖励政策实施细则(试行)》提出对苏州域内进行直接股权投资的私募股权投资基金管理人进行奖励。《苏州市金融科技发展规划(2018—2022)》明确了苏州打造国内领先、国际知名金融科技产业集聚区的任务,具体实施路径包括实现产业集聚、营造服务生态、推动成果应用和打造创新品牌。

第四,金融人才配套政策。《关于加快人才国际化引领产业高端化发展若干政策措施》提出人才引进培育“四大行动”,明确人才落户放宽限制范围、人才引进生活补贴、重点行业紧缺人才薪酬补贴、项目引才资助、开发“人才贷”“人才保”“人才投”等产品等全方位的人才引育激励补贴政策,为苏州引进金融人才打造了条件优越的生态环境。《关于金融支持领军人才创新创业的若干措施(试行)》切实为金融领军人才解决“首贷”难题,增加信用融资、信保基金、转贷基金等融资渠道,给予挂牌“新三板”创新层的特殊扶持政策。

第五,培育企业上市相关政策。研究制定《关于实施金融服务实体经济融资畅通工程的意见》《苏州市促进企业利用资本市场实现高质量发展的实施意见》等新政,出台《苏州市金融服务实体经济综合评价办法》《关于鼓励企业科创板上市的若干意见》等评价、引导及奖励扶持政策,完善金融支持实体经济政策体系,加强宣传培训工作,优化企业上市培育辅导体系,加大政策扶持力度，引导资金流向重点领域的薄弱环节，帮助企业降低直接融资财务成本。

第六，各区金融有关政策。苏州各区根据自身发展特色和域内实体企业经济需求，制定了相应的产业扶持政策。其中，三大金融集聚区所在地政府分别出台针对域内金融集聚区发展的机构引进、经营的奖励补贴政策，包括相城区的《服务业高质量发展若干扶持政策》，工业园区的《关于促进东沙湖基金小镇建设的实施意见》《园区管委会关于推进苏州自贸片区金融开放创新的若干意见》，高新区的《苏州高新区关于打造“新三板”特色金融小镇的若干意见》《苏州高新区促进金融机构集聚发展的若干政策》。姑苏区出台了促进企业进入资本市场的扶持办法，设立了改制上市补贴、上市奖励等扶持标杆。吴中区出台了《关于促进吴中区金融业发展的政策建议》，对股权投资机构和员工进行入驻经营奖励，支持企业通过改制进入资本市场，并加大对银行金融机构的考评奖励力度。

11.4　金融载体建设：形成了一批具有苏州特色的金融聚集区

金融集聚区是金融活动、金融要素集聚的重要载体，具有对周边地区金融业务强大的吸引力、辐射力、带动力和影响力，是金融业发展和金融中心建设必不可少的重要抓手。为了更好地提升金融中心建设水平，加强金融聚集效应和辐射能力，目前苏州主要推动形成了东沙湖基金小镇、苏州金融小镇（太湖金谷）和相城科技金融产业园等一批具有苏州特色的金融聚集区。

第一，东沙湖基金小镇——全国标杆性基金集聚发展高地。

东沙湖基金小镇（以下简称基金小镇）是苏州工业园区管委会与中国并购工会、中国金融博物馆共同发起筹建的并购基金小镇，于 2016 年 11 月正式揭牌成立。2017 年进入江苏发改委正式发文公布的第一批 25 家省级特色小镇创建名单，是其中唯一的金融产业相关小镇。基金小镇总体规划面积 3.96 平方公里，其中核心区有 1.6 平方公里。以核心区为基础进行北延东拓，形成以私募股权为核心的特色基金全产业链，打造中国基金新高地。

基金小镇是苏州工业园区深入实施转型升级创新发展战略，按照“苏州区域金融中心高地”的定位,以持续推进金融政策功能创新、完善金融生态环境为目标而配套多个金融要素交易市场的其中之一,并围绕小镇及并购基金体系,出台了《关于促进东沙湖基金小镇建设的实施意见》等配套扶持政策,初步构建了较为完善的区域金融市场体系。

基金小镇的三大战略定位为基金产业聚集平台、资本科技对接平台、创新创业服务平台,致力于构建一个紧密对接实体经济,打通资本和企业连接的基金产业集聚区。为此,基金小镇对应的空间划分分别是以 VC、PE 股权投资为核心的基金核心层,包括天使基金、VC 基金、并购基金、定增基金、证券投资基金、FOF 基金和不良资产基金等;以服务基金核心机构为目的的衍生层,包括财富管理、投资咨询、律师服务、股权交易等衍生产业;以围绕基金产业为中心的外围配层,包括教育研究、文化展示、政务服务和生活休闲等。

依托苏州工业园区“2+3”特色产业体系,基金小镇对投资相关产业的基金极具吸引力,截至 2019 年 10 月小镇已入驻的股权管理投资团队 169 家、管理基金 81 只、管理资金总规模超过 1800 亿元。基金小镇两大母基金——国创母基金、元禾招商母基金总规模分别达到 600 亿元、100 亿元。此外还吸引到 7 家债券机构入驻。基金小镇不但在基金机构聚集方面成绩斐然,而且在培育企业方面的能力也是首屈一指,截至 2019 年 10 月基金小镇已孵化 91 家上市公司,体现了基金小镇作为金融服务实体经济“试验田”的培育能力。

第二,苏州金融小镇——以“新三板”服务为特色的新型金融集聚区。

苏州金融小镇(以下简称金融小镇)位于苏州科技城内,毗邻太湖,由凤凰山、锦峰山、五龙山、玉屏山、小茅山合围而成。金融小镇总规划面积 3 万平方公里,首期用地约有 50 亩,规划建设 45 栋单体高端金融商务办公别墅,建筑总面积约 3.5 万平方米;二期占地面积约 108 亩,建筑总面积约 10 万平方米,于 2019 年底完工。

金融小镇以苏州市建设国家苏南自主创新示范区核心区为契机,按照“产城文旅”融合发展的理念,依托苏州现有经济产业基础、生态文化旅游资源和地处长三角核心腹地的区位优势,充分发挥“太湖金谷”作为全国股转系统(“新三板”)国内首家委托服务机构的独特优势,全方位对接上交所、深交所等多层次资本市场，与上海建设国际金融中心功能错位互补，聚焦发展以私募投资基金为核心的新型金融服务业。

金融小镇是苏州首批15个特色小镇中唯一集金融、科技、产业、人文为一体的特色小镇，围绕“产城文旅”融合发展的理念，提出“一心三带五区”的规划布局。其中，“一心”指具有一站式配套服务的核心区，“三带”指拥有特色功能的综合服务带、创智休闲带和沿锦峰路东侧的产业发展带，以及各具特色的金融启航城、生态宜居城、信息智慧谷、生物医疗城、小镇会客中心等“五区”。

金融小镇通过结合高新区产业特色，以产业链布置研发链、以研发链配置资金链，形成新型“产、研、投”联动的联合创新模式，将自身努力建设成为融生态、金融、科技、产业、人文为一体的“私募投资基金发展集聚区”“新三板产业综合示范区”“科技金融服务创新区”和“众创社区核心示范区”。

为扶持金融小镇发展、吸引更多金融机构进驻，苏州高新区专门出台了《苏州高新区关于打造“新三板”特色金融小镇的若干意见》《苏州高新区关于实施“才聚高新，智汇虎丘”人才引育工程的若干措施》《苏州高新区促进金融机构集聚发展的若干政策》，吸引各类金融机构与投资基金。在机构落户方面，奖励100万~1500万元；在业务发展方面，自然人LP按照20%税率适用，五年内每年最高5%投资收益奖励；在人才政策方面，每年最高60万元个税奖励；在办公用房补贴方面，购租金融小镇办公用房予以相应优惠或补贴等各项补贴。其中，最引人注目的是高新区投入100亿元成立母基金，专门针对金融小镇新注册入驻的私募股权投资基金引导出资和用于推动“太湖金谷”设立投资基金进行全国投资网络的布局。

截至2019年底，金融小镇一期已经吸引了580多家投资机构落户，管理资金规模超过1000亿元。近两年来，金融小镇累计纳税总额近7亿元。2019年，金融小镇先后获评“江苏省创业投资集聚发展示范区”“江苏省首批科技服务业示范基地”、融资中国“2018年至2019年度全国十佳基金小镇”等称号。

第三，相城科技金融产业园——科技金融特色产业创新集聚高地。

相城科技金融产业园于2017年10月正式开园，现已建成产业园一期。以相城金融大厦、兆润大厦为主体，现有运营面积约5万平方米，聚集各类科技金融企业 152 家,签约中国银行苏州股权合作项目、中美绿色基金项目、上汽长三角基金项目、苏州农商行科技支行项目、相城科技金融产业园共建项目等 5 个总规模达 250 亿元的入园项目。

相城科技金融产业园区为提升金融服务实体经济的能力,提出打造“一园两基地三中心”科技金融服务体系。“一园两基地三中心”中的“一园”指的是相城科技金融产业园,“两基地”指的是上海证券交易所苏南基地、中国(苏州)创投数字研究基地。其中,上海证券交易所苏南基地是由上海证券交易所与苏州市人民政府共同建设的,目的在于为苏南地区拟上市企业提供上市培育、专业培训、联合研究、干部交流、推广展示、投融资对接等服务。中国(苏州)创投数字研究基地是由中国创投委与相城区人民政府共建,以中国创投发展研究为主业,一起构建完善的创投生态管理系统和大数据系统。“三中心”分别是科技金融服务中心、长三角国际路演中心、科技金融展示中心。其中,科技金融服务中心为企业提供基金注册、政策咨询与申报、投融资对接、金融招商、科创孵化、上市辅导等服务。长三角国际路演中心则以线上媒体功能为主,集成多层次资本市场网上路演、直播互动、财经节目制作、活动策划、交流展示等功能,成为苏州最热门、最专业的多媒体路演中心。科技金融展示中心以相城科技金融展示规划馆为主体,集中展示相城科技金融产业发展成果与未来规划。

截至 2019 年底,上海证券交易所苏南基地已举办 4 场科创板培训活动,科技金融服务中心已受理各类工商登记 138 笔,其中已完成业务 63 笔(新设 41 家,变更 22 家),正在推进业务 28 笔,科技金融展示中心累计接待参观 104 批次,长三角国际路演中心举办活动 46 场。为解决银企信息不对称的矛盾,有效缓解企业“融资难、融资贵”的问题,区金融监管局、金控集团委托苏州企业征信服务有限公司开发建设了相城综合金融服务平台,现已正式对外运营。

未来,相城科技产业园区将以打造“股权投资基金集聚区”“科技金融合作创新示范区”“现代金融服务样板区”为目标,计划在 3~5 年初步形成以股权投资基金、金融科技和金融征信为特色的科技金融产业高地,引导知名产业基金落户相城,培育一批具有行业影响力的金融科技企业。

第十二章　苏州金融中心建设展望

展望未来,苏州应高举服务"一带一路"建设、承担国家使命的大旗,抢抓新一轮金融业对外开放、长三角一体化和自贸试验区建设等重大战略叠加实施机遇,发挥毗邻上海、背靠长三角的区位优势,依托自身及腹地经济庞大需求,在服务实体经济中深化改革、务实创新,围绕产业资本集聚中心、金融科技创新高地、金融开放合作高地和金融生态环境高地四大功能定位,将自身打造成为与上海国际金融中心有良好协同增强效应的功能性金融中心,为苏州建设"现代国际大都市,美丽幸福新天堂"提供有力的金融支撑。

12.1　打造全国产业资本集聚中心

当前,我国经济由高速增长阶段转向高质量发展阶段,正处在转变发展方式、优化经济结构、转换增长动力的攻关期。作为传统工业强市,培育新兴产业、推动传统产业转型升级已经成为苏州城市发展亟待破题、必须走好的关键一步。当前,苏州金融体系仍以银行间接融资为主,直接融资占比仍然偏低,难以满足新兴产业培育和产业转型升级的金融需求,必须深化金融供给侧结构性改革,大力吸引集聚产业资本,打造全国产业资本集聚中心,创新发展产业金融,做好普惠金融和基础设施金融服务工作,以产业资本集聚服务引导苏州经济和产业转型升级。

第一,大力发展直接融资,优化金融服务结构。苏州作为母基金发源地,拥有两大私募投资基金集聚区,上市公司数量众多,拥有进一步发展全生命周期直接融资体系的良好条件。应加快私募股权投资基金行业集聚发展,提升企业利用资本市场发展强度,健全全生命周期直接融资服务体系。以母基金为引领推动构建更为完善的股权基金产业链;提升上市公司资本市场利用强度,加大力度推动并购基金的设立,推动上市公司整合资源,做大规模;优化完善私募基金发展环境,着力引进细分行业专业化团队,以专业化整合市场资源,推动产业资本集聚。

第二,大力发展产业金融,创新金融服务路径。当前,苏州正积极培育生物医药、智能制造等新兴产业,大力推动传统制造业和服务业转型升级,亟须构建并完善科技金融服务体系,鼓励金融机构创新科技金融产品,建设与科创企业融资需求相适应的新型金融供给体系;加强金融服务制造业转型升级,优化制造业金融资源配置,大力推动制造业领域金融产品和服务创新,鼓励制造企业实施产融结合;加强金融现代服务业发展,加大文化旅游产业金融支持,促进消费金融模式创新。

第三,完善普惠金融体系,拓展金融服务范围。苏州民营经济发展,小微企业和个体工商户众多,还有相当比例的市场主体从未获得正规信贷,应着力优化普惠金融和保障体系,积极打造数字化普惠金融服务平台,鼓励金融机构开展普惠金融产品与服务创新,完善普惠金融和农村金融基础设施建设,提升金融服务便利化水平,着力提升苏州金融体系的服务覆盖面。

第四,服务基础设施建设,推动市域一体化发展。苏州作为县域经济典型代表,下辖区县经济实力强劲,经济社会资源分散,不利于苏州市域一体化发展,应加快基础设施投融资创新,完善基础设施建设相关规制政策,创新“社会效益经济化+利益分享”基础设施投融资模式,发挥财政资金对社会资本的杠杆放大作用,提升基础设施建设企业综合融资能力,充分利用金融创新手段,大力推动苏州市域一体化发展。

12.2 打造全国金融科技创新高地

2019 年 6 月,苏州获得中国人民银行批复,正式成为全国首个小微企业数字征信实验区。2020 年 4 月,苏州、深圳、成都和雄安 4 个城市入选央行数字货币试点城市,央行数字货币内部测试和部分基础设施建设已经率先在苏州展开。同月,央行宣布支持在上海、重庆、深圳、雄安、杭州、苏州等 6 市(区)扩大金融科技创新监管试点。展望未来,苏州应把握数字货币、金融科技创新监管、数字征信三大金融科技政策叠加机遇,大力打造全国金融科技创新高地,实现金融中心“弯道超车”发展。

第一,加快数字货币基础设施建设,率先布局数字货币产业链。充分发挥相城区央行数字货币资源优势,积极开展数字货币理论、前沿科技、业务推广等方面研究,更大力度、更前瞻性布局和完善数字化金融基础设施建设,前瞻性探索创新数字货币应用场景,着力引进集聚数字货币产业市场主体,结合数字货币试点发行的战略意义及特征属性,总体谋划和布局数字货币应用试点项目。

第二,加快金融科技创新监管试点,推动金融科技产业繁荣发展。加快开展苏州特色监管沙盒试点,着力推动金融机构数字化转型,引导持牌金融机构、科技公司申请创新测试,鼓励金融机构加强金融科技运用,更精准地识别客户需求,改变传统标准化作业流程,提升客户体验,利用毗邻上海金融中心优势,积极布局金融科技产业资源,加快引进培育金融科技龙头机构。

第三,加快建设国内一流数字征信体系,探索打造征信服务产业链。在现有苏州地方征信平台基础上,进一步整合打通苏州工信、民政、公安、生态环境、自然资源、市场监管、税务等部门公共基础信息,探索从制度层面保障征信体系数据获取的稳定性和可得性,率先建成国内一流征信基础设施,完善多元化广覆盖数字征信体系,吸引集聚境内外征信服务机构。

12.3　打造全国金融开放合作高地

2020 年 4 月 1 日,中国金融行业全面开放,标志着我国金融开放进入全新阶段,为苏州金融业开放发展带来历史性机遇。目前,苏州工业园区充分利用中新理事会平台大力推动中新金融合作,积极探索推进金融创新及开放政策先行先试,已取得显著成效。中新跨境人民币创新试点业务有效促进了区域贸易投资便利化,拓宽了企业融资新的渠道,积极推动了双方金融机构互设等。展望未来,苏州应进一步发挥中新、昆台等跨境金融合作渠道优势,发挥好自贸试验区政策优势,打造全国金融开放合作高地。

第一,优化合作体制机制,全面扩大中新、昆台金融合作。进一步发挥中新理事会平台作用,优化和创新中新、昆台金融合作体制机制,扩大中新、昆台跨境金融合作创新,扩大中新、昆台金融机构和金融人才合作交流,积极争取在推动中新、昆台合资法人金融机构新设置上实现突破,持续深化与新加坡在金融科技领域的深度创新合作。

第二,加强自贸区金融创新,拓宽资金跨境通道。创新利用跨境资金流通政策,开展跨境双向人民币资金池、人民币跨境支付结算、跨境理财融资、跨境再保险、保税展示交易等创新业务;探索构建离、在岸资金对接通道,拓展自贸账户管理体系功能,拓宽本外币、境内外、离在岸对接合作通道;探索更大程度的资本项目开放,大力推进离岸金融业务发展,争取在自贸试验区内实现离岸资金自由跨境流动。

第三,吸引外资机构集聚,提升金融机构国际化水平。优化招商政策,提高服务质量,大力引进集聚外资金融机构,支持符合条件的境外资本发起和参与设立法人金融机构,按照竞争中性原则落实外资准入前"国民待遇+负面清单"管理制度,提升外资机构本地化发展水平,推动本地机构和企业建设国际服务网络,推动新兴金融机构"走出去"发展。

第四,深化国际交流推广,提升苏州金融国际影响力。与其他金融中心城市相比,苏州金融中心国际交流推广力度还较弱,应积极开展与全球主要金融中心以及"一带一路"沿线重点城市的交流合作,学习借鉴国际金融中心在金融法治、金融监管、环境营造等方面的先进经验;加强苏州金融业国际宣传推广,构建多层次、常态化的金融中心国际宣传推广长效机制,举办高规格、重量级金融会议论坛,进一步扩大苏州金融中心知名度。

12.4 打造全国金融生态环境高地

2020年3月30日,苏州市委、市政府召开苏州市营商环境创新大会,提出要打造"营商环境3.0"版本,以营商环境的最优带动投资创业的最热,让苏州这座开放的城市始终行稳致远,永远活力四射。从金融生态环境来看,苏州虽然拥有优质的金融信用环境,坏账率始终处于全国较低水平,综合金融服务平台建设独具特色,但是在金融产业政策支持力度上与领先的金融中心还有较大差距,金融产业空间布局还较为分散。展望未来,苏州应以问题为导向,不断提升和优化政府服务效率和能力,营造"最舒心"金融生态环境,建设金融生态环境高地。

第一,完善金融发展政策环境,强化金融发展基础支撑。虽然金融业已经成为苏州国民经济支柱产业,但是由于苏州重视实体经济的传统,金融业发展的重视程度还有待进一步提高。应强化苏州金融业作为独立产业的内生循环发展,优化和提升金融政策体系,出台金融产业专项发展政策,改革政府扶持产业资金支持方式,构建成本补贴、风险补偿、投资引导以及专项奖励的联动机制,充分发挥财政资金杠杆放大作用,增强政府服务力量,大力支持苏州金融业发展。

第二,构建金融人才发展体系,打造优质金融人才生态环境。由于毗邻上海,苏州在金融人才引进上面临较大劣势,对苏州金融业发展形成较大制约。应强化金融人才环境优势,构建完善金融人才培训体系,设立基础金融人员专项培训方案,搭建本地金融人才技能提升项目,制订金融科技金融人才专才计划;优化金融人才引进集聚机制,强化高端金融人才柔性引进机制,突出市场化引人机制,完善金融人才交流合作机制;打造优质金融人才生态环境,支持机构自主制定人才激励机制,打造金融人才服务体系。

第三,夯实金融信用环境优势,构建金融发展安全屏障。在现有优质的金融信用环境基础上,结合数字征信平台建设,打造金融信用环境高地;进一步优化金融风险防控体系,加强风险梳理与监测平台建设,强化风险治理配套支撑,健全中央与地方金融风险预警处置协调机制;建立健全金融法治体系,支持金融法庭与金融监管部门、司法部门加强沟通协作和信息共享,强化金融执法、司法人员培训力度,提升金融执法与司法水平。

第四,优化金融产业空间布局,增强金融资源集聚能力。聚焦工业园区、苏州金融小镇、东沙湖基金小镇等金融集聚区建设,优化金融产业空间布局,突出区域定位与特色,明确特色金融功能区发展战略,坚持专业化、特色化发展方向;加快基础设施高质量开发,瞄准国际先进水平,打造国际化优质金融商务集聚空间群;优化集聚区运营机制,进一步强化建设运营主体的产业引导、资本招商、金融创新、法人机构培育等功能。

附录一　中国金融中心指数评价方法

CDI CFCI 是在前人研究结论的基础上，综合运用产业发展、金融发展和城市发展等方面理论，充分考虑我国城市统计数据特征，并听取、借鉴大量来自政府部门和金融机构专业人士的意见后，形成的一个目前适用于中国境内金融中心竞争力评价的动态评估指标体系。

一、研究框架："钱才"集聚论

金融中心实际上是金融资源相对集聚的场所，其中，金融资源包括金融资本、金融机构、金融市场、金融信息、金融人才等方面。因而，金融中心的建设机制很大程度上就是金融资源的集聚机制。

关于金融资源的集聚机制，我们在第三期指数报告中提出了"钱才"集聚论论（见附图 1－1）：从本质说，金融中心的形成和发展可以归结为"钱才"集聚，"钱"指的是金融资本，"才"指的是金融人才。

"钱才"集聚可以全面体现各类金融资源的集聚，"钱才"本身是最重要的两类金融资源，其他资源如金融机构、金融市场、金融信息、金融产品等都是"钱"与"才"的结合。

金融中心的"钱才"集聚论可以较好地解释金融中心形成和发展的客观规律。

"钱"，即金融资本的集聚方向是什么？资本有着逐利的本性，"钱"往高处流，即资本流向能够带来高盈利的地方。

"才"，即金融人才的集聚方向是什么？"才"往"两高"流，即人才流向高收入和高生活质量的地方。

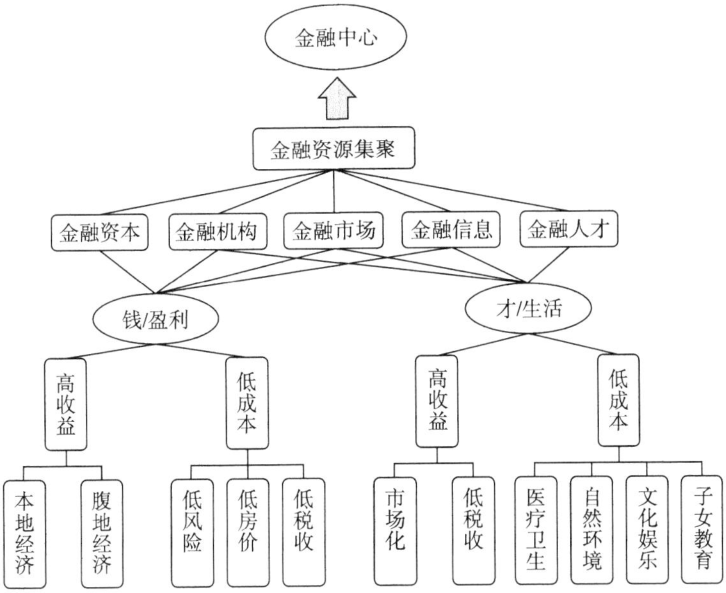

附图 1-1　金融中心的“钱才”集聚论

二、指标设计原则

设计科学合理的指标体系是开展金融中心竞争力评价的基础。在设计指标体系时，既要考虑金融竞争力构成的理论要素和评价指标对金融中心竞争力的代表性，也要考虑所选指标原始数据的可得性。CDI CFCI 指标体系设计遵循以下原则。

（1）全面性原则。基于金融中心竞争力构成因素的复杂性，CDI CFCI 指标体系设计尽可能全面囊括可以反映金融中心竞争力的指标。一些指标之间也许存在一定的相容性或相关性，但为了能够全面反映城市金融竞争力的不同方面，并不将这些指标排除。

（2）可操作性原则。基于我国城市统计工作的实际情况，有些理想的或理论上的评价指标很难获得有效的数据，在设计指标体系时需要考虑用其他指标加以代替，以确保所确定的指标都能获得相应的统计数据。

（3）启示性原则。编制 CDI CFCI 的目的除了能够全面反映我国各金融中心发展概况外,还期望能够给予我国金融中心建设一定的启示。因此,指标体系设计也围绕这一基本目的展开。

(4)层次性原则。为了能够更好地发现和分析各金融中心城市金融业发展的优势和差距,在设计指标体系时需要对众多的指标进行归类,建立起分级、分层次的指标体系。

三、指标框架体系

基于“钱才”集聚论的框架模型,我们建立了中国金融中心竞争力评价体系。CDI CFCI 一级指标体系有四个:金融产业绩效、金融机构实力、金融市场规模和金融生态环境。前三类为显示性指标,最后一类为解释性指标。“金融产业绩效”是金融产业发展的直接结果体现,也反映了进行金融中心建设给城市发展带来的利益;“金融机构实力”体现了金融中心的金融市场主体发展概况及其金融业务开展的状况;“金融市场规模”体现了金融中心在国家或区域金融集中交易市场中的地位;“金融生态环境”则反映了金融中心发展的基础和潜力。在本指数的四个一级指标中,“金融产业绩效”“金融机构实力”“金融市场规模”是“钱才”集聚的面相,而“金融生态环境”是“钱才”集聚的背影,从而可以较全面地反映一个城市的金融产业发展水平和发展趋势。

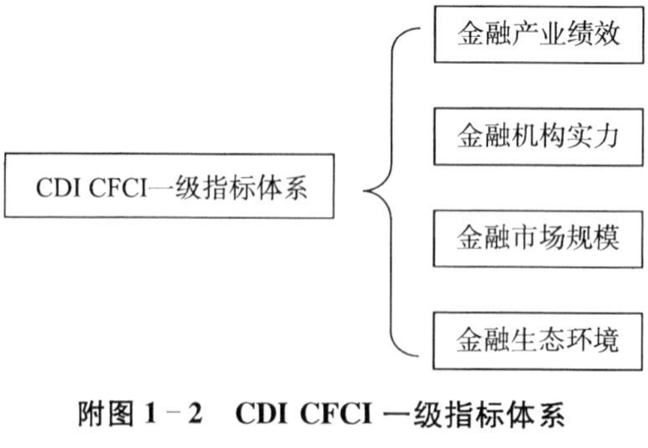

附图 1-2　CDI CFCI 一级指标体系

(1)金融产业绩效。金融产业是一个城市社会经济发展的重要推动力,根据产业经济的乘数理论,这一推动力的大小依赖于金融产业的直接产出,以及金融产业所控制的金融资源。本期我们将金融产业绩效划分为产出带动水平和业务发展水平两个评价维度,三级指标包括金融产业增加值、金融业从业人员、金融业务规模、业务相对水平等,这些都是金融竞争力的直接和综合体现。

(2)金融机构实力。金融机构通常包括银行、保险、证券三类,是城市金融产业的主体。有影响力的金融机构集聚对于推动金融创新和城市金融业的发展能够起到支撑性作用,一个城市金融机构的综合实力在很大程度上反映了城市金融竞争力。此外,金融机构实力还反映了一个城市金融业务量的大小,如人民币存款、贷款等。

(3)金融市场规模。金融市场既是金融工具交易的场所,也是金融创新的重要场所,主要包括货币市场、股票市场、债券市场、黄金市场、外汇市场、衍生品市场和产权交易市场等。金融市场的规模和交易活跃程度是吸引和会聚金融交易者、金融机构和金融人才的重要因素,对于提升城市金融辐射力起着至关重要的作用。

(4)金融生态环境。城市金融业的发展不仅有赖于金融产业本身,更与城市社会经济发展的各个方面息息相关。城市金融业发展的外部环境统称为"金融生态环境",是城市金融竞争力的解释性因素。CFCI评价体系中,金融生态环境是构成综合竞争力的四大一级指标之一,主要通过衡量金融人才环境、商业环境以及国际化程度来反映金融业发展所需的外部环境优良度。

四、具体指标设计

第十二期 CDI CFCI 对指标体系进行了小幅的优化和调整,在地方金融组织评估指标下将"第三方支付机构数"调整为"商业保理机构数",指标总量与上一期一致,目前的指标体系共有四级指标 94 个。

附表 1-1 CDI CFCI 四级指标体系

一级	二级	三级(四级)
金融产业绩效	产出带动水平	金融业增加值(金融业增加值及其近三年平均增长率、金融业增加值占当地 GDP 比重)
		金融从业人员(金融机构从业人员数及其近三年平均增长率、从业人数占常住人口比重)
	业务发展水平	金融业务规模(金融机构本外币存款余额、贷款余额、本地证券交易量、保费收入)
		业务相对水平(存、贷款余额与 GDP 之比,本地证券交易量与 GDP 之比,保险深度,保险密度)
金融机构实力	银行类机构	商业银行(本地法人商业银行数量、法人商业银行资产总规模、商业银行支行数)
		其他信贷类机构(法人信托公司、法人财务公司、汽车金融公司、消费金融公司)
	证券类机构	证券公司(本地法人机构数量、资产规模、证券营业部家数、证券类资管公司数)
		公募基金管理公司(本地法人机构数量、资产管理规模)
		期货公司(本地法人机构数量、资产规模)
		私募基金(管理人数、基金产品数)
	保险类机构	本地法人保险机构(法人保险公司数量、资产规模、保险类资管公司)
	地方金融机构	小额贷款机构数
		融资租赁机构数
		融资担保机构数
		商业保理机构数
金融市场规模	货币市场	同业拆借市场(成交金额)、回购市场(交易额)、票据市场(贴现总额)
	股票市场	市场规模(上市公司家数、上市公司总市值、成交金额)、市场融资能力(股票发行额)
	债券市场	银行间债券市场(现券交易额)、交易所债券市场(现券交易额)

续表

一级	二级	三级(四级)
金融市场规模	黄金、外汇及衍生品市场	黄金市场(黄金交易额)、外汇市场(日均成交额)、金融衍生品市场(股指期货成交额)、商品衍生品市场(商品期货交易额)
	资本市场利用	上市水平(A股上市公司数、"新三板"挂牌数、新增IPO数)
		直接融资水平(本地A股市场累计融资额,年度新增融资规模)
	区域要素市场	区域股权(挂牌企业数量、挂牌企业注册资本合计规模)
金融生态环境	人才环境	教育环境(普通高等学校在校学生数、普通高等学校数、"双一流"高校数、每所普通中学专任教师负担学生数、每所小学专任教师负担学生数)
		医疗卫生(具备器官移植资质的医院数、每万人拥有医院病床数、每万人拥有医生数)
		城市环境(人均公园绿地面积、空气质量优良率、城市交通健康指数,每百万人城市轨道交通里程)
		生活质量(金融业在岗职工年均收入,城镇居民家庭人均消费支出,住宅房价收入比)
	商业环境	经济基础(地区生产总值、人均地区生产总值、GDP增速)
		专业服务(执业律师数、注册会计师数、专业保险中介机构数量)
		政策环境(金融业发展促进政策支持力度,产业政策友好度)
		地方风险控制(地方政府负债率、地方政府债务率、银行业不良贷款率)
	国际化程度	机构国际化(外资金融机构营业性机构数、外资金融机构代表处数)
		经济外向度(FDI、进出口总额、国际旅游收入)
		国际影响力(入境游客接待数、国际航班起降架次、金融中心国际知名度)

五、数据处理方法

确定指标体系后,我们通过多种渠道搜集城市数据,并对数据进行标准化和指标赋权,最终计算出 CDI CFCI 指数。

(1)数据来源。CDI CFCI 所采用的客观数据,以各城市历年公布的统计年鉴数据为基础,结合使用金融监管机构和金融机构的统计数据。

(2)数据标准化。CDI CFCI 对各项指标"锚定"一个基准值,各城市在该项所获标准化得分取决于城市指标原始值与锚定基准值之间的比例关系。

对于正指标(即数值越大越好的指标)

标准化得分=指标原始值/锚定基准值

对于逆指标(即数值越小越好的指标)

标准化得分=锚定基准值/指标原始值

(3)指标赋权。各指标对上级指标的贡献权重由众多专家打分确定。给 CDI CFCI 各指标赋权的专家包括各地政府金融办人员、金融监管机构人员、金融机构从业人士、金融业知名专家以及 CDI 课题组成员。

(4)计算指数。将各城市相关指标的标准化得分与指标权重相乘并加总,即可得 CDI CFCI 指数,包括综合竞争力指数和分项竞争力指数。

(5)指数更新。CDI CFCI 研究秉持客观公正原则以及可持续、包容性理念,在计量分析模型总体保持不变的基础上,每期对相关评价指标的统计方法和权重进行优化调整,以保持评价结果的科学性、连续性和一致性。

六、样本城市

与第十期 CDI CFCI 指数相同,本期 CDI CFCI 的样本城市共有 31 个,布局情况如下:①

全国性金融中心有 3 个,分别是上海、北京和深圳;

---

① 根据国务院发展研究中心发展战略和区域经济研究部的课题报告《中国(大陆)区域社会经济发展特征分析》提出的划分中国(大陆)区域新方法,分为六大区域。

东北区域，主要包括辽宁、吉林和黑龙江三省，有4个样本城市，分别是大连、沈阳、长春和哈尔滨；

北部沿海区域，包括北京、天津、河北、山东两市两省，有4个样本城市，分别是天津、济南、青岛和石家庄；

东部沿海区域，包括上海、江苏、浙江一市两省，有6个样本城市，分别是杭州、南京、苏州、宁波、无锡和温州；

南部沿海区域，包括福建、广东、海南三省，有3个样本城市，分别是广州、厦门和福州；

中部区域，主要覆盖黄河中游和长江中游地区，包括山西、河南、内蒙古、湖北、湖南、江西、安徽六省一区，有5个样本城市，分别是武汉、长沙、郑州、合肥和南昌；

西部区域，包括云南、贵州、四川、重庆、广西、甘肃、青海、宁夏、陕西、西藏、新疆共一市六省四区，有6个样本城市，分别是成都、重庆、西安、昆明、南宁和乌鲁木齐。

附录二　主要指标说明

金融从业人员:本指标体系采用单位从业人员统计口径,指在各级国家机关、政党机关、社会团体及企业、事业单位工作,取得工资或其他形式的劳动报酬的全部人员。包括在岗职工、再就业的离退休人员、民办教师以及在各单位工作的外方人员和港澳台人员、兼职人员、借用的外单位人员和第二职业者。不包括离开本单位仍保留劳动关系的职工。

金融业增加值三年平均增长率:本指标选用最近三年的金融业增加值同比增长率(按照可比价格计算),按照算术平均法计算。

本地证券交易量与 GDP 之比:本地证券交易量指地区所在的所有证券营业部当年证券交易量之和。

境内股票累计融资量与 GDP 之比:境内股票市场主要指沪、深 A 股市场,累计融资量包括公开发行和后续增发的部分。数据来源于上交所和深交所公示的历年股票筹资发行信息。

商业银行:包括大型商业银行、股份制商业银行、城市商业银行、农村商业银行和外资银行。

商业银行支行数量:数据来自银保监会金融许可证查询系统。

商业银行不良贷款率:除直辖市及个别计划单列市有该项统计数据外,其他无该项统计数据的城市皆以当年银保监会年报公布的全省数据替代。

外资银行在本地的营业性机构:统计口径为当地外资银行分行数加上支行数的总和。

本地法人证券公司:指总部注册地在本地的证券公司,信息来自证券业协会官方网站公示。

基金管理公司资产管理规模:指基金资产净值,数据来自中国证券投资基金业协会。

保险深度：指当地保费收入占该地区生产总值（GDP）的比重，计算公式为

保险深度=保费收入/地区生产总值

保险密度：指按当地人口计算的人均保险费额，本报告中计算公式为

保险密度=保费收入/常住人口

黄金交易额：仅为黄金成交金额，不包括铂金和白银。

普通高等学校：以当年教育部公布的数据为准。

人均公园绿地面积：以当地常住人口数量为统计口径。

住宅房价收入比：计算公式为

住宅房价收入比=住宅销售均价×100/（3×在岗职工平均工资）

人均地区生产总值：以常住人口统计口径计算。

本地上市公司数量：包括境内和境外可查询到的上市公司数量。

城市交通健康指数：引用来自高德地图《中国主要城市交通分析报告2019》关于城市道路交通健康指数的计算结果。

金融中心国际知名度：直接引用全球金融中心指数（GFCI 27）的最新评价结果。

附录三　CFCI 12 原始数据

序号	四级指标	年份	全国性金融中心			东北区域金融中心				北部沿海区域金融中心			
			北京	上海	深圳	长春	大连	哈尔滨	沈阳	济南	青岛	石家庄	天津
1	金融业增加值数额/亿元	2019	6544.8	6600.6	3667.6	—	—	603.1	494.5	839.6	—	—	2025.9
2	金融业增加值三年平均增长率/%	2019	7.9	9.3	4.9	1.7	-0.4	6.3	5.1	5.7	6.6	10.8	6.2
3	金融业增加值占当地 GDP 的比率/%	2019	18.5	17.3	13.6	4.8	8.7	11.5	7.6	8.9	6.8	9.4	14.4
4	金融从业人员总数/万人	2018	58.2	35.3	20.1	5.6	7.1	7.1	7.3	9.8	6.4	—	23.2
5	金融从业人员三年平均增长率/%	2018	4.6	1.5	10.2	6.9	3.3	1.1	8.1	8.3	3.2	-0.7	7.4

续表

序号	四级指标	年份	全国性金融中心			东北区域金融中心				北部沿海区域金融中心			
			北京	上海	深圳	长春	大连	哈尔滨	沈阳	济南	青岛	石家庄	天津
6	金融从业人员占常住人口比重/%	2018	2.70	1.46	1.54	0.75	1.01	0.65	0.88	1.31	0.68	0.49	1.49
7	金融机构本外币存款余额/亿元	2019	171062	132820	83900	12682	14634	12353	18870	18646	17876	15052	31789
8	金融机构本外币贷款余额/亿元	2019	76876	79843	59500	13096	12526	12182	16812	18769	18210	11407	36141
9	本地证券交易量/亿元	2019	946426	1760561	327823	14352	40225	27113	28875	36000	69737	—	39924
10	保费收入/亿元	2019	2077	1720	1384	292	371	375	378	532	487	489	618
11	存款余额与 GDP 之比/%	2019	483.6	348.1	311.6	214.8	209.0	235.3	291.6	197.5	152.3	259.1	225.4
12	贷款余额与 GDP 之比/%	2019	217.3	209.3	221.0	221.8	178.9	232.1	259.8	198.7	155.1	196.3	256.2
13	本地证券交易量与 GDP 之比/%	2019	2675.7	4614.2	1217.4	243.1	574.5	516.5	446.3	381.2	593.9	129.3	283.1
14	保险深度/%	2019	5.9	4.5	5.1	5.0	5.3	7.1	5.8	5.6	4.1	8.4	4.4
15	保险密度/(元/人)	2019	9642	7084	10302	3878	5300	3485	4546	5975	5125	4433	3956
16	本地法人商业银行数量/家	2019	23	25	9	9	2	8	4	8	2	9	7
17	本地法人商业银行资产总规模/亿元	2019	1548220	224481	124689	7211	5210	9043	11122	6048	7153	4407	23384

续表

序号	四级指标	年份	全国性金融中心			东北区域金融中心				北部沿海区域金融中心			
			北京	上海	深圳	长春	大连	哈尔滨	沈阳	济南	青岛	石家庄	天津
18	商业银行支行数量/家	2019	3330	3286	1788	1089	1240	1110	1114	1044	1108	1126	2157
19	本地法人信托公司数/家	2019	12	7	2	2	1	1	0	1	1	1	2
20	本地法人财务公司数/家	2019	73	23	10	2	2	2	0	10	5	4	7
21	汽车金融公司/家	2019	7	7	0	1	0	0	0	1	0	0	2
22	消费金融公司/家	2019	2	2	1	0	0	1	1	0	1	1	1
23	本地法人证券公司数量/家	2019	18	20	18	2	1	1	2	1	1	1	1
24	本地法人证券公司资产总规模/亿元	2019	13080	21704	20027	689	89	352	123	1466	198	342	529
25	证券营业部家数/家	2019	543	784	465	79	95	87	102	93	124	74	157
26	证券类资产管理公司/家	2019	0	9	4	0	0	0	0	0	0	0	0
27	本地法人公募基金数量/只	2019	19	58	31	0	0	0	0	0	0	0	1
28	公募基金资产管理规模/亿元	2019	19268	53850	38865	0	0	0	0	0	0	0	12718
29	本地法人机构数量/家	2019	19	34	14	2	1	2	1	1	0	1	6
30	法人机构资产规模/亿元	2017	608.3	1322.3	575.0	4.4	2.5	2.2	6.4	58.1	0	1.0	42.1
31	私募基金管理人数量/家	2019	4358	4686	4527	69	89	60	55	186	309	88	473
32	私募基金数量/只	2019	14749	23730	14918	105	248	89	90	373	640	161	1750
33	本地法人保险公司数量/家	2019	63	49	21	2	4	1	1	3	1	0	7

续表

序号	四级指标	年份	全国性金融中心			东北区域金融中心				北部沿海区域金融中心			
			北京	上海	深圳	长春	大连	哈尔滨	沈阳	济南	青岛	石家庄	天津
34	本地法人保险公司资产规模/亿元	2019	84142	34430	43280	110	1522	45	32	107	14	0	7026
35	保险类资产管理公司/家	2019	11	8	5	0	1	0	0	0	0	0	1
36	小额贷款机构数量/家	2019	130	125	129	—	70	—	73	41	50	—	95
37	融资租赁机构数量/家	2019	228	2171	2640	—	103	3	438	170	157	3	1730
38	融资担保机构数量/家	2019	62	30	100	—	112	—	47	28	42	—	—
39	商业保理机构数量/家	2019	63	—	—	—	—	—	—	25	—	—	—
40	同业拆借成交金额/万亿元	2019	n. a	151. 60	n. a	n. a	n. a	n. a	n. a	n. a	n. a	n. a	n. a
41	回购交易额/万亿元	2019	n. a	819. 60	n. a	n. a	n. a	n. a	n. a	n. a	n. a	n. a	n. a
42	商业票据贴现总额/万亿元	2019	n. a	12. 46	n. a	n. a	n. a	n. a	n. a	n. a	n. a	n. a	n. a
43	交易所上市公司数/家	2019	8953	1615	2205	n. a	n. a	n. a	n. a	n. a	n. a	n. a	n. a
44	交易所上市公司总市值/亿元	2019	29400	355520	237415	n. a	n. a	n. a	n. a	n. a	n. a	n. a	n. a
45	股票市场成交金额/亿元	2019	826	543844	730315	n. a	n. a	n. a	n. a	n. a	n. a	n. a	n. a
46	股票发行筹资额/亿元	2019	265. 00	5145. 33	5089. 00	n. a	n. a	n. a	n. a	n. a	n. a	n. a	n. a
47	银行间债券市场现券交易额/万亿元	2019	n. a	217. 4	n. a	n. a	n. a	n. a	n. a	n. a	n. a	n. a	n. a

续表

序号	四级指标	年份	全国性金融中心			东北区域金融中心				北部沿海区域金融中心			
			北京	上海	深圳	长春	大连	哈尔滨	沈阳	济南	青岛	石家庄	天津
48	交易所债券市场现券交易额/亿元	2019	n. a	64100	18206	n. a	n. a	n. a	n. a	n. a	n. a	n. a	n. a
49	黄金交易额/亿元	2019	n. a	143800	n. a	n. a	n. a	n. a	n. a	n. a	n. a	n. a	n. a
50	外汇市场日均成交额/亿美元	2019	n. a	798	n. a	n. a	n. a	n. a	n. a	n. a	n. a	n. a	n. a
51	股指期货市场成交额/万亿元	2019	n. a	69. 62	n. a	n. a	n. a	n. a	n. a	n. a	n. a	n. a	n. a
52	商品期货市场成交额/万亿元	2019	n. a	128. 10	n. a	n. a	68. 92	n. a	n. a	n. a	n. a	n. a	n. a
53	本地A股上市公司数/家	2019	344	307	298	24	28	29	23	28	39	16	54
54	“新三板”挂牌公司数/家	2019	1187	714	490	33	72	47	54	136	92	65	161
55	年度新增IPO公司数/家	2019	29	21	15	0	0	1	1	2	9	1	2
56	本地A股市场累计融资额/亿元	2019	20921. 2	11987. 3	7414. 0	586. 0	1457. 0	611. 2	497. 2	879. 7	578. 1	1047. 7	1158. 0
57	年度新增直接融资规模/亿元	2019	1541. 5	776. 9	555. 2	51. 9	0. 3	9. 5	14. 3	27. 9	169. 7	165. 8	146. 0
58	区域股权市场拥有的挂牌公司数/家	2019	6371	10156	7063	31	624	1074	2219	0	3474	2019	4751

续表

序号	四级指标	年份	全国性金融中心			东北区域金融中心				北部沿海区域金融中心			
			北京	上海	深圳	长春	大连	哈尔滨	沈阳	济南	青岛	石家庄	天津
59	区域股权市场所有挂牌公司注册资本规模/亿元	2018	549.4	1895.1	6957.2	98.3	138.1	165.4	382.9	0	286.8	221.9	317.9
60	普通高等学校在校学生数/万人	2018	91.7	69.7	10.4	50.5	33.0	61.1	44.7	63.9	43.9	49.6	52.3
61	普通高等学校数/所	2019	93	64	8	40	30	51	48	43	21	44	57
62	“双一流”高校数/所	2019	42	18	0	3	3	5	3	2	3	0	8
63	每所普通中学专任教师负担学生数/人	2018	6.3	10.0	12.6	9.5	10.3	11.3	11.0	11.7	10.7	12.6	10.0
64	每所小学专任教师负担学生数/人	2018	16.7	14.1	18.6	15.7	17.0	13.9	17.1	15.2	15.4	21.3	15.0
65	具备器官移植资质的医院数/家	2019	17	11	2	1	2	2	3	6	2	2	4
66	每万人拥有医院病床数/张	2018	54.0	53.2	33.4	64.5	—	69.4	78.0	65.5	54.1	44.7	38.7
67	每万人拥有执业医师数/人	2018	50.8	30.9	27.9	32.7	31.3	24.5	36.2	43.1	36.8	28.3	27.6
68	人均公园绿地面积/平方米	2018	15.1	8.5	15.3	8.7	7.3	4.7	9.2	5.3	9.1	4.4	7.0
69	空气质量优良率/%	2019	65.8	84.7	97.5	83.8	82.7	83.3	77.8	52.6	78.6	47.7	60.0

续表

序号	四级指标	年份	全国性金融中心			东北区域金融中心				北部沿海区域金融中心			
			北京	上海	深圳	长春	大连	哈尔滨	沈阳	济南	青岛	石家庄	天津
70	城市交通健康指数/%	2019	51.4	57.2	52.8	54.2	58.9	50.9	58.4	57.4	61.8	65.4	67.1
71	每百万人城市轨道交通里程/公里	2019	32.5	29.0	23.5	13.3	22.6	2.9	13.7	5.4	18.6	4.2	14.9
72	日航班次数/架次	2019	1778	2150	1014	271	425	405	398	356	511	249	460
73	金融业在岗职工年均收入/元	2018	329709	257723	277643	130770	148183	112367	155771	161203	136656	106604	155000
74	城镇居民家庭人均消费支出/元	2019	46358	48272	43113	—	—	29235	34137	33439	35266	23349	34811
75	住宅房价收入比/%	2018	8.32	6.88	16.54	3.35	4.35	4.15	3.59	4.26	6.05	4.61	5.11
76	地区生产总值/亿元	2019	35371	38155	26927	5904	7002	5249	6470	9443	11741	5810	14104
77	人均地区生产总值/元	2019	164243	157141	200368	78324	100024	48773	77749	106002	123595	52668	90306
78	GDP 增速/%	2019	6.1	6.0	6.7	3.0	6.5	4.4	4.2	7.0	6.5	6.7	4.8
79	执业律师数/人	2018	31125	25570	13358	1780	3855	2217	4335	5572	5331	4161	7433
80	注册会计师(CPA)数/人	2019	13177	7043	3577	1313	1096	1588	1346	2182	1208	1498	2113
81	专业保险中介机构数量/家	2019	950	489	404	445	105	306	535	497	520	441	307
82	金融业发展促进政策支持力度	2019	5.9	3.9	7.0	3.0	3.3	1.5	3.7	5.9	4.1	1.5	2.2

续表

序号	四级指标	年份	全国性金融中心			东北区域金融中心				北部沿海区域金融中心			
			北京	上海	深圳	长春	大连	哈尔滨	沈阳	济南	青岛	石家庄	天津
83	产业政策友好度	2019	6. 5	6. 1	10. 0	2. 4	7. 3	2. 7	4. 3	6. 3	5. 6	1. 9	5. 1
84	地方政府负债率/%	2019	26. 4	17. 1	2. 5	85. 2	29. 5	90. 0	105. 7	128. 2	24. 1	150. 9	66. 9
85	地方政府债务率/%	2019	161	91	18	1198	301	1274	936	1385	228	1540	391
86	银行业不良贷款率/%	2019	0. 55	0. 93	1. 26	3. 86	4. 60	2. 79	4. 60	2. 88	1. 40	2. 21	2. 29
87	外资金融机构营业性机构数/家	2019	120	183	67	3	21	12	27	28	30	11	45
88	外资金融机构驻华代表处数/家	2019	139	88	16	0	5	0	1	1	3	0	2
89	当年实际利用 FDI 总额/亿美元	2019	142. 1	190. 5	78. 1	3. 3	—	3. 4	16. 5	22. 4	58. 4	16. 1	47. 3
90	当年进出口总额/亿美元	2019	4155. 0	4935. 0	4316. 0	144. 3	—	36. 5	155. 5	159. 9	859. 0	170. 9	1064. 9
91	当年国际旅游（外汇）收入/亿美元	2018	55. 2	73. 7	51. 2	3. 0	5. 7	1. 1	3. 8	2. 2	12. 1	1. 0	37. 5
92	接待入境旅游者人数/万人次	2018	400. 4	893. 7	1220. 2	45. 7	110. 3	23. 9	81. 9	39. 9	153. 6	22. 0	59. 0
93	国际航班起降架次/架次	2018	145142	218530	32531	3999	15644	6354	11217	8649	24553	3725	19964
94	金融中心国际知名度	2019	734	740	722	—	607	—	—	—	610	0	609

序号	四级指标	年份	东部沿海区域金融中心						南部沿海区域金融中心		
			杭州	南京	宁波	苏州	温州	无锡	广州	福州	厦门
1	金融业增加值数额/亿元	2019	1789.0	—	—	1581.7	—	972.0	2041.9	—	660.7
2	金融业增加值三年平均增长率/%	2019	8.3	7.0	8.2	8.3	6.5	7.9	6.9	7.9	7.0
3	金融业增加值占当地 GDP 的比率/%	2019	11.6	10.5	4.7	8.2	5.7	8.2	8.6	6.6	11.0
4	金融从业人员总数/万人	2018	11.4	7.1	8.5	6.7	6.2	4.2	12.2	3.6	3.5
5	金融从业人员三年平均增长率/%	2018	2.3	18.5	4.4	3.8	7.8	8.6	1.4	0.8	2.3
6	金融从业人员占常住人口比重/%	2018	1.17	0.84	1.03	0.63	0.67	0.63	0.82	0.47	0.86
7	金融机构本外币存款余额/亿元	2019	45287	35536	20858	33705	13380	17605	59131	15757	11610
8	金融机构本外币贷款余额/亿元	2019	42245	33586	22187	30880	11609	13557	47103	17444	11801
9	本地证券交易/亿元	2019	—	—	64158	53000	25758	32700	150700	78792	49500
10	保费收入/亿元	2019	846	763	376	711	294	431	1425	343	227
11	存款余额与 GDP 之比/%	2019	294.6	253.3	174.0	175.2	202.5	148.5	250.3	167.8	193.7
12	贷款余额与 GDP 之比/%	2019	274.8	239.4	185.1	160.5	175.7	114.4	199.3	185.7	196.8
13	本地证券交易量与 GDP 之比/%	2019	896.4	232.4	535.3	275.5	389.9	275.9	637.8	838.9	825.7
14	保险深度/%	2019	5.5	5.4	3.1	3.7	4.4	3.6	6.0	3.7	3.8
15	保险密度/ 元/人	2019	8169	8974	4399	6609	3157	6542	9309	4401	5284
16	本地法人商业银行数量/家	2019	11	9	10	6	13	3	3	7	4
17	本地法人商业银行资产总规模/亿元	2019	36142	37339	17563	9286	6835	3511	40882	74303	12898

续表

序号	四级指标	年份	东部沿海区域金融中心						南部沿海区域金融中心		
			杭州	南京	宁波	苏州	温州	无锡	广州	福州	厦门
18	商业银行支行数量/家	2019	1565	1272	1334	1507	1028	1045	2285	1136	568
19	本地法人信托公司数/家	2019	4	2	1	1	0	1	3	1	1
20	本地法人财务公司数/家	2019	7	3	1	4	1	4	9	2	2
21	汽车金融公司/家	2019	1	0	0	0	0	0	1	0	0
22	消费金融公司/家	2019	1	1	0	0	0	0	1	0	1
23	本地法人证券公司数量/家	2019	3	2	0	1	0	2	3	2	1
24	本地法人证券公司资产总规模/亿元	2019	1325	5982	0	962	0	295	4598	2189	119
25	证券营业部家数/家	2019	283	158	167	184	107	154	296	140	115
26	证券类资产管理公司/家	2019	2	0	0	0	0	0	0	1	0
27	本地法人公募基金数量/只	2019	1	0	1	0	0	0	2	2	1
28	公募基金资产管理规模/亿元	2019	266	0	1574	0	0	0	488	2244	128
29	本地法人机构数量/家	2019	10	5	1	1	0	0	7	3	2
30	法人机构资产规模/亿元	2017	505.4	61.7	26.2	9.6	0	20.3	375.2	118.6	67.4
31	私募基金管理人数量/家	2019	1539	345	857	409	49	140	865	184	355
32	私募基金数量/只	2019	5401	1061	2802	1421	212	315	2935	808	1082
33	本地法人保险公司数量/家	2019	3	3	2	1	0	1	5	0	2
34	本地法人保险公司资产规模/亿元	2019	645	508	16	171	0	58	879	0	36

续表

序号	四级指标	年份	东部沿海区域金融中心						南部沿海区域金融中心		
			杭州	南京	宁波	苏州	温州	无锡	广州	福州	厦门
35	保险类资产管理公司/家	2019	0	0	1	0	0	0	0	0	0
36	小额贷款机构数量/家	2019	54	65	45	96	41	64	112	17	14
37	融资租赁机构数量/家	2019	217	53	111	96	5	8	456	65	38
38	融资担保机构数量/家	2019	153	26	46	26	27	21	33	47	19
39	商业保理机构数量/家	2019	—	20	—	39	—	9	—	21	24
40	同业拆借成交金额/万亿元	2019	n. a	n. a	n. a	n. a	n. a	n. a	n. a	n. a	n. a
41	回购交易额/万亿元	2019	n. a	n. a	n. a	n. a	n. a	n. a	n. a	n. a	n. a
42	商业票据贴现总额/万亿元	2019	n. a	n. a	n. a	n. a	n. a	n. a	n. a	n. a	n. a
43	交易所上市公司家数/家	2019	n. a	n. a	n. a	n. a	n. a	n. a	n. a	n. a	n. a
44	交易所上市公司总市值/亿元	2019	n. a	n. a	n. a	n. a	n. a	n. a	n. a	n. a	n. a
45	股票市场成交金额/亿元	2019	n. a	n. a	n. a	n. a	n. a	n. a	n. a	n. a	n. a
46	股票发行筹资额/亿元	2019	n. a	n. a	n. a	n. a	n. a	n. a	n. a	n. a	n. a
47	银行间债券市场现券交易额/万亿元	2019	n. a	n. a	n. a	n. a	n. a	n. a	n. a	n. a	n. a
48	交易所债券市场现券交易额/亿元	2019	n. a	n. a	n. a	n. a	n. a	n. a	n. a	n. a	n. a
49	黄金交易额/亿元	2019	n. a	n. a	n. a	n. a	n. a	n. a	n. a	n. a	n. a
50	外汇市场日均成交额/亿美元	2019	n. a	n. a	n. a	n. a	n. a	n. a	n. a	n. a	n. a
51	股指期货市场成交额/万亿元	2019	n. a	n. a	n. a	n. a	n. a	n. a	n. a	n. a	n. a

续表

序号	四级指标	年份	东部沿海区域金融中心						南部沿海区域金融中心		
			杭州	南京	宁波	苏州	温州	无锡	广州	福州	厦门
52	商品期货市场成交额/万亿元	2019	n. a	n. a	n. a	n. a	n. a	n. a	n. a	n. a	n. a
53	本地 A 股上市公司数/家	2019	146	90	80	120	20	78	107	45	49
54	“新三板”挂牌公司数/家	2019	245	180	115	341	70	166	322	89	130
55	年度新增 IPO 公司数/家	2019	14	3	5	14	0	3	9	1	2
56	本地 A 股市场累计融资额/亿元	2019	2561. 1	3356. 3	1488. 0	2751. 0	283. 5	759. 9	2865. 1	3039. 3	625. 7
57	年度新增直接融资规模/亿元	2019	274. 1	164. 3	85. 8	188. 3	108. 0	91. 9	75. 0	16. 6	40. 4
58	区域股权市场拥有的挂牌公司数/家	2019	8443	7926	2196	0	0	0	17524	4587	3668
59	区域股权市场所有挂牌公司注册资本规模/亿元	2018	753. 5	787. 4	212. 3	0	0	0	436. 8	395. 7	299. 5
60	普通高等学校在校学生数/万人	2018	49. 6	85. 2	15. 6	23. 6	9. 4	11. 4	108. 6	33. 2	18. 2
61	普通高等学校数/家	2019	47	52	14	24	11	13	82	36	16
62	“双一流”高校数/家	2019	3	14	1	1	0	1	7	1	2
63	每一普通中学专任教师负担学生数/人	2018	11. 0	10. 0	12. 0	11. 5	10. 3	11. 1	11. 8	13. 0	13. 6
64	每一小学专任教师负担学生数/人	2018	16. 5	15. 3	17. 6	18. 7	20. 0	18. 4	18. 5	19. 2	19. 1
65	具备器官移植资质的医院数/个	2019	6	4	2	1	1	1	15	5	3
66	每万人拥有医院病床数/张	2018	76. 7	58. 6	43. 4	54. 1	40. 4	60. 5	57. 7	40. 7	37. 3

续表

序号	四级指标	年份	东部沿海区域金融中心						南部沿海区域金融中心		
			杭州	南京	宁波	苏州	温州	无锡	广州	福州	厦门
67	每万人拥有的执业医师数/人	2018	45.8	37.4	31.5	30.6	30.7	31.9	36.3	27.4	33.6
68	人均公园绿地面积/平方米	2018	9.2	12.1	7.7	6.7	3.1	5.9	20.3	5.3	12.6
69	空气质量优良率/%	2019	78.6	70.1	87.1	77.8	97.0	72.1	80.3	98.6	97.5
70	城市交通健康指数/%	2019	63.8	60.5	66.5	68.4	63.9	67.8	51.2	62.7	63.3
71	每百万人城市轨道交通里程/公里	2019	13.1	44.4	11.3	15.4	5.8	9.3	33.5	6.8	16.8
72	日航班次数/架次	2019	797	643	245	171	253	171	1346	309	529
73	金融业在岗职工年均收入/元	2018	226218	173155	194193	173155	119457	135836	238445	180244	212369
74	城镇居民家庭人均消费支出/元	2019	44076	35933	38274	39648	39804	37433	45049	32662	38442
75	住宅房价收入比/%	2018	8.92	5.91	5.49	5.67	6.11	4.10	6.43	5.76	13.20
76	地区生产总值/亿元	2019	15373	14030	11985	19236	6606	11852	23629	9392	5995
77	人均地区生产总值/元	2019	148388	165061	140308	178938	71033	179799	154375	120414	139745
78	GDP 增速/%	2019	6.8	7.8	6.8	5.6	8.2	6.7	6.8	7.9	7.9
79	执业律师数/人	2018	7242	6767	2498	4318	2054	2413	13450	3429	2955
80	注册会计师（CPA）数/人	2019	3753	2265	800	1191	346	758	3912	1238	1261
81	专业保险中介机构数量/家	2019	448	460	140	223	128	177	747	162	147
82	金融业发展促进政策支持力度	2019	4.9	3.0	3.0	3.3	1.5	1.3	5.7	3.6	5.4
83	产业政策友好度	2019	7.6	5.1	6.9	6.6	4.6	7.4	6.8	2.4	9.3

续表

序号	四级指标	年份	东部沿海区域金融中心						南部沿海区域金融中心		
			杭州	南京	宁波	苏州	温州	无锡	广州	福州	厦门
84	地方政府负债率/%	2019	77.8	129.3	23.1	12.0	6.2	12.8	51.6	69.4	19.3
85	地方政府债务率/%	2019	608	1148	188	104	71	146	719	975	151
86	银行业不良贷款率/%	2019	0.91	1.04	1.06	0.65	0.94	1.00	0.88	1.27	1.10
87	外资金融机构营业性机构数/家	2019	37	47	9	27	0	9	67	27	20
88	外资金融机构驻华代表处数/家	2019	2	1	0	5	0	0	8	2	3
89	当年实际利用 FDI 总额/亿美元	2019	69.4	41.0	23.6	46.2	7.6	36.2	71.4	9.4	19.4
90	当年进出口总额/亿美元	2019	811.3	699.9	1329.3	3190.9	275.7	924.3	1449.4	366.1	929.6
91	当年国际旅游(外汇)收入/亿美元	2018	38.3	8.8	4.2	25.2	2.9	5.0	64.8	18.1	39.4
92	接待入境旅游者人数/万人次	2018	420.5	81.0	84.0	182.8	55.5	58.6	900.3	162.0	282.2
93	国际航班起降架次/架次	2018	30511	19071	9130	7160	3093	7160	103947	15772	27136
94	金融中心国际知名度	2019	612	—	—	—	—	—	714	—	—

序号	四级指标	年份	中部区域金融中心					西部区域金融中心					
			长沙	合肥	南昌	武汉	郑州	成都	重庆	昆明	西安	南宁	乌鲁木齐
1	金融业增加值数额/亿元	2019	849.3	869.1	—	—	1231.4	1893.7	2088.0	718.9	998.9	—	520.5
2	金融业增加值三年平均增长率/%	2019	7.2	8.2	8.6	8.0	8.4	7.1	7.7	5.9	6.3	7.4	6.3
3	金融业增加值占当地 GDP 的比率/%	2019	7.3	9.2	7.3	7.6	10.6	11.1	8.8	11.1	10.7	11.8	15.1
4	金融从业人员总数/万人	2018	—	9.5	4.1	—	8.5	12.5	18.2	3.6	11.2	6.2	2.2
5	金融从业人员三年平均增长率/%	2018	3.1	5.5	10.9	2.5	16.5	11.9	6.2	0.6	12.8	15.3	0.9
6	金融从业人员占常住人口比重/%	2018	0.87	1.17	0.73	0.71	0.84	0.76	0.59	0.52	1.12	0.85	0.62
7	金融机构本外币存款余额/亿元	2019	21048	16417	12097	28659	23356	39828	39483	14909	23341	10718	8863
8	金融机构本外币贷款余额/亿元	2019	21249	15855	14047	32114	25364	36464	37105	17854	22437	13964	7795
9	本地证券交易量/亿元	2019	38389	—	19827	—	—	91900	64443	—	45229	—	—
10	保费收入/亿元	2019	471	352	225	767	758	1037	916	300	523	211	218
11	存款余额与 GDP 之比/%	2019	181.9	174.5	216.2	176.7	201.5	234.1	167.3	230.2	250.4	237.8	256.9
12	贷款余额与 GDP 之比/%	2019	183.6	168.5	251.0	198.0	218.9	214.3	157.2	275.7	240.7	309.9	225.9

续表

序号	四级指标	年份	中部区域金融中心					西部区域金融中心					
			长沙	合肥	南昌	武汉	郑州	成都	重庆	昆明	西安	南宁	乌鲁木齐
13	本地证券交易量与 GDP 之比/%	2019	331.7	—	354.3	—	—	540.2	273.0	—	485.2	—	—
14	保险深度/%	2019	4.1	3.7	4.0	4.7	6.5	6.1	3.9	4.6	5.6	4.7	6.3
15	保险密度/元/人	2019	5612	4292	4016	6843	7323	6257	2933	4320	5127	2880	6144
16	本地法人商业银行数量/家	2019	8	7	7	3	8	4	4	3	6	4	4
17	本地法人商业银行资产总规模/亿元	2019	12902	13268	5748	9425	13418	11628	17846	2776	7739	2350	2700
18	商业银行支行数量/家	2019	1281	855	904	1428	1359	1993	2391	928	1779	753	657
19	本地法人信托公司数/家	2019	1	2	2	2	2	2	2	1	3	0	3
20	本地法人财务公司数/家	2019	4	1	2	6	3	2	4	4	4	1	1
21	汽车金融公司/家	2019	1	1	0	0	0	0	1	0	1	0	0
22	消费金融公司/家	2019	1	1	0	1	1	1	1	0	1	0	0
23	本地法人证券公司数量/家	2019	3	2	2	2	1	4	1	2	3	1	2
24	本地法人证券公司资产总规模/亿元	2019	1892	1341	513	1693	436	1329	659	762	784	663	155
25	证券营业部家数/家	2019	134	102	102	201	117	222	209	80	148	71	44
26	证券类资产管理公司/家	2019	0	0	0	0	0	0	0	0	0	0	0

续表

序号	四级指标	年份	中部区域金融中心					西部区域金融中心					
			长沙	合肥	南昌	武汉	郑州	成都	重庆	昆明	西安	南宁	乌鲁木齐
27	本地法人公募基金数量/只	2019	0	0	0	0	0	0	2	0	1	1	1
28	公募基金资产管理规模/亿元	2019	0	0	0	0	0	0	249	0	14	278	378
29	本地法人机构数量/家	2019	3	3	1	2	2	3	4	2	3	0	2
30	法人机构资产规模/亿元	2017	28.6	51.2	4.0	50.2	81.5	48.9	72.9	9.0	27.6	0	4.2
31	私募基金管理人数量/家	2019	229	133	62	330	121	380	212	78	224	61	61
32	私募基金数量/只	2019	560	282	158	668	288	828	502	148	468	143	184
33	本地法人保险公司数量/家	2019	1	1	1	2	1	4	5	1	2	2	1
34	本地法人保险公司资产规模/亿元	2019	149	79	31	1046	40	2575	2022	94	150	69	20
35	保险类资产管理公司/家	2019	0	0	0	0	0	0	0	0	0	0	0
36	小额贷款机构数量/家	2019	51	66	20	114	44	73	273	43	35	87	—
37	融资租赁机构数量/家	2019	2	22	1	10	4	16	84	7	24	2	—
38	融资担保机构数量/家	2019	—	19	16	58	55	63	116	—	65	14	—
39	商业保理机构数量/家	2019	—	—	—	—	—	7	53	—	—	6	—
40	同业拆借成交金额/万亿元	2019	0	0	0	0	0	0	0	0	0	0	0
41	回购交易额/万亿元	2019	0	0	0	0	0	0	0	0	0	0	0
42	商业票据贴现总额/万亿元	2019	0	0	0	0	0	0	0	0	0	0	0

续表

序号	四级指标	年份	中部区域金融中心					西部区域金融中心					
			长沙	合肥	南昌	武汉	郑州	成都	重庆	昆明	西安	南宁	乌鲁木齐
43	交易所上市公司家数/家	2019	0	0	0	0	0	0	0	0	0	0	0
44	交易所上市公司总市值/亿元	2019	0	0	0	0	0	0	0	0	0	0	0
45	股票市场成交金额/亿元	2019	0	0	0	0	0	0	0	0	0	0	0
46	股票发行筹资额/亿元	2019	0	0	0	0	0	0	0	0	0	0	0
47	银行间债券市场现券交易额/万亿元	2019	0	0	0	0	0	0	0	0	0	0	0
48	交易所债券市场现券交易额/亿元	2019	0	0	0	0	0	0	0	0	0	0	0
49	黄金交易额/亿元	2019	0	0	0	0	0	0	0	0	0	0	0
50	外汇市场日均成交额/亿美元	2019	0	0	0	0	0	0	0	0	0	0	0
51	股指期货市场成交额/万亿元	2019	0	0	0	0	0	0	0	0	0	0	0
52	商品期货市场成交额/万亿元	2019	0	0	0	0	39.54	0	0	0	0	0	0
53	本地 A 股上市公司数/家	2019	61	46	20	59	30	80	54	25	37	14	31
54	“新三板”挂牌公司数/家	2019	108	82	32	214	134	196	112	55	123	28	28

续表

序号	四级指标	年份	中部区域金融中心					西部区域金融中心					
			长沙	合肥	南昌	武汉	郑州	成都	重庆	昆明	西安	南宁	乌鲁木齐
55	年度新增IPO公司数/家	2019	1	1	0	3	1	6	4	2	4	0	0
56	本地A股市场累计融资额/亿元	2019	1617.2	814.2	461.4	1721.1	518.5	1660.1	1556.4	839.7	1525.9	314.4	970.2
57	年度新增直接融资规模/亿元	2019	128.9	24.7	9.4	391.8	16.3	43.5	149.5	72.9	38.9	8.1	35.0
58	区域股权市场拥有的挂牌公司数/家	2019	3423	6033	5641	5571	8225	5207	1626	0	2249	2724	727
59	区域股权市场所有挂牌公司注册资本规模/亿元	2018	342.8	447.4	1006.1	832.9	809.1	181.5	5.7	0	583.0	187.7	203.7
60	普通高等学校在校学生数/万人	2018	63.6	67.0	61.1	110.7	102.4	84.0	82.8	58.7	82.5	42.6	19.3
61	普通高等学校数/所	2019	57	55	53	83	62	57	65	52	63	34	27
62	“双一流”高校数/所	2019	6	4	1	9	3	9	3	2	11	1	2
63	每所普通中学专任教师负担学生数/人	2018	13.5	12.9	11.4	10.5	12.9	11.6	14.1	12.7	11.3	15.0	13.2
64	每所小学专任教师负担学生数/人	2018	19.7	18.8	24.1	19.9	22.3	18.5	16.6	17.0	19.8	18.1	19.3

续表

序号	四级指标	年份	中部区域金融中心					西部区域金融中心					
			长沙	合肥	南昌	武汉	郑州	成都	重庆	昆明	西安	南宁	乌鲁木齐
65	具备器官移植资质的医院数/个	2019	4	2	3	7	6	4	5	5	3	6	3
66	每万人拥有医院病床数/张	2018	85.7	59.4	50.9	74.8	85.0	72.4	52.3	81.4	63.3	53.3	80.3
67	每万人拥有的执业医师数/人	2018	37.8	27.6	26.7	38.2	41.5	37.7	24.6	41.8	33.8	25.5	42.8
68	人均公园绿地面积/平方米	2018	5.2	7.1	7.8	10.3	8.8	7.6	9.1	8.0	6.0	5.8	10.1
69	空气质量优良率/%	2019	75.3	70.4	88.2	67.1	48.5	78.6	86.6	97.5	61.6	91.2	75.9
70	城市交通健康指数/%	2019	57.7	63.0	63.2	62.2	63.6	58.6	49.9	55.6	52.4	66.0	67.1
71	每百万人城市轨道交通里程/公里	2019	12.2	10.9	10.8	34.7	14.1	18.2	10.5	12.8	15.8	11.0	7.8
72	日航班次数/架次	2019	538	261	296	557	593	1005	873	978	947	314	488
73	金融业在岗职工年均收入/元	2018	178629	149378	145927	148102	192352	104058	150359	175750	108643	172855	143157
74	城镇居民家庭人均消费支出/元	2019	39516	27319	28532	34005	27290	29720	25785	—	—	—	35837
75	住宅房价收入比/%	2018	2.79	4.89	3.34	5.30	3.36	4.57	3.34	4.60	3.97	3.07	2.95
76	地区生产总值/亿元	2019	11574	9409	5596	16223	11590	17013	23606	6476	9321	4507	3450
77	人均地区生产总值/元	2019	137879	114903	99921	144695	111956	102603	75555	93178	91353	61357	97131

续表

序号	四级指标	年份	中部区域金融中心					西部区域金融中心					
			长沙	合肥	南昌	武汉	郑州	成都	重庆	昆明	西安	南宁	乌鲁木齐
78	GDP 增速/%	2019	8.1	7.6	8.0	7.4	6.5	7.8	6.3	6.5	7.0	5.0	6.5
79	执业律师数/人	2018	7596	3242	492	5040	7317	1575	9898	4774	5786	3184	630
80	注册会计师(CPA)数/人	2019	2813	1533	903	3208	3002	4690	2159	1607	2193	1122	681
81	专业保险中介机构数量/家	2019	303	268	154	408	403	686	437	303	459	140	114
82	金融业发展促进政策支持力度	2019	3.0	1.8	2.9	3.2	2.3	5.8	2.0	2.8	4.6	3.2	0.4
83	产业政策友好度	2019	6.9	6.4	6.4	5.8	3.6	9.1	3.6	4.6	6.1	5.4	0.7
84	地方政府负债率/%	2019	102.7	88.1	117.6	62.0	76.1	79.2	41.0	152.8	83.6	154.2	153.9
85	地方政府债务率/%	2019	1251	1111	1383	643	722	908	454	1571	1110	1873	1124
86	银行业不良贷款率/%	2019	1.56	1.77	1.90	1.30	2.82	2.10	1.12	2.20	0.96	2.23	1.60
87	外资金融机构营业性机构数/家	2019	16	14	9	29	20	39	29	9	20	8	2
88	外资金融机构驻华代表处数/家	2019	0	0	0	0	0	4	1	0	0	0	0
89	当年实际利用 FDI 总额/亿美元	2019	63.70	33.90	37.70	123.10	44.10	77.60	23.70	6.50	70.60	3.10	0.07
90	当年进出口总额/亿美元	2019	289.9	322.1	153.9	353.7	598.7	830.6	839.6	131.9	470.1	108.4	74.3

续表

序号	四级指标	年份	中部区域金融中心					西部区域金融中心					
			长沙	合肥	南昌	武汉	郑州	成都	重庆	昆明	西安	南宁	乌鲁木齐
91	当年国际旅游（外汇）收入/亿美元	2018	6.2	3.1	1.3	18.8	2.1	14.5	21.9	6.8	—	2.9	2.0
92	接待入境旅游者人数/万人次	2018	130.4	42.1	29.1	276.2	52.7	340.6	388.0	142.2	—	64.4	33.1
93	国际航班起降架次/架次	2018	15136	4755	4126	18067	11380	36710	22071	35304	18061	8538	9177
94	金融中心国际知名度	2019	—	—	—	—	—	641	—	—	—	—	—

附录四　苏州金融发展促进政策选编

附 4.1　苏州市金融科技发展规划(2018—2022)

一、金融科技定义与发展趋势

按照国际权威机构金融稳定理事会(FSB)的定义,金融科技是指技术带来的金融创新,它能创造新的模式、业务、流程与产品,从而对金融市场、金融机构或金融服务的提供方式形成重大影响,影响范围既包括前端产业也包含后台技术。

金融科技的本质和核心是金融,通过运用大数据、人工智能、云计算、区块链等前沿技术,完善现有金融服务模式,构建高效、便捷的金融新业态。以银行、证券、保险为代表的传统金融机构正将金融科技技术全面应用于支付清算、借贷融资、财富管理、零售银行、保险、交易结算等六大金融领域;互联网巨头、互联网金融公司等也纷纷在金融科技领域布局,将智能投顾、智能营销、智能支付等智能方案应用到基金、证券、信贷、支付、消费金融等各业务领域。从未来趋势看,金融科技将在多个层次共同发力,大数据、人工智能、云计算、区块链等前沿技术将为金融科技发展提供底层技术支持;智能营销、智能客服、智能风控、智能投顾、智能支付等技术将作为技术层,引导金融机构从内部提高服务效率,创新服务内容;最终,金融科技技术将帮助金融机构在各类场景中不断创造出新的产品、服务和渠道,完善服务手段,拓宽服务范围,改变现有的金融市场竞争格局。

近年来,金融科技在全球范围迅速发展,英国、美国、新加坡、澳大利亚等发达国家均把金融科技上升为国家战略进行布局。金融科技在中国也得到快速发展，受到国家层面高度重视。2018 年 5 月 28 日，习近平总书记在中国科学院第十九次院士大会、中国工程院第十四次院士大会上提出“进入 21 世纪以来，全球科技创新进入空前密集活跃的时期，新一轮科技革命和产业变革正在重构全球创新版图、重塑全球经济结构。以人工智能、量子信息、移动通信、物联网、区块链为代表的新一代信息技术加速突破应用”。2017 年 3 月 5 日，李克强总理在政府工作报告中提到要加快培育新兴产业，金融科技中的重要技术人工智能首度被列入政府工作报告。2017 年 3 月 10 日，时任中国人民银行行长周小川在十二届全国人大五次会议记者会上表示，人民银行高度鼓励金融科技发展，强调数字货币的发展，其中也包括区块链等新技术，会对未来产生一些当前人们不容易完全想象到或预测到的影响。目前，北京、深圳、杭州等地均高度重视金融科技发展，积极推进科技与金融的高效结合。

北京拥有全国顶尖的大学和科研机构、良好的政策环境以及金融机构总部的聚集，在金融科技产业和生态领域发展迅速，在金融科技领域的全球话语权不断提升。北京依托中关村国家自主创新示范区的创新优势，在大数据、人工智能、云计算、区块链等金融科技前沿重点领域有着良好的技术基础，在移动支付、监管科技、供应链金融、互联网保险、智能投顾等领域涌现出一批领军企业。目前，中关村已经培育聚集了超过 150 家的金融科技企业，连续两年有 20 余家企业进入毕马威发布的中国领先金融科技公司 50 强，数量居全国首位。

深圳市福田区是国内首个针对金融科技出台扶持措施的地区，发布了《关于促进福田区金融科技快速健康创新发展的若干意见》，提出将金融科技作为福田打造现代金融产业高地的重要突破口，作为福田在科技产业的主攻方向和主要抓手，力争在五年内将福田区打造成为有国际影响力的金融科技中心，成为国内金融科技研发核心区。福田区通过制定支持金融科技发展的措施，降低金融科技企业运营成本，鼓励金融科技创新，开展金融科技青年人才培训计划项目；成立了金融科技专家咨询委员会，对金融科技发展的重大课题进行研究，为金融科技行业发展规划、产业政策、招商引资引智等提供咨询建议，并对福田区金融科技奖项评比和项目评价等提供专家建议。

杭州作为中国的电子商务中心和互联网中心,互联网创业氛围浓厚,涌现出以蚂蚁金服、同花顺、恒生电子为代表的一批金融科技企业。2017 年,杭州发布《杭州市建设国际金融科技中心的研究报告》白皮书,分析了杭州金融科技发展的现状,与国内城市优劣势的比较,国外金融科技发展的经验教训,提出了杭州市金融科技发展的目标定位。报告提出,到 2020 年,杭州将建设成为全国互联网金融创新中心、全国金融科技中心;到 2030 年,杭州将建设成为国际金融科技中心。

二、苏州市金融科技发展现状评估

(一)发展基础

苏州市金融科技产业已具备一定基础。近年来新注册成立的金融科技企业数量明显增加,发展势头良好,但与北京、深圳、杭州等地相比,苏州的金融科技产业发展刚刚起步,集聚度不高,缺少有影响力的龙头企业和机构。目前,苏州金融科技企业相对较为集聚的区域是工业园区、姑苏区和昆山市,大多数金融科技企业发展状况良好,已开始向各类金融机构提供产品和服务并获取收费,初步具备了可持续经营的条件,这其中不乏具备成长潜力的金融科技创新企业,如凯美瑞德、东吴金融科技等;部分法人持牌金融机构也在积极提升金融科技创新能力,如苏州银行、常熟农商行等。

苏州金融科技企业提供的产品和服务主要集中在以下七类:一是提供在线支付、移动支付服务;二是为金融机构提供自助终端、智能监控设备等;三是为金融机构提供大数据分析技术和产品等;四是为金融机构提供云服务;五是为金融机构提供业务交易服务、信息安全管理和资产交易系统等;六是为金融机构、政府部门提供征信产品和服务等;七是为银行提供呼叫中心、智慧银行等业务外包服务。苏州金融科技企业的服务对象主要包括以下四类:一是银行机构,包括四大国有银行、股份制银行、城商行和农商行等;二是保险机构,包括中国人寿、人保财险、太平洋保险等;三是证券机构,包括东吴证券、中信证券、华泰证券等;四是互联网金融机构,包括蚂蚁金服、陆金所、京东金融等。

(二)存在不足

苏州金融科技产业发展主要存在以下不足。

（1）龙头企业尚待引育。金融科技产业的核心创新驱动主要来自传统金融机构、互联网金融企业和金融科技企业。与北京、杭州、深圳等金融科技发展迅速的城市相比，苏州缺乏大型金融机构总部、优秀的互联网金融企业和金融科技领域的龙头企业。金融科技企业规模不大、自身话语权有限、影响力有待提高。

（2）产业协同亟须提升。本地金融科技企业与本地金融机构、其他金融科技企业间合作较少，基本处于单兵作战状态，各自的业务主要来源于苏州以外的市场，本地金融机构的"需求"与本地金融科技企业的"供给"之间缺乏有效协同。

（3）人才资源相对缺乏。苏州金融科技领域高校科研资源不足，金融科技理论知识和综合应用技术复合型人才极为欠缺，现有金融科技企业的高端管理与核心技术人才大多来自上海、北京、深圳等地。苏州在科技创新、软件技术等方面的人才培养和引进有一定基础，出台了"双百人才计划""领军人才工程"等政策，但对于金融科技专项人才的引进和培育还存在政策空白。

（4）行业组织暂未建立。行业协会在加强会员交流合作、促进金融科技信息传播与学习、推动金融资源与科技资源有效利用和对接等方面具有不可替代的作用。产业联盟能加强金融行业内部、金融行业与监管部门、金融行业与科技企业间在金融科技领域的联系，从而推动和促进地方金融科技产业生态发展。目前苏州尚未成立金融科技行业协会和产业联盟，金融科技产业发展缺乏定期交流互动的渠道和平台。

（5）扶持政策有待出台。金融科技行业目前还在发展的早期阶段，城市之间对于产业集聚的竞争非常激烈，纷纷出台政策推动本地金融科技企业的快速发展。北京中关村国家自主创新示范区、深圳市福田区为了激励金融科技企业发展，出台配套政策，鼓励金融机构采用金融科技企业的产品或服务，支持金融科技企业快速开发、应用、推广产品。目前苏州市尚未出台金融科技专项扶持政策。

（6）配套机构供给不足。金融科技是新兴交叉技术领域，优秀的专业孵化器对于推动创新创业、培育产业集聚有着重要作用。目前，苏州依托区域特点、产业优势建立的聚焦孵化金融科技领域的孵化器较少。此外，咨询服务机构、专业猎头、专业媒体等专业服务提供商与北京、深圳和杭州等地相比也较为缺乏,苏州金融科技的创新活跃度、人才流动性、产业发展集聚氛围存在不足。

三、总体思路

(一)指导思想

全面贯彻习近平新时代中国特色社会主义思想和党的十九大精神,深入落实省委"两聚一高"战略部署,紧紧围绕市委、市政府勇当"两个标杆"、落实"四个突出"、建设"四个名城"工作大局,抢抓全球金融科技加速发展的重要机遇,以将苏州打造成为国内领先、国际知名的金融科技产业集聚地为目标,以统筹规划、协同发展、政府引导、高端引领、培育特色、鼓励创新为原则,充分利用金融科技技术的创新成果,完善金融服务方式和渠道,将金融科技服务实体经济转型升级作为基本指向,将金融科技普惠民生百姓作为基础任务,全面推动金融科技产业在苏州集聚和健康发展。

(二)基本原则

统筹规划、协同发展,加强市级层面对全市金融科技产业发展规划的顶层设计和资源统筹,促进全市金融科技产业发展合理布局,结合各市(区)金融科技产业的发展基础,发挥市(区)积极性和优势,形成市级统筹指导、各市(区)协同推进,共建各具特色金融科技产业发展集聚区的良好局面。政府引导、市场引领。把握金融科技产业的高端发展需求,发挥政府引导作用,营造良好政策环境和发展氛围。鼓励持牌金融机构与金融科技企业以市场化为原则开展深层次合作,集聚金融科技龙头企业,培育创新企业,整合各类金融科技要素打造金融科技产业集聚高地,为区域经济结构转型升级、提质增效增添新动能。培育特色、鼓励创新,充分发挥苏州产业基础雄厚、区域经济良好、创新创业氛围浓厚的优势和特色,鼓励金融科技技术创新和应用场景创新双轮驱动,形成金融科技"政、产、学、研、用"联合推进的特色发展机制,加强与金融科技产业发展相关部委、指导单位、知名机构的合作,争取各类金融科技创新示范项目在苏州先行先试。

(三)总体目标

充分发挥区域金融中心的优势和辐射能力,在五年内将苏州打造成为国内领先、国际知名的金融科技产业集聚区。打造金融科技产业生态链，建设金融科技应用体系，推动金融科技在金融领域得到广泛应用，使金融科技企业实现集群式发展，金融科技产业成为苏州新的经济增长极。

（四）近期目标（2018—2019）

在市级层面成立金融科技行业协会、产业联盟；探索与新加坡等全球金融科技中心、金融监管机构和国内外知名高校合作举办具有影响力的高端论坛活动；大力推动法人金融机构整合金融科技部门力量，合资成立金融科技公司；引导苏州本地高校成立金融科技学院，尽快开展金融科技专业高等教育；鼓励各市（区）结合原有招商政策、产业扶持政策等，研究出台市县联动的金融科技产业配套政策；鼓励各市（区）积极申报建立金融科技特色产业园和产业孵化基地，选择1~2个条件成熟的地区先行先试；实现2~3家大型持牌金融机构的功能性总部或创新实验室落户苏州；积极引进和培育金融科技龙头企业，集聚超过100家与持牌金融机构开展业务合作的金融科技相关企业，初步形成苏州“金融科技”的城市特色品牌和产业集聚氛围。

（五）中远期目标（2020—2022）

充分利用金融科技产业配套扶持政策，在全市建成3~5个金融科技特色产业园和产业孵化基地；实现5~6家大型持牌金融机构的功能性总部或创新实验室落户苏州；培育出超十亿元级的金融科技龙头企业，集聚超过200家与持牌金融机构开展业务合作的金融科技相关企业；本地法人金融机构的金融科技实力明显提升并实现成果输出；国内领先、国际知名的金融科技产业集聚区基本建成。

四、主要举措

（一）实现产业集聚

（1）资源集聚。加快持牌金融机构金融科技部门的引进落地步伐，吸引国内外知名金融机构总部、创新实验室、研发中心或金融科技子公司在苏州落户；鼓励各市（区）出台金融科技资源集聚配套政策，择优选择条件成熟的市（区）设立金融科技集聚区、金融科技特色示范区和金融科技实验区等，将苏州打造成为金融科技产业高地；大力推动苏州银行、农村商业银行、东吴证券和东吴人寿等地方法人金融机构整合金融科技部门力量，引入社会资本组建混合所有制金融科技子公司,吸引高端金融科技人才为金融科技企业开发系统、创新金融产品提供技术支持,充分利用市场力量,实现金融与科技的协同创新。

(2)企业集聚依托苏州产业基础雄厚、经济发展良好和地理区位优势,与打造区域金融中心的金融发展战略协同,创造良好政策条件和发展环境,加强与知名金融科技企业的交流与合作,吸引技术先进、特色突出、经营规范的金融科技龙头企业在苏州注册落户;加大力度培育孵化本地创新企业,鼓励建设金融科技企业众创空间孵化器和加速器;对符合条件的金融科技企业,参照相关产业政策予以支持,培育孵化未来的金融科技"独角兽"企业;出台针对重大金融科技项目引进及培育、扶持重点企业进行项目合作等的产业扶持政策。

(3)资金集聚。积极发挥苏州市创新产业发展引导基金的作用,加大对重点金融科技创新项目的支持力度;丰富金融科技企业融资渠道,鼓励金融资本、风险投资及民间资本投向金融科技产业,支持本地金融科技企业成长发展;通过优秀的基金管理团队牵线搭桥,引进国际先进的金融科技企业和创新项目落地苏州;鼓励符合条件的金融科技企业通过上市、发行企业债券、公司债券、短期融资券和中期票据等方式融资。

(4)人才集聚。引导西交利物浦大学等本地高校成立金融科技学院,开展金融科技专业高等教育,形成金融科技硕士、博士人才的培育和教育体系,为苏州金融科技产业发展提供高端人才储备;根据金融科技人才需求状况,结合我市金融科技产业发展方向,依托苏州国际精英创业周、"赢在苏州"国际创客大赛、苏州海外招才引智等平台集约引智,引进所需金融科技顶级人才;重点加强金融科技领军人才、高级管理人才和高级专业人才的引进力度,完善多层次金融科技人才集聚体系;鼓励本地法人金融机构设立博士后科研工作站,并完善配套支持政策;鼓励金融科技企业、金融机构和科研机构招收金融科技博士后、组建研究机构等,开展金融科技领域的研究;鼓励金融科技企业建立实习基地及金融科技培训中心等,培养实用型金融科技人才;结合各市(区)政策,支持符合条件的金融科技人才享受优先购房、配套保障住房等政策,吸引外地人才流入。

(二)营造服务生态

(1)完善融资体系。进一步完善债权融资服务体系,充分利用苏州综合金融服务平台和苏州地方企业征信平台建设成果，建立金融科技企业重点培育名单，实时了解重点金融科技企业运营发展情况，引导金融机构发布金融科技企业专项融资产品，精准匹配企业融资需求，提高金融科技企业资金获得效率，助推企业成长；构建股权融资服务体系，依托苏州股权融资服务平台，为金融科技企业提供项目展示平台，引导股权投资机构加大对金融科技企业的投资力度，为优质金融科技企业定制股权投资服务方案，解决股权融资的“最后一公里”问题。

(2)规范行业管理。充分发挥行业自律组织的作用，引导金融科技行业自律组织制定行业自律规范，强化从业人员管理，推动行业健康发展，营造守法、守信、诚实、自律的良好氛围；推动相关部门对重点金融科技企业的日常业务、风险管理、客户信息保密等情况进行定期评估，引导金融科技企业强化客户资料管理，提升信息安全水平。

(3)设立专家智库。研究设立专家智库为苏州金融科技产业发展提供智力支持，增强苏州金融科技的社会影响。邀请来自高等院校、顶尖实验室或研究院、顶尖科技巨头和国内外著名知识产权机构的知名专家，组建开放、合作型金融科技智库，对金融科技领域的重大问题、前沿问题、热点问题进行研究，引领行业思考；组织各类学术及业务研讨活动，促进机构间、专家间的交流合作，开展行业性项目研究、发布行业报告等，积极向政府建言献策。

(4)搭建公共平台。鼓励各市(区)和社会机构建设面向集聚区金融科技企业的专业公共服务平台，为集聚区内企业提供公共实验平台、测试平台、人才培养等，为金融科技企业发展提供完善的配套措施和保障；推动各市(区)设立金融科技企业的专业孵化器，依托各地区域特点和产业优势，形成差异化的孵化、扶持体系，设立金融科技加速器平台，对从事网络安全服务、数据保护、信息安全、区块链技术等的金融科技企业、科研机构开放；鼓励有条件的市(区)设立金融科技创新服务中心，作为企业与金融监管部门的沟通纽带，支持引导企业创新，同时为管理部门完善金融监管政策提供实施基础及建议。

(三)推动成果运用

(1)提升资金获得效率。以全面贯彻落实《苏州市金融支持企业自主创新行动计划(2015—2020)》为抓手,通过区块链、大数据、人工智能等金融科技技术加强与智能制造业、服务业、文化旅游业、外贸业等领域合作,帮助相关领域内企业获得金融资源支持,提升金融供需对接效率;鼓励金融机构同业互补、混业合作、传统与新型互动、总部与分支联动,充分运用金融科技技术,组合使用金融工具,不断创新出基于新技术的各类金融资源产品;建立企业守信用、机构有创新、政府有推动的综合金融科技服务机制,充分调动各类金融资源支持实体经济创新发展。

(2)鼓励新兴技术应用。引导金融机构积极运用区块链、大数据等新金融科技技术,加强在医疗、教育、社会管理等领域和政府的合作,提升金融服务公共领域的能力;鼓励产业化能力较强的金融科技企业,联合上下游企业、科研院所、服务机构等合作建设金融科技产业创新中心,对创新中心开展关键共性技术研发,推动创新成果共享、打造产业创新高地、搭建资本运作平台等给予相应的政策支持;鼓励金融机构与高校、科研机构、金融科技企业共建金融科技技术运用实验室,注重新技术研究成果转化;鼓励金融机构积极运用智能投顾,在投资管理服务领域根据资产配置模型和智能算法,为用户得出优选投资组合;鼓励金融机构运用智能营销技术实现金融产品和服务营销的全流程管理,更精确及时地触达目标客户,提升营销转化率和客户体验;鼓励金融机构运用智能风控等先进技术手段、措施和方法,降低金融机构在业务领域的风险;鼓励银行机构与苏州地方企业征信平台深度合作,不断完善针对优质企业的"征信贷"产品,实现产品线上申请、线上审批、系统秒贷,为优质小微企业提供更加便捷的服务;鼓励银行、第三方支付机构推广使用智能支付等新兴技术,通过生物识别技术进行身份鉴定,实现交易资金的高效安全转移;鼓励银行、证券、保险等机构尽快运用智能客服技术,通过人工智能模拟真人,减少客户等待人工客服回复时间,提升客户体验。

(3)丰富风险防范手段。充分利用金融科技技术,加大对互联网金融的监督和管理,加强对非法集资的风险监测及预警;加强监管科技的研究与应用,探索基于区块链、大数据、人工智能的穿透式监管方法和工具平台,加强对跨行业、跨市场交叉性金融产品的监管,提升金融风险防范能力,健全金融监管体系;利用苏州征信体系建设在全国的先发优势,争取金融监管部门在苏州设立各类研究所，实现征信数据的共享合作，探索利用征信大数据为金融监管部门与地方政府提供决策支持。

（4）推动应用场景开放。推动政府大数据运营中心和相关数据中心在依法合规的基础上与金融科技企业信息共享，鼓励金融科技企业围绕政务大数据、云平台项目积极创新，推动金融科技在社会公益和公共管理领域的应用；鼓励和引导金融机构、商业组织等面向本地金融科技企业发布金融科技应用需求和业务需求，为本地金融科技企业提供成长和发展机会；鼓励银行、保险、证券等金融机构联合本地金融科技企业合作探索跨界金融科技创新，为创新产品提供具体应用场景，加强金融科技在风险识别、决策辅助、利率定价、反欺诈和普惠金融等领域的应用，通过金融科技实现业务创新、模式创新、业态创新。

（四）打造创新品牌

（1）建立金融科技行业协会。通过推动建设开放、包容的产业创新生态来助推金融科技产业快速、良性发展。在市级层面成立苏州金融科技行业协会或产业联盟，搭建行业交流平台，加强苏州金融科技生态圈内机构的交流与互动，共同推动苏州金融科技产业发展。

（2）举办金融科技高端论坛。加强苏州金融科技的品牌宣传，对外联合新加坡金管局、新加坡国立大学等，对内联合中国人民银行、银保监会、证监会和人民大学等，共同举办苏州金融科技高端论坛、圆桌会议和博览会，邀请金融科技领域内全球顶尖专家学者、金融机构高管和知名企业家参会，提供全球性的金融科技人才交流、金融科技创意和产品展示场所，提高苏州金融科技发展的能见度，把金融科技打造成为苏州的城市名片。

（3）发布金融科技发展白皮书。定期发布苏州金融科技发展情况白皮书，介绍金融科技产业发展的战略规划、扶持措施、发展现状、未来趋势等，展示苏州金融科技产业的发展情况和发展成果，帮助各类金融科技资源实现供需对接，缓解信息不对称问题。

（4）组织金融科技创新评选。研究设立市级“金融科技创新奖”项目评选，调动金融机构、金融科技企业等开展金融科技创新的积极性，促进金融机构和金融科技企业深耕科技创新，用更具特色的金融科技产品满足实体经济多层次的需求，重点鼓励金融机构和金融科技企业在优化金融资源配置、完善客户服务体系、提高金融效率、防范金融风险、落实普惠金融、推广绿色金融等方面进行产品、技术和服务创新,营造金融科技创新氛围,鼓励金融科技创新产品及项目落地。

五、保障措施

(一)组织保障

成立由市政府分管市长任组长,各市(区)政府、市各相关部门和单位分管负责人为成员的苏州市金融科技产业发展领导小组,统筹推进全市金融科技产业发展工作。领导小组下设办公室,办公室设在市金融办,负责牵头落实领导小组提出的工作要求、重点任务,组织协调跨部门、跨区域的金融科技产业发展工作及重大事项,并督促各地、各部门分工落实各项具体工作。

(二)政策保障

研究出台促进金融科技产业发展的支持政策,加强市县两级政策联动。择优选取具有示范效应的金融科技特色产业园和产业孵化基地予以授牌命名;对于大型持牌金融机构实现金融科技功能性总部落户的,采取一事一议的方式,由市级会同落地市(区)共同研究确定支持政策;对于向持牌金融机构总部提供技术应用服务的金融科技企业,给予一定资金支持,支持资金由市、县两级共同承担;对于地方法人金融机构实现金融科技项目重大突破的,给予一定政策支持。

(三)宣传保障

加大金融科技宣传推广力度,积极对接国内外知名媒体和信息平台,提升苏州金融科技品牌的知名度和影响力。有效利用中新合作机制,探索与新加坡等全球金融科技中心的深度合作,联合打造具有国际影响力的金融科技论坛。引导支持金融机构、金融科技企业、科研机构、专业服务商等参加国内外金融科技博览会、产品推介洽谈会等活动。

附 4.2　苏州市加快推进产业资本中心建设行动计划（2020—2022）

为贯彻落实党的十九大和十九届二中、三中、四中全会精神，深入实施开放再出发一系列重大战略决策部署，紧扣市委十二届九次全会工作要求，量质并举打造我市产业资本中心，加快形成资本围绕产业深度融合的资本生态系统，特制订本行动计划。

一、总体要求

（一）指导思想

以习近平新时代中国特色社会主义思想为指导，围绕我市积极进取型的转型路径，把握多个国家战略在苏叠加的历史机遇，以“苏州最舒心”营商环境吸引关键金融要素集聚，以协同集成提升资本配置效率，以内生活力提升产业开放层级，促进金融与实体深度协同发展，构筑资本围绕产业深度融合的资本生态体系，逐步形成具有全国影响力的产业资本中心，为我市打造新一轮经济“增长极”提供有力金融支撑。

（二）发展目标

力争用三年时间，使全市法人金融机构达到 25 家（含金融机构持牌专业法人子公司），引入金融类功能性总部机构以及创新业态不少于 35 家，在中国证券投资基金业协会备案的基金管理规模超 5000 亿元，全市境内外上市公司超 200 家。到 2022 年，初步打响苏州产业资本中心在资本界的知名度和影响力，基本建成与现代产业体系高效融合、互动繁荣的资本服务生态体系，通过人才、资本、科技、产业的高效联动推动形成若干个世界级产业集群。

（三）基本原则

（1）突出重点，辐射全市。抢抓苏州自贸片区建设契机，苏州工业园区要充分发挥促进金融开放创新出台的“金融 16 条”政策导向作用，以苏州自贸片区为核心搭建产业资本中心建设载体，创新机制、积累经验，辐射带动全市形成资本集聚优势。

(2)立足长远,协同推进。紧盯“建设具有全国影响力的产业资本中心”目标,按照“工作项目化、项目目标化、目标节点化、节点责任化”思路,构筑高效的协调推进机制,确保各项工作高标准落实落细。

(3)聚焦资源,服务实体。充分汇集金融资本、国有资本、社会资本和境外资本等多方资源,围绕苏州构筑现代产业体系的融资需求,引入资本活水支持产业发展,大幅提升资本供给的精准性,更好地发挥资本对全市实体经济发展和产业转型升级的带动和支撑作用。

(4)探索创新,优化环境。围绕深化资本与产业融合,积极开展制度创新,大胆试、大胆闯,不断优化各类资本集聚发展的政策环境、商事环境等。加强媒体宣传推介,增强苏州对资本要素的虹吸效应。

二、具体任务

(一)招引境内外金融资源,加速集聚各方资本活水

(1)积极招引集聚各类金融资本。加快推动民营银行、公募基金、消费金融公司、合资证券、合资保险公司等法人金融机构的设立进程,不断丰富地方法人金融机构业态。优化完善金融招商机制,积极宣传推介苏州发展环境、政策举措等,推动驻苏银行、保险等金融机构持续向总部争取在苏州设立商业银行理财子公司、保险资产管理子公司、金融资产投资公司及其专业投资子公司、金融科技公司(金融科技实验室)等金融机构法人子公司、金融类功能性总部机构和创新业态。[责任单位:各市、区政府(管委会),苏州银保监分局、市金融监管局,各驻苏金融机构等]

对招引工作发挥重要作用、作出重大贡献的机构和人员,参照我市开放再出发政策中关于加强招商引资奖励的办法给予奖励。[责任单位:各市、区政府(管委会),市金融监管局,市财政局、市商务局、市发改委、苏州银保监分局等]

(2)有效增加国有资本和社会资本供给。支持各地区符合条件的国有非金融企业集团设立金融控股公司,加强对各金融业务板块的股权管理和风险管控。鼓励符合条件的国有企业通过发行中长期债券等方式募集资金,参与设立符合我市先导产业方向的产业类股权投资基金。[责任单位:各市、区政府(管委会),市国资委等]

发挥苏州市创新产业发展引导基金以及各市（区）政府出资设立的引导基金示范引领作用，吸引国际国内知名基金管理机构落户苏州。［责任单位：各市、区政府（管委会），苏州基金等］

做大天使投资引导资金规模，通过阶段参股方式引导社会资本投资初创科技型企业，重点支持市级科技创新载体发起设立专业性的天使投资子基金促进科技成果转化。引导创投机构投资阶段前移，对天使投资机构投资初创期科技型企业给予一定奖励。（责任单位：市科技局、市财政局等）

在法律法规允许的框架范围内，鼓励股权投资基金创新各类资金募集手段，通过发行债券、发行资金信托、募集保险资金等方式拓展融资渠道，形成市场化、多元化的资金来源，重点支持发行创投基金类企业债券、创新创业公司债券和绿色债券等产品。（责任单位：市金融监管局、市发改委等）

（3）推动自贸片区加快引入境外资本。在苏州自贸片区率先推动落实国家关于各项金融业对外开放措施，打造吸引外资更加宽松、自主的营商环境和制度环境，积极争取外资银行和外资保险公司在苏州设立中国总部，重点支持利用中新合作平台，合资设立各类境内外金融机构或专业子公司。（责任单位：苏州工业园区管委会，苏州银保监分局，市商务局、市金融监管局等）

推进合格境外有限合伙人（QFLP）试点政策落地，支持国际创新资本发起设立跨境股权投资基金和管理机构，鼓励境内外资本合作，支持以美元基金为代表的国际创新资本与熟悉苏州产业优势的本土资本合作成立股权投资基金，通过发挥境内外投资人各自优势链接苏州与海外市场，吸引海外项目、技术、资本等高端创新要素落地苏州发展。（责任单位：苏州工业园区管委会，市市场监管局、市行政审批局、人行苏州中支、市商务局、市金融监管局等）

（4）支持驻苏金融机构整合集团资源。鼓励驻苏银行、保险等金融机构在中长期资金获取和提供整体金融服务上，整合集团内各专业子公司资源，形成“混编战队”，围绕“投行+商行+投资”，全链条参与我市上市企业和拟上市企业的产业整合和创新升级，运用“贷款+外部直接融资”或“贷款+远期权益”等模式引入资金支持企业发展。（责任单位：市金融监管局、苏州银保监分局，各驻苏金融机构等）

(5)拓展跨境金融服务功能。研究在苏州自贸片区开展本外币合一的跨境资金池业务试点,进一步便利跨国企业集团在境内外成员之间进行本外币资金余缺调剂和归集,在资金池内实现本外币按需兑换。支持外资企业在投资项目真实、依法合规的前提下,以资本金在我市进行股权投资。(责任单位:人行苏州中支、苏州工业园区管委会,市发改委、市商务局、市市场监管局、市金融监管局等)

(二)搭建产业项目对接平台,促进资本与产业深度合作

(6)打造科创企业多元化培育机制。通过实施高新技术企业入库培育计划、“专精特新”企业培育工程等举措,不断培育壮大创新型企业集群。充分发挥各地科技创新、产业发展载体服务作用,通过路演、沙龙等多种形式搭建企业与资本沟通桥梁。每年度发布高成长创新型企业、“瞪羚”企业名单,引导社会资本投资创新型企业,促进科技金融深度融合。(责任单位:市科技局、市工信局等)

优化苏州股权融资服务平台功能,吸引更多科创企业通过平台发布股权融资需求,通过网上融资撮合,提升项目与资本对接效率。对通过苏州股权融资服务平台帮助企业实现投贷联动融资的股权投资基金管理机构,按照股权融资服务平台奖励的办法给予一定奖励。(责任单位:市金融监管局、市财政局等)

(7)优化上市后备企业培育服务。鼓励股权投资基金等市场化机构发掘和推选优质科创企业纳入苏州上市后备企业,通过完善工作机制、优化部门服务、强化上下联动、加强政策扶持等方式加大对企业上市工作推动力度,助力企业高效对接资本市场,提高股权投资基金通过企业上市退出成功率。支持我市优质科创企业在科创板、创业板上市,鼓励优质“新三板”企业申报公开发行并在精选层挂牌。深化与上海证券交易所、深圳证券交易所、全国股份转让系统公司的战略合作,为苏州科创企业对接资本市场提供一站式、全方位、个性化、高效率的培育服务。(责任单位:市金融监管局等)

(8)推动企业开展并购重组。成立苏州并购公会,打造高效、优质的并购服务网络,促进并购资源的有效发掘和高效对接。设立苏州并购母基金,引导推动企业围绕产业转型升级开展并购重组。(责任单位:市金融监管局、东吴证券、市国资委、市财政局等)

支持上市公司发挥行业龙头带动作用，提升资本运作水平，围绕主业补链强链，整合产业链上下游企业、科研院所等创新资源，提升与“自主可控”要求相适应的产业基础能力和产业链水平。支持驻苏银行、证券等金融机构围绕促进企业并购重组提供优质金融服务。［责任单位：各市、区政府（管委会），市金融监管局、苏州银保监分局，各驻苏金融机构等］

（9）积极争取优质基础设施项目申报 REITs 试点。支持我市重点领域符合国家政策导向、社会效益良好、投资收益率稳定且运营管理水平较好的优质项目申报基础设施 REITs 试点。鼓励我市生物医药产业等国家战略性新兴产业集群、高科技产业园区、特色产业园区等申报试点。鼓励驻苏金融机构积极参与我市优质项目 REITs 试点前期论证准备工作，力争首批试点。（责任单位：市发改委、市金融监管局、市国资委、市财政局，东吴证券等）

（10）探索基金份额转让方式。推动设立苏州私募股权二级市场母基金（S 基金），探索建立具有市场影响力和公信力的私募股权估值体系，逐步建立私募基金份额转让、投资项目股权转让风险防控机制，加快培育 S 基金领域头部机构。（责任单位：市金融监管局、市国资委、市财政局，苏州国发集团等）

（三）完善产业资本配套生态体系，促进资本循环支持实体

（11）构筑多层次的股权投资专业人才队伍。支持引入天使基金、创投基金、PE 基金、并购基金等投资于企业不同阶段的股权投资基金管理人。（责任单位：市金融监管局、市发改委、市科技局等）

引育专注于新一代信息技术、生物医药、纳米技术、人工智能等行业投资的专业人才，形成围绕先导产业发展各阶段的专业投资人队伍。经认定的股权投资领域核心专业人才，可参照我市有关高端人才奖励政策执行。（责任单位：市金融监管局、市财政局、市人才办、市发改委、市科技局、市人社局等）

充分发挥苏州国际精英创业周、创赢未来等平台集聚效应，吸引海内外优秀股权投资专业人才来苏发展。（责任单位：市人才办、市人社局等）

（12）加快培育引进金融中介组织。积极推进以“基金小镇”为代表的股权基金管理中心等服务平台建设，加速资本、技术、信息等要素的交易和融合。对标一流互动平台，探索搭建创新资本与资源对接的桥梁，与中基协合

作建立培育私募基金创新发展的长效战略合作。大力引进和培育发展为资本市场服务的会计、审计、法律、资产评估、资信评级、保险经纪等组织,构建专业化、国际化的金融中介服务体系,提高各类资本投资效率,降低投资风险。[责任单位:市金融监管局,各市、区政府(管委会)等]

(13)推动私募股权投资基金跨境投资试点。积极研究开展合格境内投资企业(QDIE)政策试点,推动有能力的境内机构开展多种类型的对外投资,支持苏州企业"走出去"投资,通过并购、引进、再创新等方式做强做优产业链。(责任单位:苏州工业园区管委会,人行苏州中支、市商务局等)

(14)推动征信实验区建设。抢抓我市建设国内首个小微企业数字征信实验区有利契机,建设国内一流的征信基础设施、征信服务体系,打造长三角标杆性征信机构,充分发挥征信在市场资源配置中的作用,形成政府部门、人民银行、金融机构、第三方机构支持小微企业融资的数据合力、机构合力、机制合力,帮助更多小微企业获得信贷支持。(责任单位:市金融监管局、人行苏州中支等)

(15)推动金融科技创新发展。充分利用小微企业数字征信实验区、金融科技创新监管、数字货币等三项试点在苏州叠加联动优势,引导持牌金融机构与金融科技企业等市场化机构用好试点政策重要窗口期,开展市场化、个性化、深层次合作,集聚金融科技龙头企业,培育创新业态。加强与金融监管部门的合作,争取各类金融科技创新示范项目在苏州先行先试。[责任单位:市金融监管局、人行苏州中支、苏州银保监分局,各市、区政府(管委会)等]

三、政策保障

(一)加强组织领导

市政府成立加快推进产业资本中心建设专项工作领导小组,由市政府分管副市长担任组长,由市政府分管副秘书长、市金融监管局主要负责人、苏州工业园区管委会分管负责人任副组长。领导小组主要负责统筹协调,领导小组办公室设在市金融监管局,负责会同相关部门制订本行动计划具体细则和推进实施。(责任单位:各相关单位)

（二）强化协同推进

各板块、各相关部门及金融机构在市委、市政府统一部署下紧密协作配合，根据本计划细化分解发展目标、具体任务，按照部门、市县（区）职能梳理年度工作计划，围绕具体工作任务明确责任单位、责任人、完成时限等，确保各项任务落地落细。（责任单位：各相关单位）

（三）突出宣传引导

围绕“建设具有全国影响力的产业资本中心”进行宣传，引入国际国内有影响力的股权投资基金论坛峰会、金融科技高端论坛、创新创业比赛等在苏州定期举办，并通过媒体报道、成果推广等形式逐步提升知名度和影响力，引导机构借力产业资本中心的交流平台，形成信息畅通、互联共享的共赢局面。［责任单位：市委宣传部、市金融监管局、市发改委，各市、区政府（管委会）等］

附 4.3　苏州小微企业数字征信实验区建设推进工作方案

为贯彻落实党的十九大和十九届二中、三中、四中全会精神，深入实施开放再出发一系列重大战略决策部署，深入落实中国人民银行在苏州设立全国首个小微企业数字征信实验区（以下简称实验区）的总体部署，以提高小微企业满意度为目标，在小微企业融资扩面、创新融资方式、优化融资结构等方面做出实效、创出特色，不断完善以征信体系为基础的小微企业融资服务模式，有效缓解小微企业融资难、融资贵问题，为推动征信体系建设、深化金融供给侧结构性改革提供可复制推广经验，特制定本工作方案。

一、总体目标

以立足实际、先行先试，政府引导、市场主导，鼓励创新、管控联动为原则，以建成国内一流的征信基础设施、征信服务体系和金融生态环境为目标，形成人民银行和地方政府支持小微企业融资的数据合力、机构合力、机制合力，提高金融资源配置效率，优化小微企业融资体验。

二、细化目标

2020 年底，初步建成具有社会公信力的地方征信平台，实现地方征信平台对苏州市小微企业经营、发展情况的全覆盖,建成苏州小微企业效益监测点,为各金融机构向总行、总部申请制定实验区小微企业专项信贷支持政策提供数据、政策支撑,逐步形成“批量化、低成本、高效率、全风控”金融服务模式,不断提升信贷可得性。实现小微企业有贷户较 2018 年增长 10%,小微企业信贷余额增长 5%,小微企业融资综合成本下降 2%。

2021 年底,建成国内一流的征信基础设施、征信服务体系和金融生态环境,不断完善征信数据在金融领域、政府决策和社会管理等方面的运用,充分发挥征信在市场资源配置中的作用,初步形成人民银行、地方政府合作开展征信体系建设支持小微企业融资发展的路径,提高金融资源配置效率,有效降低小微企业的风险溢价及融资成本,优化小微企业融资体验。实现苏州市小微企业有贷户较 2018 年增长 20%,小微企业信贷余额增长 10%,小微企业融资综合成本下降 5%。

三、工作举措

(一)建设职责明确的实验区管理机制

(1)成立领导小组。苏州小微企业数字征信实验区建设推进工作领导小组由市长任组长,分管副市长担任副组长,市主要部门负责人为成员。领导小组建立例会制度,定期研究推进实验区建设工作中的有关事项及举措。

(2)明确平台定位。市金融监管局对地方征信平台等地方金融基础设施的运作实施归口管理。苏州征信公司受市金融监管局委托承担地方征信平台的运维工作,切实履行信息安全责任。平台是为解决银企信息不对称、改善小微企业融资服务、深化征信供给侧结构性改革建立的重要金融基础设施,主要采集企业、个人(与履职相关的)在各政府部门、公共事业缴费单位的信用信息,并依法向使用者提供信用信息服务。

(3)确定责任分工。市金融监管局牵头推动征信信息采集工作,研究制定实验区配套支持发展政策;人民银行苏州中支负责向上争取并落实实验区各项试点政策,出台金融机构苏州小微企业数字征信实验区管理评价办法,引导银行业金融机构加大对实验区建设成果的运用,进一步拓宽小微企业融资覆盖面、降低融资成本、提升企业融资体验。

(二)打造具有社会公信力的征信机构

(1)建设国内领先征信机构。主动置身更高坐标系,抢抓长三角一体化发展机遇,以服务实体经济为出发点和落脚点,巩固苏州征信公司传统征信业务先发优势,持续强化公司公共服务能力,在高起点上加大市场化运营力度,建成国内一流、具有公信力的征信机构,积极参与建设长三角小微企业信息共享平台,加紧制定征信对外输出方案,由点到面拓展服务范围,不断提升行业影响力和话语权,实现制度、机制、资本的输出效益。

(2)健全内部安全管理制度。进一步完善苏州征信公司法人治理结构、议事规则和决策程序,健全信息安全管理制度、信息安全使用制度及用户分级管理制度,完成安全等保三级评定和数据库异地灾备,依法依规提供和使用数据,对现有用户进行清理,切实维护信息安全。

(3)研究制定市场化方案。研究苏州征信公司市场化运作模式,明确普惠金融服务以"保本微利"为原则,用于服务普惠金融的公益性支出,可由财政资金以政府购买服务形式给予一定补助;市场化服务、个性化服务按市场定价收费,争取更多金融机构为高附加值征信产品付费。

(三)实现小微企业征信数据全覆盖

(1)建立信息归集协同机制。市政府委托市金融监管局负责地方征信平台等金融基础设施的建设工作,实现征信数据的全量归集;小微企业数字征信实验区建设推进工作领导小组制定实验区征信信息采集规则、信息目录,明确征信信息资源的分类、责任方、格式、属性、更新时限、使用要求等内容。采集信息目录内的企业信息,原则上不再需要出具书面授权,实现市、县两级相关部门和单位的征信数据应采尽采、及时报送。

(2)探索延伸信息采集范围。试点将与企业法定代表人、董事、监事、高管人员等个人与其履行职务相关的信用信息纳入归集范围,争取获批个人征信业务牌照,扩大全国范围的领先优势。

(四)推动小微企业信贷融资持续增量扩面

(1)推出支持引导政策。人民银行对支持实验区建设评价优秀的法人金融机构,增加再贷款、再贴现等货币政策工具的倾斜力度;对拓宽小微企业融资覆盖面取得良好效果的机构,单独给予一定再贴现额度支持。

(2)优化"信用贷"政策。推动银行业金融机构试点运用人工智能等新技术,减少人工信贷审核及干预,降低道德风险。引导金融机构针对特色产业、行业研发专属小微信贷金融产品,鼓励银行通过苏州综合金融服务平台以线上审批形式为企业提供方便、快捷且单户1000万元及以下的信用贷款。根据放款企业在地方征信平台的信用评分情况,按照年度新增信用贷款总额的一定比例给予银行奖励(企业信用评分小于600分时,按照3%给予奖励;企业信用评分大于等于600分时,按照5%给予奖励),专项用于对冲风险、弥补损失。

(3)用好“首贷”政策。鼓励金融机构根据企业不同发展阶段的不同特点,因地制宜创新产品和服务,运用苏州综合金融服务平台、地方征信平台助力企业实现首笔融资。按照年度新增单户1000万元及以下“首贷”金额的1%给予金融机构奖励,单一机构年度奖励金额不超过50万元。

(五)引导金融机构降低小微企业融资成本

(1)完善“信保贷”政策。依托总规模10亿元的信用保证基金,对不同信用评分的企业设置不同的风险共担比例及不同的担保费率要求,引导金融机构切实降低企业融资成本。根据企业在地方征信平台的信用评分情况,将“信保贷”政策调整为三档:企业信用评分小于600分时,信用保证基金与银行、担保公司(保险公司)按照13∶4∶3的比例共担风险,担保保险费率不高于1.5%;企业信用评分大于等于600分,小于650分时,按照7∶2∶1的比例共担风险,担保保险费率不高于1%;企业信用评分大于等于650分时,信用保证基金与银行按照4∶1的比例共担风险,不再需要担保(保险)。

(2)创新小微金融产品。坚持以市场需求为导向,利用综合金融服务平台实现小微企业信贷需求和银行产品的线上精准对接,逐步形成“批量化、低成本、高效率、全风控”金融服务模式,有效降低小微企业的风险溢价及融资成本。引导地方征信平台和金融机构加强合作,加快征信数据与金融创新的融合,创新征信贷、征信保等“征信+金融”服务产品。

(3)建立成本监测机制。结合征信、信贷数据,依托征信数据及各类模型,对小微企业进行分析、评价,精准监测评估小微企业融资成本。人民银行依据成本监测成果,对降低小微企业融资成本取得良好效果的机构,在差别化信贷政策、存款保险费率优惠等方面给予一定倾斜。

(六)不断拓宽小微企业融资渠道

(1)延伸股权融资渠道。进一步完善苏州股权融资服务平台,帮助初创期小微企业拓宽股权融资渠道。建立小微企业股权投资征信指标分析体系，定期通过苏州股权融资服务平台推送优质小微企业，鼓励相关机构利用征信数据精准匹配小微企业的股权融资需求。对通过股权平台投资苏州企业的基金管理人，按年度新增投资额的3‰给予奖励。依托各线下路演中心，定期举办小微企业股权融资路演活动，提供“线上+线下”的全流程股权融资渠道。

（2）用好“投贷联动”政策。鼓励股权投资基金管理机构和银行通过苏州综合金融服务平台、苏州股权融资服务平台建立合作机制，投资机构向合作银行推送投资企业名录，银行根据名录上的企业在地方征信平台的征信情况匹配贷款支持。对于共同帮助企业实现投贷联动融资的股权投资基金管理机构，在原有3‰基础上再追加年度新增投资额的2‰给予奖励。对于银行机构，按照银行参与投贷联动业务的情况进行综合排名，予以通报表扬。

（七）不断完善小微企业金融服务机制

（1）争取政策产品支持。引导银行业金融机构向总行、总部申请制定实验区小微企业专项信贷支持政策，争取在小微企业信贷投放额度、内部资金转移价格等方面给予一定支持，研究出台针对实验区的尽职免责政策，规定以线上自动审批形式完成的贷款出现风险后，相关工作人员免于追责或减轻责任。

（2）优化小微服务体系。推动银行业金融机构设立专营团队参与实验区建设，适当降低小微企业金融从业人员利润考核指标、不良贷款指标考核权重，增加贷款户数、贷款金额考核权重，提高从业人员积极性。鼓励金融机构、征信机构、金融科技企业探索创新型小微企业金融产品研发，适时开展征信创新奖评选，对积极运用征信体系建设成果改进金融服务、实现企业信贷在线审批、放款的金融机构，予以通报表扬。

（3）建立小微企业名录。依托各部门提供的重点扶持企业目录及征信大数据，出台企业标签体系，为企业打上特色标签，供金融机构在选择合作对象时参考；同时，向金融机构主动筛选推送优质小微企业。

（八）设立小微企业效益监测点

（1）整合小微企业征信数据资源。开展小微企业效益监测评估，重点监测评估实验区内小微企业就业、产出、纳税、应收应付账款、信贷余额、贷款利率和贷款不良率等情况,为小微企业扶持政策的制定提供数据支撑,精准评估政策施行效果。地方征信平台出于监测效益和综合分析需要时,可采集使用金融机构信贷及融资数据。

(2)探索设立金融科技与征信实验室。对小微企业效益监测点的数据进行研究分析,形成“产学研”合作机制,促进征信大数据等前沿金融科技在业务中的运用。定期发布小微、民营、外资、台资企业金融支持与企业发展情况报告;深入研究“首贷”“首投”企业,关注企业后续发展情况,发掘更多“首贷”“首投”企业。

(九)推动征信产品在社会治理中广泛运用

推动各部门和单位在履职行为中参考征信数据,鼓励政府部门及相关单位将履职管理中获得的信息与地方征信平台进行共享,推动地方征信平台为有需求的政府机构配套征信数据支持。联合各部门开展失信企业惩戒,充分发挥金融对企业信用行为的软约束作用。依托征信数据对重点行业、企业及新型金融业态的风险进行关注和评估,维护区域金融稳定运行。

(十)建立健全信息报送机制

建立定期工作简报和不定期工作动态双重信息反馈机制。定期工作简报主要反映实验区及各参与主体的工作进展情况和存在的问题;不定期工作动态主要反映实验区创新成果及经验总结。

四、保障措施

(一)建立协调机制

市级层面成立的小微企业数字征信实验区建设推进工作领导小组与人民银行牵头成立的领导小组建立对口联系协调机制,加强沟通合作,形成统一协调、合力推进的工作机制。

(二)形成各方合力

政府、金融机构、企业各司其职,凝聚合力,政府负责完善实验区建设工作机制,建设完善征信基础设施,配套出台支持政策,统筹推进实验区建设相关工作。人民银行出台评价政策,切实引导金融机构加大对实验区小微企业的信贷投放力度,依托实验区建设成果,形成更加精准、合理、高效的信贷投放。金融机构围绕实验区建设重点,增加对小微企业的信贷支持,提升金融资源支持实体经济的精准度，争取各项政策、创新金融产品在实验区先行先试，探索解决小微企业融资中的风险高、成本高、责任大问题。企业聚焦主业、诚信经营，加强财务管理，切实练好内功。

（三）做好督促评价

各地区、各部门及各金融机构要按照职责分工坚决抓好落实，确保实验区建设取得实效。市政府会同人民银行建立科学的实验区评价机制，对各地区、各部门及金融机构开展评价，重点评价实验区重点举措的落实情况。对于排名靠前的地区、部门等单位，给予通报表扬。对排名靠前的金融机构予以通报奖励，针对排名靠后、工作不力的地区、部门及机构采取通报、约谈、挂牌督办等举措。

附 4.4　关于金融支持领军人才创新创业的若干措施（试行）

为深入实施创新驱动和人才强市战略，进一步做好金融支持高层次领军型人才创新创业，促进高层次领军型人才企业融资发展，根据市委、市政府《关于进一步推进人才优先发展的若干措施》（苏委发〔2016〕28 号）、《苏州市金融支持企业自主创新行动计划（2015—2020）》（苏府〔2015〕136 号）（以下简称《行动计划》）文件精神，特制定以下政策措施。

一、基本思路

牢固树立"人才是第一资源"的理念，以市场为导向，统筹政府资源，撬动金融资源，创新金融服务，充分发挥苏州综合金融服务平台、苏州地方企业征信平台及各企业自主创新金融支持中心的作用，更好地解决高层次领军型人才（以下简称领军人才）金融服务满意度不高，高层次领军型人才企业（以下简称领军人才企业）"首贷""首投"难，融资成本高，直接融资比例低等问题，全面提升领军人才及领军人才企业金融服务满足率，促进领军人才安居乐业，推动领军人才企业创新发展。

二、总体目标

充分利用十项政策措施，完善金融服务。到 2018 年，力争 50%以上的领军人才企业获得首笔融资,获得首笔投资的领军人才企业明显增加;到2020年,力争90%以上的领军人才企业实现融资发展,70%以上的领军人才企业获得首笔贷款;30%以上的领军人才企业获得首笔投资;30%以上的领军人才企业在“新三板”或苏州股权交易中心挂牌,上市的领军人才企业数翻两番。

三、具体扶持政策

(一)“首贷”扶持政策

鼓励金融机构对领军人才企业开展“首贷”业务,着力解决领军人才企业“首贷难”问题,对解决领军人才企业“首贷”的,给予金融支持中心业务团队实际放款金额1%的奖励,每户企业不超过5000元。

(二)“首投”扶持政策

着力解决领军人才企业“首投”难问题,鼓励各类投资基金积极发现、投资初创期人才企业,对解决领军人才企业“首投”的基金,按实际投资额给予基金管理人最高5%风险奖励,单个项目不超过20万元。

(三)信用融资扶持政策

鼓励银行向领军人才或领军人才企业提供最高500万元的信用贷款。在《行动计划》提供的风险对冲奖励外,单列领军人才及领军人才企业风险对冲奖励。每年按年度对领军人才及领军人才企业给予500万元以内信用贷款总额5%的奖励,专项用于对冲风险弥补损失,单一机构每年奖励总额不超过500万元,同一业务奖励与《行动计划》原有奖励不重复。

(四)信保基金扶持政策

进一步加大信保基金的支持力度,在《行动计划》扶持领军人才企业的基础上,增加领军人才作为扶持对象,鼓励金融机构向领军人才或领军人才企业开展信保贷、信保租业务。对领军人才及领军人才企业开展的信保贷及信保租,无最低贷款期限要求。银行(金融租赁公司)实行优惠利率,担保(保险)费率不超过1%。

(五)转贷基金扶持政策

设立“苏州企业信用转贷基金”,加强转贷基金对领军人才企业的支持力度,建立领军人才企业转贷绿色通道,快速办理领军人才企业转贷申请,给予领军人才企业转贷优惠利率,缓解领军人才企业资金压力。

（六）投贷联动扶持政策

鼓励金融机构为有成长性的领军人才企业提供“投资+信贷”的金融产品组合,有效避免领军人才的股权过度稀释,提高领军人才创业积极性。对成功为领军人才企业开展投贷联动业务的金融支持中心给予贷款和投资总额1%的奖励,每户企业不超过1万元。

（七）投资引导基金扶持政策

设立人才创新创业投资引导基金,撬动社会资源,引导天使投资、风险投资、产业投资等各类基金更多地流向领军人才企业,促进领军人才企业融资发展。

（八）挂牌“新三板创新层”扶持政策

鼓励领军人才企业完善公司资本构成,强化企业创新活力,充分利用资本市场做大做强。对成功入围“新三板创新层”的领军人才企业,在《行动计划》原有奖励基础上每家再给予一次性奖励10万元。

（九）建立领军人才企业服务机制

建立领军人才企业金融顾问团,为领军人才企业融资发展提供专业咨询服务;定期组织领军人才金融培训,增强领军人才金融意识;定期深入各地孵化器、产业园解读金融政策,召开投融资对接会,拓宽融资渠道,帮助领军人才企业解决融资难题。

（十）强化金融支持中心业务考核奖励

鼓励金融机构积极开展领军人才企业金融服务,积极开发金融产品、创新服务模式,对成效显著、服务优良、流程高效的金融机构,给予表彰及奖励。

本文件由苏州市金融办负责解释,自颁布之日起实施,实施期限与《苏州市金融支持企业自主创新行动计划》一致。

附4.5　苏州市金融支持企业自主创新行动计划实施细则（试行）

为认真贯彻落实《金融支持企业自主创新行动计划》（以下简称《行动计

划》),特制定本细则。

本细则所称的金融机构,指成立"企业自主创新金融支持中心"的商业银行和保险公司,信誉良好、运行水平较高的担保、创投,东吴证券、苏州信托、苏州金融资产交易中心、苏州产权交易中心以及其他符合条件的金融机构。

本细则所称的企业,指纳入《行动计划》服务对象,并给予苏州地方企业征信系统信息采集和查询使用授权的企业。

第一部分 三大平台

一、苏州综合金融服务平台

苏州综合金融服务平台由市金融办主管,集成政府、企业和金融机构各类信息并实现为企业提供综合性金融服务。平台分别为企业、金融机构和相关部门提供不同的进入端口,企业可实现在线搜索金融产品和服务、发布需求并进行管理、获得金融资讯等功能;金融机构可实现在线发布产品、对接企业需求、平台业务统计、分享成功案例等功能;相关部门可共享平台企业、机构及相关业务情况和统计信息。平台具体管理办法、操作手册等由市金融办另行制定。

二、苏州地方企业征信系统

苏州地方企业征信系统由苏州企业征信服务有限公司负责开发运营。纳入《行动计划》服务范围的企业应授权苏州企业征信服务有限公司采集企业相关信息,同时授权苏州综合金融服务平台及平台上的金融机构查询和使用企业信息。授权后,企业将获得苏州综合金融服务平台登录账号,享受平台提供的各类金融服务和《行动计划》相关政策;金融机构可通过平台链接进入征信系统查询企业信息。首批平台企业的授权工作由相关部门支持集中开展,正式运行后,平台新增注册企业在线签署授权书,信息采集工作由苏州企业征信服务有限公司负责。

三、企业自主创新金融支持中心

商业银行及相关保险公司按规定要求建立"企业自主创新金融支持中

心”,其他参与《行动计划》的金融机构也应根据自身特点建立专业团队及相关制度。

（一）运营管理标准

1. 商业银行

（1）单独配置人力资源。“中心”需配置专职人员,人数应与业务发展规模相符,并具备相应的专业素质和业务能力。制定清晰的部门和岗位职责,配备必要的硬件设施。安排专人对接苏州综合金融服务平台。

（2）单列信贷计划。每年安排充足的信贷资源用于支持创新企业,执行过程中不得挪用、挤占。

（3）建立单独的信贷评审制度。在风险可控前提下,试行分类授权管理,500 万元额度以下的授信可由“中心”自行审批。对符合产业政策、产品具有核心竞争力、长期能够实现盈利但暂时经营困难的企业,不简单压贷、抽贷。

（4）建立单独的考核机制。对“中心”设立专门的考核指标,单独下达任务指标。以支持企业长期发展为考量,不考核存款、中间业务收入等传统银行业务指标,严格禁止以贷收费、借贷搭售、转嫁成本等不合理行为,淡化利润考核,提高“中心”不良贷款容忍度。

（5）建立单独的尽职免责制度。“中心”应对尽职免责的适用对象、审核程序、认定标准、免责事由、免责范围等规定具体明确的操作细则。

2. 保险公司

（1）单独配置人力资源。“中心”需配置专职人员,人数应与业务发展规模相符,并具备相应的专业素质和业务能力。制定清晰的部门和岗位职责,配备必要的硬件设施。安排专人对接苏州综合金融服务平台。

（2）建立单独的风险评审制度。在风险可控前提下,试行分类授权管理,缩短审批流程,提高审批效率。

（3）建立高效便捷的理赔流程。对企业贷款保证保险理赔建立绿色通道,保证及时理赔。

（4）建立差异化的绩效考评制度。对服务创新型企业的贷款保证保险业务实行单独考核,单独下达任务指标。以支持企业长期发展为考量,以“保本微利”为原则,淡化利润考核。

(5)建立单独的尽职免责制度。“中心”应对尽职免责的适用对象、审核程序、认定标准、免责事由、免责范围等规定具体明确的操作细则。

(二)设立程序

(1)筹建申请。银行、保险公司向市金融办提出筹建申请,提交《企业自主创新金融支持中心筹建申请表》,并在2个月内完成筹建。

(2)验收。筹建完成后,银行、保险公司向市金融办提出验收申请,并提交以下材料;市金融办会同人民银行、银保监分局对申请验收机构的筹建情况进行验收。

①“企业自主创新金融支持中心验收申请表”。

②总行(总公司)或分行(分公司)设立金融支持中心的批准文件。

③中心各项运营管理制度和办法。

④中心主要负责人简历、团队各岗位人员名单(包括苏州综合金融服务平台对接专员)。

(3)授牌。验收合格后,由苏州市人民政府(以下简称市政府)授予“企业自主创新金融支持中心”牌号。

(三)年度考评

“中心”实行年度考评制,未通过考评的将予以摘牌,待符合准入条件后可再次提出申报。考评重点为业务开展情况、制度落实情况、风险管理情况、合规情况等。

第二部分 二十项综合金融工具

一、信用融资工具(信用贷款、信用担保、贷款保证保险)

(一)对冲风险

(1)银行向企业发放单户500万元及以下的信用贷款(信用贷款包含纯信用贷款、实际控制人或股东连带责任担保贷款和知识产权质押贷款)。每年按年度发放信用贷款总额的5%给予奖励,专项用于对冲风险弥补损失,单一机构每年奖励总额不超过1000万元。奖励资金在发生损失后申请兑现。当年未兑现奖励可结转至下一年。

(2)保险公司向单户贷款金额500万元及以下的企业提供贷款保证保

险。每年按年度发生贷款保证保险承保总额的5%给予奖励，专项用于对冲风险弥补损失，单一机构每年奖励总额不超过1000万元。奖励资金在发生损失后申请兑现。当年未兑现奖励可结转至下一年。

（3）担保公司向单户贷款金额500万元及以下的企业提供无反担保条件的融资担保。每年按年度发生信用担保总额的5%给予奖励，专项用于对冲风险弥补损失，单一机构每年奖励总额不超过1000万元。奖励资金在发生损失后申请兑现。当年未兑现奖励可结转至下一年。

（4）开展信用类业务发生本金损失的金融机构，于每年6月上旬和12月上旬向市金融办提出奖励兑现申请、提交相关业务凭证以及法院终结裁定书或银行核销通知书等证明文件；市金融办与苏州综合金融服务平台数据进行核对并会同市财政局、人民银行、银保监分局对申报材料进行审核后报市政府审定，市财政局按审定金额拨付。

（二）团队激励

（1）每年对上年度金融机构信用业务情况进行考核。对业绩突出的，分别给予机构金融支持中心（专营团队）30万元奖励。

①为企业提供信用贷款，放贷额超过2亿元、放贷企业数超过40家且排前三位的银行。

②为企业提供无反担保条件融资担保（贷款保证保险），担保（承保）额超过2亿元、担保（承保）企业数超过20家且排前三位的担保公司（保险公司）。

（2）银行上年度发放企业信用贷款总额在5000万元（含）至2亿元（含）的，于本年度考评结束后，按1∶0.3规模配置财政存款；超过2亿元的部分，按1∶0.5规模配置财政存款。

（3）开展信用类业务的金融机构于每年2月底前向市金融办提交上年度相关业务凭证等证明文件；市金融办与苏州综合金融服务平台对数据进行核对并会同市财政局对申报材料进行审核后报市政府审定，市财政局按审定金额拨付。金融机构信用业务情况在苏州综合金融服务平台公示5个工作日，若有异议的，可在公示期间向市金融办提出，并提供详细依据资料，市金融办组织复审。

二、信用保证基金

(一)基金设立

信用保证基金(以下简称基金)规模为人民币 10 亿元,存续期为 5 年,信用保证额度放大倍数不低于 10 倍。基金以信用保证的形式,通过专业担保和保险机构为有成长性、轻资产的企业融资提供担保和贷款保证保险。

(二)基金管理

市金融办、财政局为基金的主管部门,牵头组建基金监管委员会(以下简称监管委员会),委员会成员部门为市金融办、财政局、人民银行、银保监分局。

苏州市信用再担保有限公司(以下简称再担保公司)为基金受托管理机构,负责对基金进行日常管理。

(三)业务模式

基金项下业务要求银行信贷无抵押和担保条件,担保无反担保条件,保险为贷款保证保险,知识产权质押、股权质押为反担保条件的除外。但企业法人代表、控股股东或实际控制人及其配偶(若有)必须承担个人连带责任。

基金、银行、担保(保险)公司对于基金担保项下贷款共担风险,风险分担比例分别为 65%、20%、15%。

(四)业务流程

(1)企业在平台上发布融资需求,并提供相关基础资料。

(2)银行和担保(保险)公司对借款企业进行尽职调查和合规性审查。

(3)尽调后符合贷款条件的,银行向再担保公司确认企业信保额度,并最终确定企业借款额度和融资条件。担保(保险)公司向银行出具同意担保确认函(保单)。

(4)银行落实放款条件,组织放款,并在放款后 5 个工作日内向再担保公司进行贷款备案。

(5)贷款发放后,银行与担保(保险)公司严格按照各自业务规定做好贷后管理,及时防控贷后风险。

(五)贷款额度、期限及费率

对单个企业的贷款额度最高不超过人民币 500 万元,贷款期限不低于 6

个月。

银行实行优惠利率,担保(保险)费率原则上不高于贷款金额的1.5%。

(六)合作机构

与基金合作的机构为建有“企业自主创新金融支持中心”的银行、保险公司和符合条件的担保公司。

担保公司需设立专门的团队开展相关业务,并保证内部资源优先配置。试行阶段合作担保公司为苏州市信用再担保有限公司、苏州国发中小企业担保投资有限公司、苏州市农业担保有限公司、苏州高新区中小企业担保有限公司。今后视实施情况,逐步调整合作担保机构。

(七)转贷机制

借款企业在贷款到期前,可向贷款银行提出转贷申请。鼓励银行对符合条件的企业进行一次转贷。银行同意转贷的,担保(保险)公司续保。

(八)风险代偿

(1)当贷款发生逾期达到30天时,银行预期尽职管理后仍可能转为不良的,经办银行可向再担保公司提交“代偿申请书”,提出代偿审核请求。

(2)再担保公司收到“代偿申请书”后,由政府采购的第三方独立中介机构对该笔贷款银行是否尽职进行审查,并于7个工作日内出具“贷款尽职审查意见书”。“贷款尽职审查意见书”必须有是否尽职的结论。

(3)经审查如有以下情形之一的,则视为不尽职,基金不予代偿。

①贷款授信时,企业未依法注册登记、未正常公示或开业未满一年的;

②贷款授信时,企业、法人代表、控股股东及其实际控制人在其他贷款机构有未偿还的逾期贷款的;

③贷款授信时,企业未进入“综合金融服务平台”企业库或未按规定签署“苏州市地方企业征信系统信息采集及信息查询授权委托书”的;

④贷款授信时,未将企业法人代表、控股股东或实际控制人及其配偶(若有)作为贷款连带保证责任人的;

⑤未落实贷款合同约定的放款条件发放贷款的;

⑥不符合担保合同、贷款保证保险合同规定的;

⑦企业贷款用于非主业经营活动的,如房地产投资、购买有价证券等;

⑧银行在贷款审批及贷后管理中未使用苏州地方企业征信系统对借款

企业进行征信调查的;

⑨相关业务未在“综合金融服务平台”上完成线上流程或线上、线下数据不一致的;

⑩贷款放款后,未及时向再担保公司进行备案的;

⑪贷款逾期后,未按本行规定进行催收的。

(4)监管委员会于7个工作日内召开代偿会审会,依据“贷款尽职审查意见书”做出是否代偿的决定。同意代偿的,担保(保险)公司在贷款逾期90天内向经办银行履行代偿义务,代偿比例为银行未受偿贷款本金的80%;不同意代偿的,担保(保险)公司在贷款逾期90天内向经办银行履行其自身应承担的代偿义务,代偿比例为银行未受偿贷款本金的15%。担保(保险)公司在代偿之前,必须与银行沟通落实贷款追偿主体和追偿方案。

(5)担保(保险)公司代偿结束后,凭代偿材料、“代偿申请书”“贷款尽职审查意见书”和贷款追偿方案,提请再担保公司按照基金承担比例从基金中向其划转。再担保公司于15日内向担保(保险)公司划转。

(九)风险控制

1. 代偿限额

基金对单个银行的年度代偿限额为该银行上年度末基金项下贷款本金余额的10%。超过限额后,基金不予代偿,担保(保险)公司仍按15%的风险承担比例代偿。

2. 风险预警

(1)当单个银行代偿额达到其年度代偿限额的50%时,再担保公司应立即向该银行提出风险警示。

(2)当单个银行的年度代偿总额达到其年度代偿限额时,再担保公司应立即通知合作担保(保险)公司中止与该银行合作开展基金项下业务。在查清原因、整改到位的基础上,经监管委员会核查同意后,再行恢复基金业务。

3. 总体风控

当基金实际代偿总额达到基金总额的50%时,暂停新增业务。监管委员会在查清原因、落实措施确保风险可控的基础上再行恢复基金业务。

(十)不良处置

(1)为加快不良资产处置,基金项下的各类贷款、担保、保险合同中金融机构应引入仲裁选择条款。鼓励通过以仲裁方式解决金融纠纷，提高纠纷解决效率。

（2）担保（保险）公司对基金承担的代偿部分负有追偿责任，银行须做好相关配合协助工作。追偿所得扣除追偿费用后按各方承担的比例划转。

（十一）基金坏账管理

1. 坏账的确认

（1）借款企业破产，其破产财产处置收入清偿后仍无法收回；

（2）经执行法律程序后仍无法收回。

2. 坏账的核销

坏账由再担保公司提交相关材料报监管委员会审核确认后核销。

（十二）基金管理职责

1. 监管委员会职责

（1）审议监督基金运行情况；

（2）根据贷款尽职审查结果经会审作出代偿决定；

（3）审议基金的坏账核销；

（4）每年聘请政府采购的独立第三方中介机构对基金的管理和使用情况进行审计，出具专项审计报告；

（5）研究处置基金运行中的其他重大事项。

2. 再担保公司职责

（1）统计、核对并分析相关业务数据，出具运行分析报告，每月向监管委员会报送基金运行情况；

（2）负责基金日常管理和财务核算；

（3）做好信保额度管理、贷后备案、代偿划转、风险警示和业务中止等工作；

（4）聘请政府采购的独立第三方中介机构进行贷款是否尽职审查；

（5）负责基金代偿后形成债权（资产）的追偿和处置；

（6）提请监管委员会审议、核销坏账；

（7）做好基金业务的专项档案管理工作；

（8）执行监管委员会批准的其他事项。

三、投贷(保)联动引导基金

(一)引导基金的设立

投贷(保)联动引导基金首期规模1亿元,存续期限为5年,经批准可延长2年。苏州产权交易所(以下简称产交所)作为引导基金的出资主体进行出资。

(二)子基金的设立

引导基金与银行、保险公司按“一行(司)一基金”的原则设立5个投贷联动子基金或投保联动子基金。单个子基金中,引导基金按不超过子基金的20%认缴劣后出资。引导基金与银行、保险公司共担风险,共享股权收益。

引导基金合作的商业银行和保险公司应建立苏州市“自主创新企业金融支持中心”,并在以下方面取得总行(总公司)的同意。

(1)总行(总公司)安排投资资金与引导基金共同设立投贷(保)联动子基金。

(2)子基金在苏州注册设立,并授权在苏银行或保险公司具体运作。

(3)总行根据在苏银行获得子基金的投资收益情况,在获得收益的每个年度允许将投资收益对冲在苏银行信贷风险或给予在苏银行相应的额外核销额度。在苏保险公司将获得的子基金投资收益用于公司赔付补偿。

(三)引导基金的管理

引导基金委托苏州市苏信创业投资有限公司(以下简称苏信创投)负责日常管理。苏信创投设置专门账户管理引导基金的资金,并按照相关规定建立健全会计制度、财务管理制度,完善引导基金的内控制度。引导基金受托管理期间,每年按照基金规模的一定比例向管理机构支付管理费,管理费在引导基金中列支。

引导基金设立管理委员会作为最高决策机构,管理委员会成员为5名,其中市金融办2名,市财政局、产交所、苏信创投各委派1名。引导基金的重大事项由管理委员会集体决策,采取一人一票、全票通过的决策制度。

管理委员会的主要职责如下。

(1)负责引导基金投资设立和退出子基金等重大事项的决策;

(2)审议管理机构的管理费、年度投资计划、投资报告以及资金使用报告等;

(3)对子基金实际控制人开展投贷、投保业务进行年度评估。

管理委员会不参与子基金的日常经营和管理,但拥有监督权,可以组织社会化中介机构进行专项审计。子基金未按规定进行投资的,引导基金有权退出。对子基金弄虚作假、骗取财政资金或不按规定用途使用、截留转移等行为,按有关规定追究责任。

(四)子基金的管理

设立"企业自主创新金融支持中心"的在苏银行或保险公司均可向市金融办提出设立申请并提交子基金设立方案,市金融办对申报方案进行初审并经引导基金管理委员会会审符合条件的,与引导基金共同设立投贷(保)联动子基金。

子基金的运作和管理原则上应符合以下要求。

(1)子基金应全部投资符合我市创新驱动发展方向的企业。

(2)子基金由在苏银行或保险公司作为实际控制人进行市场化运作。

(3)子基金对单户企业的投资额不高于联动银行对该企业的授信额,授信存续期原则上应与投资期限相匹配。

子基金存续期满后,引导基金按照子基金合伙协议进行收益分配,退出额不足原始投资额的,优先退还实际控制人的出资,余下部分为引导基金的退出。

四、"首贷""首保(担)"激励

(1)每年对上年度金融机构"首贷""首保(担)"业务进行考核。对业绩突出的,分别给予机构金融支持中心(专营团队)30万元奖励。

①"首贷"企业户数超过20家且排前三位的银行。

②"首保(担)"企业户数超过20家且排前三位的保险公司(担保公司)。

(2)上年度"首贷"企业户数超过20家且排前三位的银行,于本年度分别配置3亿元、2亿元、1亿元的财政存款。

(3)开展"首贷""首保(担)"业务的金融机构于每年2月底前向市金融

办提交上年度相关业务凭证等证明文件;市金融办与苏州综合金融服务平台数据进行核对并会同市财政局、人民银行对材料进行审核后报市政府审定,市财政局按审定金额拨付。

(4)首贷首保业务情况在苏州综合金融服务平台公示5个工作日。若有异议的,可在公示期间向市金融办提出,并提供详细依据资料,市金融办组织复审。

五、“一行主办、联合授信”

(一)组建原则

对融资需求较大、风险偏高的创新型企业,鼓励银行运用“一行主办、联合授信”机制,分散授信风险。各银行根据实际业务需要,自愿组成联合授信体。联合授信体成员应成立“企业自主创新金融支持中心”。对单一客户的联合授信体成员银行原则上不超过5家,牵头行授信份额原则上不少于联合授信体初始授信总额的30%。

牵头行应定期向苏州银保监分局和苏州银行业协会报告联合授信相关信息。内容包括但不限于联合授信的总体开展情况、相应内控建设情况、风险管理状况等。同时,向苏州综合金融服务平台报送联合授信业务情况。

(二)奖励金额

联合授信额达1亿元及以上的,给予该联合授信体主办团队10万元奖励,其中牵头行得50%,参与行按授信比例分配其余50%。

(三)申报程序

牵头行于每年2月底前向市金融办提交申请,并提供联合授信协议及相关业务凭证等证明文件;市金融办会同市财政局、银保监分局对申报材料进行审核后报市政府审定,市财政局按审定金额拨付。

六、贷款保证保险共保体

(一)组建原则

对融资需求较大、风险偏高的创新型企业,鼓励保险公司组成共保体提供贷款保证保险服务,分散承保风险。各保险公司根据实际业务需要,自愿组成共保体。共保体成员应成立“企业自主创新金融支持中心”。对单一客户的共保体成员公司原则上不超过5家,首席承保人承保份额原则上不少于共保体初始承保总额的30%。

首席承保人应当定期向苏州银保监分局报告共保体相关信息。内容包括但不限于共保体的总体开展情况、相应内控建设情况、风险管理状况等。同时,向苏州综合金融服务平台报送共保业务情况。

(二)奖励金额

共保额达5000万元及以上的,给予该共保体主办团队5万元奖励,其中首席承保人得50%,其他承保人按承保比例分配其余50%。

(三)申报程序

首席承保人于每年2月底前向市金融办提交申请,并提供共保协议及相关业务凭证等证明材料;市金融办会同市财政局、银保监分局对申报材料进行审核后报市政府审定,市财政局按审定金额拨付。

七、并购引导基金

(一)引导基金的设立

并购引导基金首期规模1亿元,存续期限为5年,经批准可延长2年。苏州产权交易所作为引导基金的出资主体进行出资。

(二)子基金的设立

引导基金下设3~5个子基金,按《苏州市并购引导基金子基金管理人招投标管理办法》(另行制定)择优选定基金管理人,由其独立运作。子基金应致力于帮助苏州上市公司实现并购重组项目,推动苏州上市企业利用资本市场增强综合实力。引导基金应在存续期内引导子基金完成8~10个并购重组项目。

(三)引导基金的管理

引导基金委托东吴证券股份有限公司(以下简称东吴证券)负责日常管理。东吴证券应设置专门账户管理引导基金的资金,并按照相关规定建立健全会计制度、财务管理制度,完善引导基金的内控制度。引导基金受托管理期间,每年按照基金规模的一定比例向管理机构支付管理费,管理费在引导基金中列支。引导基金退出子基金时,按照与子基金管理人签订的委托管理协议获取收益或分担亏损。

引导基金设立管理委员会作为最高决策机构,管理委员会成员为5名,其中市金融办2名,市财政局、产交所、东吴证券各委派1名。引导基金的重大事项由管理委员会集体决策,采取一人一票、全票通过的决策制度。

管理委员会的主要职责如下。

(1)确定引导基金的投资方向和投资原则,对引导基金运作的政策目标、政策效果及资金资产情况进行评估;

(2)制定子基金管理人招投标管理办法,并严格按照管理办法公开、择优选定子基金管理人;

(3)负责引导基金投资、退出子基金等重大事项的决策。

管理委员会原则上不参与子基金的日常管理,但拥有监督权,可以组织社会化中介机构对子基金进行专项审计。子基金未按规定进行投资的,引导基金有权退出。对于子基金弄虚作假、骗取财政资金或不按规定用途使用、截留转移等行为,按有关规定追究责任。

(四)子基金的管理

子基金由基金管理人按照市场化原则管理,基金管理人应在每年度结束之日起3个月内向管理委员会报送子基金年度运行情况报告。各子基金原则上应在设立后的2年内完成投资,并在投资项目完成后报管理委员会备案。

八、支持企业上市

(1)现阶段,对实现IPO的上市企业给予每家50万元奖励。注册制改革后的政策另行制定。

(2)上年度成功上市的企业,于每年2月底前向企业注册地所在市(区)金融办(上市办)提交申请,并提供IPO证明文件等;各市(区)金融办(上市办)对申报材料进行初审,通过后报市金融办;市金融办会同市财政局复核确认后报市政府审定,市财政按审定金额拨付。

九、支持"新三板"挂牌

(一)"新三板"挂牌

按《苏州市新三板挂牌企业三年培育计划》规定执行。

(二)做市融资

对为苏州"新三板"挂牌企业实现做市交易融资的备案主办做市商给予

一次性20万元奖励。申请苏州“新三板”挂牌企业做市交易的主办做市商，按主办做市商项目，在苏州综合金融服务平台网上备案，在线填写提交苏州“新三板”挂牌企业主办做市商备案表。

（三）申报程序

备案主办做市商于每年2月底前向企业注册地所在市（区）金融办（上市办）提交申请，并提供有关主办做市商备案表、项目成功做市交易等证明材料；各市（区）金融办（上市办）对申报材料进行初审，通过后报市金融办；市金融办会同市财政局复核确认后报市政府审定，市财政按审定金额拨付。

十、其他支持

（1）苏州金融资产交易中心为企业设计直接融资产品并实现融资的，按融资额的2%给予奖励，每年奖励上限500万元。

（2）苏州产权交易中心为企业设计各类知识产权融资产品和股权融资产品，对接金融资源帮助企业实现融资的，根据每年服务企业数量与交易总额，给予适当奖励。

（3）苏州综合金融服务平台由苏州银行负责日常运行和维护，对政府购买服务给予每年200万元成本补助。

（4）苏州企业征信服务有限公司为金融机构查询企业信用信息提供优惠，根据全年查询量给予苏州企业征信服务有限公司奖励，每年奖励上限100万元。

（5）符合条件的机构于每年2月底前向市金融办提交申请，并提供相关证明材料；市金融办会同市财政局对申报材料进行审核后报市政府审定，市财政局按审定金额拨付。

第三部分　其他事项

一、综合性表彰

（一）综合金融服务奖

依托苏州综合金融服务平台，对在企业的贷款总投放量及新增量方面成效显著、服务优良、流程高效的金融机构，给予“综合金融服务奖”表彰。

(二)金融创新特色奖

对在开发金融产品、创新服务模式方面具备显著特色且业绩突出的金融机构,给予“金融创新特色奖”表彰。

(三)申报程序

金融机构于每年2月底前向市金融办提交申请,并提供相关证明材料;企业自主创新金融服务联席会议办公室对申报材料进行审核、评选;评选结果由市政府通报表彰。获得“综合金融服务奖”和“金融创新特色奖”的机构将在政府相关招投标综合评分中加分。

二、资金来源

实施细则所需资金列入市财政预算。

三、资金管理

市金融办负责金融支持企业自主创新奖励资金的预算和决算管理工作,组织奖励资金申报,并牵头组织相关部门对申报材料进行审核,联合市财政局对奖励资金进行审定,并对资金预决算工作及资金的落实和使用情况进行监督检查。

四、企业认定和推荐

首批企业由各相关部门集中推荐后,由市金融办组织征信授权工作。正常运行后,各相关部门负责按各自的标准要求认定和推荐企业,并配合做好征信授权工作,其中市人才办负责市级(含以上)人才企业,市经信委负责“专精特新”和首台套企业,市科技局负责高新技术企业和科技型中小企业,市文广新局负责文化创意类企业,市知识产权局负责拥有自主知识产权的企业,市金融办负责“新三板”挂牌、拟挂牌企业和IPO、拟IPO企业等。

五、违规处理、处罚规定

金融机构须按规定如实报送有关材料,不得弄虚作假,骗取、套取资金。严禁任何部门和单位截留和挪用。违反规定的,除收回已拨付资金并取消其申报资格以外,还将依照《财政违法行为处罚处分条例》(国务院令427

号）等规定进行处理、处罚，并在苏州综合金融服务平台上披露。

鉴于考核兑现工作相对业务发生具有滞后性，本细则自 2015 年 12 月 1 日起执行至 2020 年 12 月 31 日止，其间发生业务的奖励兑现顺延一年。

现行相关企业支持政策继续执行，但与本行动计划不重复享受。

本细则由苏州市政府金融工作办公室会同市财政局、人民银行、银保监分局负责解释。

后　记

本期 CDI CFCI 有关苏州金融中心的资料得到了苏州市地方金融监督管理局的大力支持，深圳市综研软科学发展基金会对本报告的编制出版给予了资助，在此一并致以衷心感谢。

本书主体分为两个部分，共十二章。参与第十二期 CDI CFCI 指数主体报告编制工作的研究人员有：刘国宏、张建森、余凌曲、胡彩梅、张祥、余鹏、张佩、肖钦、梁姣姣、陈材杰、彭晓钊等。此外，西南财经大学乐波波同学和香港中文大学陈珂同学参与了本期报告的数据收集整理工作。

在 CDI CFCI 评价过程中，各城市统计数据的准确获得是编制工作的最大困难，一些城市统计年鉴出版时间滞后，也直接影响本指数发布时间的及时性。为了更及时地获取数据并听取社会各界对本指数的意见，CDI 特别建立了中国金融中心信息网（http://www.cfci.org.cn），衷心希望各城市的统计部门和金融主管部门能够积极参与指数评价工作，提供更及时准确的数据，并提出修正完善意见，同时也欢迎相关专业人士加入本指数的编委会，直接参与指数编制工作。

CDI CFCI 课题组联系方式如下。

网站：http://www.cfci.org.cn

联系人：张祥

电话：0755-82470464

传真：0755-82470202

Email：zx@cdi.org.cn